Ron Rhodes

Verstehst du, was du liest?

Schwierige Bibelverse leicht verständlich erklärt

SCM R.Brockhaus

SCM

Stiftung Christliche Medien

Die amerikanische Originalausgabe erschien unter dem Titel
COMMONLY MISUNDERSTOOD BIBLE VERSES
bei Harvest House Publishers, Eugene/Oregon. © 2008 Ron Rhodes

Aus dem Amerikanischen übersetzt und redaktionell bearbeitet
von Hans-Werner Durau

Sofern nicht anders angegeben, sind alle Bibelstellen der Elberfelder Bibel entnommen. © 1985/1991/2006 SCM R.Brockhaus im SCM-Verlag GmbH & Co. KG, Witten

Umschlag: Jens Vogelsang, Aachen
Satz: QuadroMedienService, Bergisch Gladbach-Bensberg
Druck: CPI–Ebner & Spiegel, Ulm
ISBN 978-3-417-26298-8
Bestell-Nr. 226.298

Inhalt

Die Bibel verstehen........ 5

Das Alte Testament

1. Mose 15
2. Mose 33
3. Mose 49
4. Mose 54
5. Mose 57
Josua 63
Richter..................... 67
Rut......................... 71
1. Samuel.................. 72
2. Samuel 79
1. Könige 81
2. Könige 84
1. Chronik 86
2. Chronik................. 88
Esra 91
Ester 92
Hiob 94
Psalmen.................. 98
Sprüche 104
Prediger 107
Hohelied 111
Jesaja 113
Jeremia 119
Klagelieder 121
Hesekiel.................... 122
Daniel...................... 127
Hosea 131
Joel........................ 132
Amos 133
Jona 134
Micha 135
Nahum 136
Habakuk 137
Maleachi 138

Das Neue Testament

Matthäus 143
Markus 189
Lukas 205
Johannes 228
Apostelgeschichte 252
Römer 259
1. Korinther 268
2. Korinther 282
Galater 287
Epheser 289
Philipper 295
Kolosser 299
1. Thessalonicher 304
2. Thessalonicher 305
1. Timotheus 308
2. Timotheus 311
Titus 313
Philemon 316
Hebräer 317
Jakobus 323
1. Petrus 325
2. Petrus 332
1. Johannes 334
2. Johannes 338
Judas 340
Offenbarung 342

Sachregister 352

Die Bibel verstehen

Philippus, ein Evangelist zur Zeit der ersten christlichen Gemeinde in Jerusalem, traf einmal einen äthiopischen Kämmerer, einen Eunuchen, der im alttestamentlichen Buch Jesaja las. Philippus fragte ihn: „Verstehst du, was du liest?" Der Eunuch erwiderte: „Wie könnte ich denn, wenn nicht jemand mich anleitet?" Also setzte sich Philippus mit ihm hin und erklärte ihm die Schrift, sodass der Kämmerer zum Glauben an Jesus Christus kam (vgl. Apostelgeschichte 8,27-31).

Man sieht: Manche Bibelverse sind eben nicht so leicht zu verstehen wie andere. Petrus sagte einmal über die Briefe des Apostels Paulus: „In diesen Briefen ist einiges schwer zu verstehen, was die Unwissenden und Ungefestigten verdrehen, wie auch die übrigen Schriften zu ihrem eigenen Verderben" (2. Petrus 3,16). Hier erfahren wir also zweierlei: Manche Verse sind tatsächlich schwer verständlich, und das Missverstehen solcher Verse kann schlimme Auswirkungen haben.

Vielleicht haben Sie auch schon bestimmte Bibelverse gelesen, die Sie nicht verstanden haben. Falls dem so ist, dann ist *Verstehst du, was du liest?* das Richtige für Sie. Natürlich kann kein einzelnes Buch jede erdenkliche schwierige Bibelstelle unter die Lupe nehmen, doch finden Sie hier die Worte der Bibel, über die man meiner Erfahrung nach am häufigsten die Stirn runzelt.

Zunächst möchte ich aber auf einige Prinzipien der Bibelauslegung eingehen, die diesem Buch zugrunde liegen. Sie mögen auch Ihnen in Ihrem Verständnis für biblische Texte eine wertvolle Hilfe sein. Seit Jahrzehnten haben sie sich für den Umgang mit schwierigen Bibelversen bewährt:

1. Wenn der einfache Wortsinn für Sie verständlich ist, suchen Sie nicht mit aller Gewalt nach einem anderen Sinn.

Eine einfache Lektüre des ersten Buches Mose zeigt: Als Gott den Menschen in seinem Bild, als den mit Verstand begabten Adam schuf, schenkte er ihm dazu die Gabe der verständlichen Rede. Diese befähigte ihn, Wörter zu benutzen, um mit seinem Schöpfer und mit anderen Menschen sachgemäß zu kommunizieren (vgl. 1. Mose 1,26; 11,1.7). Die Bibel zeigt, dass es Gott in seiner Souveränität gefiel, die menschliche Sprache als Medium für offenbarungsbezogene Kommunikation zu wählen, nicht selten auch durch die „So spricht der HERR"-Verkündigung der Propheten (zum Beispiel Jesaja 7,7 und viele andere).

Wenn Gott die Sprache in erster Linie dazu erschaffen hat, damit er mit Menschen kommunizieren kann und ebenso Menschen miteinander, dann wird er doch wohl Sprache in ihrem normalen und einfachen Wortsinn benutzen (und das auch so von den Menschen erwarten). Diese Sichtweise in Bezug auf die Sprache ist eine Voraussetzung, nicht nur um Gottes *gesprochenes* Wort zu verstehen, sondern auch sein *geschriebenes* Wort, die Bibel. Der Vollständigkeit halber muss man allerdings sagen, dass manche Bibelstellen in der Tat neben dem Wortsinn noch eine weitere Bedeutung haben (vgl. dazu 9.).

2. Seien Sie sich Ihres Vorverständnisses bewusst.

Theologische Vorverständnisse – Lehrmeinungen, die wir uns früher gebildet haben – sollten für unsere Auslegung der Bibel nicht entscheidend sein. Jeder Bibelleser geht, egal aus welchem Hintergrund er kommt, an einen Text mit einem gewissen Vorverständnis heran. Dies ist auch gar nicht zu vermeiden. Jeder Bibelleser sollte aber bereit sein, sich korrigieren zu lassen, und überprüfen, ob sein Vorverständnis auch den Aussagen der Bibel gemäß ist. Wir müssen es vermeiden, die Heilige Schrift durch ein Raster oder einen Filter zu betrachten, der ihre wahre Botschaft verdunkelt oder letztlich vielleicht sogar verdreht. Damit man die Bibel nicht falsch versteht, sollten Bibelleser sorgfältig ihre gedanklichen Voraussetzungen im Licht der Bibel prüfen. Nur Vorverständnisse, die mit ihr vereinbar sind, sind dabei auch angemessen. Dieses Ziel sollten wir anstreben, wobei ein immer „richtiges" Vorverständnis natürlich nie in vollkommener Form erreicht werden kann. Auch hier ist unser Wissen Stückwerk.

3. Beachten Sie den Kontext.

Jede Aussage der Bibel muss in ihrem richtigen Kontext betrachtet werden. Nahezu jedes Wort der Bibel ist Teil eines Satzes, jeder Satz Teil eines Abschnitts, jeder Abschnitt Teil eines biblischen Buchs, und jedes Buch ist Teil der gesamten Bibel. Die Auslegung eines speziellen Abschnitts darf keinem Aspekt der Gesamtlehre der Bibel widersprechen. Einzelne Verse existieren nicht als isolierte Fragmente, sondern als Teil des Ganzen. Die Auslegung dieser Verse muss diese darum ins richtige Verhältnis zueinander und zum Ganzen der Bibel bringen. Die Bibel legt selbst oftmals die Bibel aus.

4. Unterscheiden Sie unterschiedliche literarische Gattungen.

Die Bibel enthält eine Vielzahl literarischer Gattungen, von denen jede besondere Charakteristika aufweist, die wir erkennen müssen, um den Text angemessen auszulegen. Die biblischen Gattungen beinhalten historische Berichte (wie etwa die Apostelgeschichte), ein Versepos (Hiob), Poesie (z.B. die Psalmen), Weisheitssprüche (z.B. die Sprüche), apokalyptische Schriften (z.B. die Offenbarung) und Briefe (z.B. den Brief an die Römer). Eine falsche Einordung wird in der Bibelauslegung in die Irre führen. Ein Gleichnis darf zum Beispiel nicht als geschichtlicher Bericht angesehen werden; das Gleiche gilt für Gedichte oder apokalyptische Literatur (diese beiden Gattungen enthalten viele Symbole), die nicht einfach als Erzähltexte aufgefasst werden können. Wenn die Psalmen von Gott als einem Felsen sprechen (z.B. Psalm 18,2; 19,14), sollten wir dies nicht wörtlich verstehen, sondern als Symbol für Gottes Standhaftigkeit: Gott ist unser felsenfestes Fundament. Die Psalmen benutzen häufig solche Metaphern. Der kluge Ausleger tut gut daran, sich den biblischen Texten mit dem Wissen um diese Gattungsunterschiede zu nähern. Auf diese Weise kann er wesentlich besser bestimmen, was der biblische Autor dem Leser vermitteln wollte.

5. Beachten Sie Geschichte und Kultur.

Wer die Bibel auslegt, muss einen Schritt aus seiner westlich geprägten Denkweise heraus machen und sich in die jüdische Denkweise früherer Jahrtausende hineinversetzen. Hierbei muss er seine Aufmerksamkeit besonderen Umständen widmen, wie etwa jüdischen Hochzeitsbräuchen, Begräbnisritualen, familiären Gewohnheiten, landwirtschaftlichen Gepflogenheiten, Geschäftspraktiken, dem Geldsystem, den Methoden der Kriegsführung, der Sklaverei, der Behandlung von Gefangenen und religiösen Praktiken. Detailinformationen helfen uns, die Welt der biblischen Autoren zu verstehen, und so wird die Auslegung der Bibel um vieles leichter.

6. Legen Sie schwierige Bibelstellen im Licht klarer Bibelstellen aus.

Wie oben erwähnt: Wenn wir mit den klar formulierten Versen richtig umgehen, werden diese zu unserem Verständnis schwieriger Verse beitragen können.

7. Legen Sie das Alte Testament im Licht des Neuen Testaments aus.

Gott hat der Menschheit seine Offenbarung fortschreitend durch alt- und neutestamentliche Zeiten hindurch gegeben. Er hat nicht alles, was er uns zu sagen hatte, unseren ersten Vorfahren, Adam und Eva, mitgeteilt, auch nicht Mose, dem Gott das Gesetz gab. Im Laufe der Jahrhunderte offenbarte Gott immer mehr, und er kam damit schrittweise zur Vollendung. Als dann das Neue Testament vollständig vorlag, hatte Gott uns alles gesagt, was er uns wissen lassen wollte. Angesichts dessen ist es ein entscheidendes Auslegungsprinzip, das Alte Testament im helleren Licht des Neuen Testaments zu interpretieren.

8. Unterscheiden Sie zwischen beschreibenden und vorschreibenden Texten.

Wenn wir die Bibel lesen, ist in vielen Fällen eine Frage entscheidend: Ist der infrage stehende Bibelvers bloß *be*schreibend und teilt er uns lediglich mit, was in biblischer Zeit geschehen ist; oder ist er *vor*schreibend und gebietet etwas, das Christen so für alle Zeit tun sollten?

9. Machen Sie sich klar, dass manche biblischen Wahrheiten explizit, andere implizit in der Bibel zu finden sind.

Explizit heißt, dass etwas vollständig und klar ausgedrückt wird, ohne dass es einen unausgesprochenen Nebensinn gibt. Demgegenüber ist mit *implizit* das gemeint, was nicht direkt ausgesprochen wird, also als Nebensinn vorhanden ist. Zum Beispiel sagt uns die Bibel explizit, dass Gott den Himmel und die Erde schuf (vgl. 1. Mose 1,1). Demgegenüber enthält die Bibel einige Wahrheiten, die aber nirgends direkt als solche ausgesprochen werden, wie etwa die Dreieinigkeit – die Lehre, dass es *einen* Gott gibt und dass es innerhalb der Einheit dieses einen Gottes drei miteinander gleiche und ewige Personen gibt: den Vater, den Sohn und den Heiligen Geist (vgl. Matthäus 28,19; 2. Korinther 13,14).

10. Unterscheiden Sie zwischen Verheißungen und Grundsätzen.

In dieser Hinsicht müssen wir Vorsicht walten lassen. Viele Weisheitssprüche der Bibel sind nicht als Verheißungen gemeint. Das Buch der Sprüche ist ein Weisheitsbuch und enthält Maximen moralischer Weisheit mit dem Ziel, den Leser durch das Leben zu begleiten. Eine Lebensregel, die Ursachen und Wirkungen charakterisiert (wenn – dann), ist eine Beobachtung, keine Zusage Gottes.

11. Treten Sie für eine richtige Bibelauslegung ein.

Da Gott letztlich der Autor der Bibel ist (vgl. 2. Timotheus 3,16), sollten wir alles in unserer Macht Stehende tun, um sicherzugehen, dass wir sie richtig verstehen. Schließlich zeigt uns Gottes Wort, wie wir bestmöglich während unserer Zeit auf der Erde leben und wie wir sicher sein können, auch nach dem Tod das ewige Leben in Gottes Gegenwart genießen zu können.

Anmerkungen des Bearbeiters

Die Übersetzung aus dem Amerikanischen erforderte einige Änderungen gegenüber dem Originaltext. Manche Texte in der Originalausgabe beziehen sich auf sprachliche Eigenheiten, die nur im englischen Sprachgebrauch von Belang sind. Solche Passagen blieben unübersetzt. Auch wurde der Text hin und wieder im Hinblick auf die Argumentationslinien der Diskussion im deutschen Sprachraum angepasst. Folgende Abschnitte des Buches sind zudem Ergänzungen des Übersetzers und Redakteurs, die sich in der Originalausgabe nicht finden: 1. Mose 9,20-27; 1. Mose 28,13-15; 2. Mose 3,1; 2. Mose 3,16-19; 1. Samuel 17,49-51; 1. Chronik 29,7; Hesekiel 37,15-28; Matthäus 3,11, Matthäus 5, 17-19; Apostelgeschichte 5,1-11, Apostelgeschichte 22,9; Römer 7,14-25; 1. Korinther 6,1-11; 1. Korinther 7,14; 1. Korinther 11,1-16; 1. Korinther 11,27; 1. Korinther 12,13; Epheser 1,3; Offenbarung 2-3; Offenbarung 2,1, Offenbarung 2,4.

Die Fragen sind gemäß der Reihenfolge der Bibel geordnet, die den meisten deutschen Bibelausgaben zugrunde liegt (prominente Ausnahmen: Die Lutherbibel platziert Hebräer- und Jakobusbrief unmittelbar vor der Johannesoffenbarung; die Einheitsübersetzung integriert die sogenannten alttestamentlichen Apokryphen bzw. deuterokanonischen Schriften, die in diesem Buch keine Berücksichtigung finden).

Hinzuweisen ist ferner auf das Sachregister am Schluss des Buches, das eine Erschließung auch anhand in diesem Buch behandelter Themen ermöglicht.

Auch wenn sicherlich nicht alle Fragen gelöst werden können und zu vielen Bibelstellen in diesem Buch mehrere Auslegungsmöglichkeiten geboten werden: Es lohnt sich, den schwierigen Bibelstellen nachzugehen.

Schwerte schlagen; und ein Drittel
sollst du in den Wind streuen, denn
ich werde das Schwert ziehen hinter
3 ihnen her. Und du sollst davon eine
kleine Zahl nehmen und in deine
4 *Rock*zipfel binden. Und von diesen
sollst du abermals nehmen und sie mit-
ten ins Feuer werfen und sie mit Feu-
er verbrennen; davon wird ein Feuer
ausgehen wider das ganze Haus Israel.
5 So spricht der Herr, Jehova: Die-
ses Jerusalem, inmitten der Nationen
habe ich es gesetzt, und Länder rings
6 um dasselbe her. Und es war wider-
spenstig gegen meine Rechte in Ge-
setzlosigkeit, mehr als die Nationen,
und gegen meine Satzungen, mehr als
die Länder, welche rings um dasselbe
her sind; denn meine Rechte haben
sie verworfen, und in meinen Satzun-
7 gen haben sie nicht gewandelt. Darum
spricht der Herr, Jehova, also: Weil
ihr getobt habt, mehr als die Natio-
nen, die rings um euch her sind, in
meinen Satzungen nicht gewandelt und
meine Rechte nicht getan habt, ja, *selbst*
nach den Rechten der Nationen, die
rings um euch her sind, nicht getan
8 habt — darum spricht der Herr, Jeho-
va, also: Siehe, auch ich will wider
dich sein, und will Gerichte in deiner
Mitte üben vor den Augen der Natio-
9 nen. Und ich will an dir tun, was
ich nicht getan habe und desgleichen
ich nicht wieder tun werde, um all dei-
10 ner Greuel willen. Darum werden Vä-
ter *ihre* Kinder essen in deiner Mitte,
und Kinder werden ihre Väter essen;
und ich will Gerichte an dir üben, und
will deinen ganzen Ueberrest in alle
11 Winde zerstreuen. Darum, *so wahr*
ich lebe, spricht der Herr, Jehova *a*:
Wahrlich, weil du mein Heiligtum
verunreinigt hast durch alle deine
Scheusale und durch alle deine Greuel,
so will auch ich mein Auge abziehen
ohne Mitleid *b*, und auch ich will mich
12 nicht erbarmen. Ein Drittel von dir
soll an der Pest sterben und durch Hun-
ger umkommen in deiner Mitte; und
ein Drittel soll durchs Schwert fallen
rings um dich her; und ein Drittel
werde ich in alle Winde zerstreuen,
und ich werde das Schwert ziehen hin-
13 ter ihnen her. — Und mein Zorn soll
sich vollenden, und meinen Grimm
werde ich an ihnen stillen und Rache
nehmen. Und wenn ich meinen Grimm
an ihnen vollende, so werden sie wis-
sen *c*, daß ich, Jehova, in meinem Ei-
14 fer geredet habe. Und ich werde dich
zur Einöde machen und zum Hohne
unter den Nationen, die rings um dich
her sind, vor den Augen jedes Vor-
15 übergehenden. Und es soll ein Hohn
und ein Spott *d* sein, eine Warnung
und ein Entsetzen für die Nationen,
die rings um dich her sind, wenn ich
Gerichte an dir üben werde im Zorn

und im Grimm und in Züchtigung
des Grimmes. Ich, Jehova, habe ge
det. Wenn ich die bösen Pfeile
Hungers wider sie sende, welche z
Verderben sein werden, die ich s
den werde, um euch zu verderben,
werde ich den Hunger über euch h
fen und euch den Stab *e* des Brotes z
brechen. Und ich werde Hung
über euch senden und böse Tiere,
sie dich der Kinder berauben; und P
und Blut sollen über dich ergehe
und das Schwert werde ich über d
bringen. Ich, Jehova, habe gered
Und das Wort Jehovas geschah
mir also: Menschensohn, richte d
Angesicht gegen die Berge Israels, u
weissage über sie und sprich: Be
Israels, höret das Wort des Herrn,
hovas! So spricht der Herr, Jeho
zu den Bergen und zu den Hügeln,
den Tälern und zu den Gründen: Sie
ich, ich bringe das Schwert über e
und werde eure Höhen zerstören; u
eure Altäre sollen verwüstet und e
Sonnensäulen zerbrochen werden. U
ich werde eure Erschlagenen fal
machen vor euren Götzen *g*; und
Leichname der Kinder Israel we
ich vor ihre Götzen hinlegen und e
Gebeine rings um eure Altäre str
en. In allen euren Wohnsitzen sol
die Städte verödet und die Höhen v
wüstet werden, auf daß eure Alt
verödet und wüst, und eure Götz
zerbrochen und vernichtet *h*, und e
Sonnensäulen umgehauen und e
Machwerke vertilgt seien; und
schlagene sollen in eurer Mitte fall
Und ihr werdet wissen *c*, daß ich
hova bin. — Doch will ich einen Ueb
rest lassen, indem ihr unter den
tionen solche haben werdet, die d
Schwert entronnen sind, wenn ihr
die Länder zerstreut seid. Und e
Entronnenen werden meiner gedenk
unter den Nationen, wohin sie gef
gen weggeführt sind, wenn ich mir
hurerisches Herz, das von mir ab
wichen ist, und ihre Augen, die ih
Götzen nachhurten, zerschlagen hab
werde; und sie werden an sich sel
Ekel empfinden wegen der Uebeltat
die sie begangen haben nach allen ih
Greueln. Und sie werden wissen,
ich Jehova bin. Nicht umsonst h
ich geredet, daß ich ihnen dieses Ue
tun würde.
So spricht der Herr, Jehova: Sc
ge in deine Hand und stampfe mit
nem Fuße und sprich: Wehe über
bösen Greuel des Hauses Israel! d
sie müssen fallen durch das Schw
durch den Hunger und durch die P
Wer fern ist, wird an der Pest s
ben, und wer nahe ist, wird durch
Schwert fallen, und wer übriggeb
ben und bewahrt worden ist, wird
Hunger sterben; und ich werde m

a Eig. ist der Spruch des Herrn, Jehovas; so auch später. — *b* Eig. ohne da
mitleidig blicke. — *c* O. erkennen, erfahren; so auch nachher. — *d* Eig. eine Ver
nung. — *e* d. i. die Stütze. — *f* Eig. durch dich ziehen. — *g* Eig. Klötzen (eine
ächtliche Bezeichnung der Götzen); so fast immer in Hesekiel. — *h* Eig. zerbro
seien und ein Ende nehmen.

Das Alte Testament

1. Mose

1. Mose 1 – *Sind die Schöpfungstage 24-Stunden-Abschnitte, oder werden hier lange Zeiträume beschrieben?*

Manche sind der Auffassung, dass es sich bei den in 1. Mose 1 geschilderten Schöpfungstagen um lange Zeitabschnitte handelt. So ist zum Beispiel in 1. Mose 2,4 von einem „Tag“ die Rede, an welchem „Gott, der HERR, Erde und Himmel machte“. In 1. Mose 1 lesen wir aber, dass Himmel und Erde an unterschiedlichen Tagen erschaffen wurden. Dies lässt sich als Indiz dafür werten, dass mit einem „Tag“ auch eine Zeitspanne gemeint sein kann. In Hiob 20, 28 etwa ist von einem „Tag seines [Gottes] Zornes“ die Rede, in Psalm 20,2 von einem „Tag der Bedrängnis“. Hier ist sicherlich jeweils kein einzelner Tag, sondern ein Zeitraum gemeint. Darüber hinaus sagt Psalm 90,4 wie auch sinngemäß 2. Petrus 3,8: „Denn tausend Jahre sind in deinen Augen wie der gestrige Tag, wenn er vergangen ist, und wie eine Wache in der Nacht.“ 24-Stunden-Sonnentage kann es nach Ansicht mancher Bibelausleger zudem auch erst ab dem vierten Schöpfungstag gegeben haben, da die Sonne an den ersten drei Tagen noch nicht erschaffen gewesen ist.

Im Gegensatz zu dieser Position gibt es wiederum andere Christen, die substanzielle Argumente dafür liefern, dass die Tage in 1. Mose 1 in der Tat als 24-Stunden-Tage zu verstehen sind:

1. Der Bericht in 1. Mose bezieht sich auf Abend und Morgen, was darauf hindeutet, dass buchstäblich Tage gemeint sind.
2. In 1. Mose 1,16 heißt es, dass Gott die Sonne und den Mond erschuf, um den Tag bzw. die Nacht zu beherrschen. Das könnte ein Indiz dafür sein, dass es sich hier um wirkliche 24-Stunden-Tage handelte.

3. Auch 2. Mose 20,11 scheint sich auf 24-Stunden-Sonnentage zu beziehen. Dort wird gesagt: „Denn in sechs Tagen hat der HERR den Himmel und die Erde gemacht, das Meer und alles, was in ihnen ist, und er ruhte am siebten Tag."
4. Wenn eine Zahl in Kombination mit dem hebräischen Wort für „Tag" benutzt wird, bezieht sich das im Alten Testament ausnahmslos auf buchstäbliche 24-Stunden-Tage. In 1. Mose heißt es, dass Gott die Welt in sechs Tagen erschuf, also werden auch hier 24-Stunden-Tage gemeint sein.
5. Wenn der Schöpfungsbericht hätte sagen wollen, dass Gott in langen Zeiträumen geschaffen hat, hätte dafür ein hebräisches Wort zur Verfügung gestanden, das ausgezeichnet passt: *olam*. Doch dieses Wort wird hier nicht verwendet, sondern der Begriff *yom*, der sich in Kombination mit einer Zahl immer auf einen 24-Stunden-Tag bezieht.
6. Die Stelle in 2. Petrus 3,8 meint nicht, dass ein Tag wirklich tausend Jahre andauert. Vielmehr wird hier ausgesagt, dass ein Tag für Gott wie tausend Jahre ist. Gott befindet sich jenseits aller zeitlichen Grenzen.
7. Der Schöpfungsbericht zeigt, dass Adam am sechsten Tag erschaffen wurde, er dann den siebten Tag hindurch lebte und auch an den Tagen, die darauf folgten. Wenn es sich hier um lange Zeitperioden gehandelt hätte, wie können dann diese vorgeblichen Jahrtausende mit der Angabe aus 1. Mose 5,5 in Einklang gebracht werden, wo gesagt wird, dass Adam im Alter von 930 Jahren starb?
8. Das Argument, dass die ersten drei Tage nicht als wörtliche Tage zu verstehen sind, da die Sonne noch nicht erschaffen gewesen ist, ist nicht überzeugend. Die ersten drei Tage hatten wahrscheinlich dieselbe Dauer wie die letzten vier Tage. Zur Beschreibung werden für alle Tage exakt die gleichen Wörter („Abend" und „Morgen") benutzt. Ob nun eine von Gott selbst erschaffene zeitlich befristete Lichtquelle das Licht spendete oder Gott selbst hier als das Licht zu verstehen ist (vgl. Offenbarung 21,23; 22,5), wie manche annehmen, ist an dieser Stelle von sekundärer Bedeutung. Es kann

durchaus Tage vor der Erschaffung der Sonne gegeben haben, die auch ohne eine existierende Sonne die gleiche Länge aufwiesen wie heutige Sonnentage. Schließlich muss sich Gott nicht an die uns bekannten Naturgesetze gehalten haben.

1. Mose 1 – *Wie kann der Schöpfungsbericht mit den wissenschaftlichen Erkenntnissen hinsichtlich des immensen Alters des Universums in Einklang gebracht werden?*

Man kann in der gebotenen Kürze hier nicht auf alle wissenschaftlichen Fragen eingehen. Dazu muss entsprechende Fachliteratur konsultiert werden. Hier sei nur auf einige Grundlinien der Argumentation hingewiesen.

Viele Wissenschaftler argumentieren mit der Vorstellung im Hintergrund, dass die geologischen, biologischen und astronomischen Prozesse, die wir heute in unserer Welt beobachten können, mit gleicher Stärke und Intensität auch in der Vergangenheit stattgefunden haben müssen. Sollte dies zutreffen, würde das darauf hindeuten, dass Millionen von Jahren notwendig gewesen sind, um so etwas wie Fossilien, Vulkane oder Berge hervorzubringen, von Menschen ganz zu schweigen.

Dem halten andere entgegen, dass dies nicht unbedingt notwendig sei. Es könnten durch die überwältigende Kraft der Sintflut, die ja auch zu einer Auslöschung vieler Tiere und Pflanzen führte, ohne Zweifel zahllose Ablagerungen entstanden sein, die Pflanzen und Tiere eingeschlossen haben. Die Fossilien könnten so recht schnell und nicht in Millionen von Jahren entstanden sein.

Generell ist im Hinblick auf das Verständnis in Bezug auf Schöpfung und/oder Evolution zu bemerken, dass man notwendigerweise zu unterschiedlichen Ergebnissen kommt, je nachdem, ob man der Bibel oder der Wissenschaft den Vorrang einräumt, die Geschehnisse angemessen zu interpretieren. Eine einfache und gegen alle Argumente abgesicherte wasserdichte Erklärung werden wir – so oder so – nicht finden.

1. Mose 1 – *Harmoniert der Schöpfungsbericht mit dem Gedanken einer theistischen Evolution, also einer von Gott gelenkten Evolution?*

Die Verfechter der theistischen Evolution argumentieren, dass Gott die Schöpfung begonnen und dann den Prozess der Evolution gesteuert hat, um die Welt hervorzubringen, wie wir sie heute kennen. Demzufolge habe er sich in den zeitlichen Ablauf der Dinge gelegentlich eingeschaltet, um das zu modifizieren, was sich schon entwickelt hat. Die meisten theistischen Evolutionisten gehen davon aus, dass die Tage des Schöpfungsberichts als lange Zeiträume zu verstehen sind. Sie lehnen normalerweise auch die Vorstellung ab, dass Adam und Eva historische Personen gewesen sind. Gott habe eben irgendwann in den Evolutionsprozess eingegriffen und einen bereits existierenden hohen Primaten (etwa einen Affen) verbessert, mit einer Seele versehen und ihn somit in „Adam", den Menschen nach dem Bilde Gottes, verwandelt. Nach dieser Auffassung hätte Gott die geistig-geistliche Natur des Menschen erschaffen, aber nicht dessen leibliche Natur, die ein Produkt der Evolution wäre.

Diese Sichtweise ist aus mehreren Gründen problematisch:

1. Die Vorstellung einer theistischen Evolution macht aus 1. Mose 1-2 eine allegorische Erzählung. Jedoch weist im Kontext von 1. Mose nichts darauf hin, dass der Schöpfungsbericht anders als historisch zu verstehen ist.
2. Die Vorstellung, dass die Menschheit von einem nichtmenschlichen Vorfahren abstammt, kann nicht mit einem korrekten Verständnis von 1. Mose 2,7 in Einklang gebracht werden. Gott schuf Adams materielle Natur aus Staub vom Erdboden. Das besagt, dass Gott Adam aus anorganischem Material formte, anstatt auf eine bereits existierende Lebensform zurückzugreifen (etwa einen Affen). Gott hauchte dann den „Lebensodem" in die Nase Adams.

3. Jesus Christus als Gott ist allwissend; und er ist auch der Schöpfer der Welt (vgl. Johannes 1,3; Kolosser 1,16; Hebräer 1,2.10). Jesus, der Schöpfer, bestätigt, dass der erste Mensch erschaffen wurde, und zwar männlich und weiblich (vgl. Matthäus 19,4). Diese Bestätigung durch Jesus wäre sehr irreführend, wenn die körperliche Natur des Menschen in Wirklichkeit von einem höheren Primaten abstammte, den Gott nur modifiziert hätte.
4. Paulus sagt in 1. Korinther 15,39: „Nicht alles Fleisch ist dasselbe Fleisch; sondern ein anderes ist das der Menschen und ein anderes das Fleisch des Viehes und ein anderes das der Vögel und ein anderes das der Fische." Der Mensch wurde nicht aus einem Affen erschaffen, vielmehr haben Menschen und Affen ein ganz und gar unterschiedliches „Fleisch". Auch dieser Vers kann nicht mit dem Gedanken einer theistischen Evolution harmonisiert werden.

1. Mose 1-2 – *Wurden zuerst die Menschen oder die Tiere erschaffen?*

Manche argumentieren, dass in 1. Mose 1 die Tiere als vor den Menschen erschaffen dargestellt werden, während es in 1. Mose 2 so scheint, als sei der Mensch zuerst erschaffen worden. Es gibt hier allerdings keinen wirklichen Gegensatz, da 1. Mose 2 nicht exakt berichtet, wann die Tiere erschaffen wurden. Alles, was der Text aussagt, ist, dass Gott die Tiere zu Adam brachte, damit er diesen ihre Namen gab – die Tiere, die er bereits zuvor erschaffen hatte.

1. Mose 1,1 – *Woher konnte der Autor von 1. Mose 1 wissen, wie die Welt erschaffen wurde, wenn er nicht dabei gewesen ist?*

Die Bibel ist ein Buch göttlicher Offenbarung. Wir wissen von Propheten, dass Gott ihnen ermöglichte, in die Zukunft zu sehen. In diesem Fall liegt so etwas wie eine rückwärtsgewandte Prophetie vor: Gott hat Mose eine besondere Offenbarung im Hinblick darauf gegeben, wie er die Erde erschaffen hat (wobei wir davon ausgehen, dass weite Teile der fünf Bücher Mose wirklich auch auf Mose selbst zurückgehen).

1. Mose 1,14 – *Wie konnte es schon vor der Erschaffung der Sonne am vierten Tag Licht geben?*

Vgl. hierzu die Anmerkungen zu 1. Mose 1, Punkt 8.

1. Mose 1,26-27 – *Was heißt es, im „Bilde Gottes" erschaffen zu sein?*

Wenn die Bibel sagt, dass der Mensch im Bilde Gottes erschaffen ist, meint sie damit, dass er der endliche Abglanz eines unendlichen Gottes ist, und zwar im Hinblick auf seine verstandesmäßige (vgl. Kolosser 3,10) und moralische Natur (vgl. Epheser 4,24) sowie in Hinsicht auf seine Herrschaft über die Schöpfung (vgl. 1. Mose 1,27-28). In derselben Weise, in der der Mond das strahlende Licht der Sonne widerspiegelt, spiegelt der endliche Mensch in den genannten Aspekten das Wesen Gottes wider, da er in seinem Bilde geschaffen ist.

1. Mose 1,26-27 – *Warum wird hier in Bezug auf Gott der Plural benutzt?*

In diesem Abschnitt lesen wir: „Und Gott sprach: Lasst uns Menschen machen in unserm Bild, uns ähnlich." Das Wort, das hier für Gott benutzt wird, ist *Elohim* und hat im Hebräischen damit eine Pluralendung (*-im*). Dies ist ein *Pluralis Majestatis* (wie ihn früher Könige benutzten oder heute beispielsweise der Papst in seinen Verlautbarungen). Er weist auf die Majestät, Würde und Größe Gottes hin. Die Pluralpronomen „uns" und „unser" sind im Hebräischen bei der Verwendung des Plurals *Elohim* grammatisch entsprechend notwendig. Manche Bibelausleger sehen hierin auch einen Hinweis auf die Trinität (Dreieinigkeit Gottes).

1. Mose 1,26-27 – *Wird hier zum Ausdruck gebracht, dass Gott einen Körper hat?*

Der Mensch hat einen Körper, und der Mensch ist im Bilde Gottes erschaffen – besagt also dieser Vers im Analogieschluss, dass Gott auch einen Körper hat? Hier ist festzuhalten, dass wir gemäß einem alten Auslegungsgrundsatz die Bibel mit der Bibel auslegen müssen. So sagt uns Johannes 4,24, dass Gott Geist ist. Lukas erwähnt, dass ein Geist „nicht Fleisch und Bein" hat (Lukas 24,39). Der Mensch wurde in Gottes Bild erschaffen. Das ist aber nicht auf seine Körperlichkeit bezogen, sondern im Hinblick auf seinen Verstand, seine moralische Natur und seine Herrschaft über die Schöpfung zu verstehen (vgl. die Anmerkungen oben zu denselben Versen).

1. Mose 2,2 – *Wenn Gott nach dem sechsten Schöpfungstag von seinen Werken ausruhen musste, bedeutet das, dass er nicht allmächtig ist?*

Gott musste nicht deshalb ausruhen, weil seine körperlichen Energien erschöpft gewesen wären und er wieder hätte zu Kräften kommen müssen. Das hebräische Wort für „Ruhe" vermittelt eher das Beendigen einer Aktivität. 1. Mose 2,2 sagt demzufolge, dass Gott sein Schöpfungswerk beendet hat. Es gab nichts weiter zu tun. Die Arbeit war getan.

1. Mose 2,17 – *Warum starb Adam nicht an demselben Tag, an dem er gesündigt hatte, wie Gott es hier ankündigt?*

Hier heißt es: „Aber vom Baum der Erkenntnis des Guten und Bösen, davon darfst du nicht essen; denn an dem Tag, da du davon isst, musst du sterben!" In 1. Mose 5,5 steht jedoch, dass Adam 930 Jahre alt wurde. Demnach starb Adam nicht an dem Tag, an dem er gesündigt hatte, zumindest nicht körperlich. Doch er starb geistlich, als er von der Frucht aß.

Das Wort „Tod" trägt hier den Gedanken der Trennung mit sich. Der körperliche Tod trennt die Seele bzw. den Geist vom Körper. Der geistliche Tod beinhaltet die Trennung der Menschen von Gott. Als Adam und Eva die verbotene Frucht aßen, waren sie damit unverzüglich im geistlichen Sinn von Gott getrennt. Ihre Reaktion, die aus der Sünde folgte, nämlich, dass sie sich im Garten Eden vor Gott versteckten, zeigt ihr Bewusstsein für diese geistliche Trennung an. Im Augenblick ihrer Sünde wurden sie zu Toten „in […] Vergehungen und Sünden" (Epheser 2,1-3). Ihre geistliche Trennung von Gott machte sie auch im körperlichen Sinne sterblich, und das führte schließlich auch zu ihrem physischen Tod.

1. Mose 4,3-5 – *Warum nahm Gott das Opfer Abels an, nicht aber das Opfer Kains?*

Die Antwort auf diese Frage ist in der inneren Einstellung zu suchen, die die beiden im Hinblick auf ihre jeweiligen Opfer an den Tag legten. Abel gab nicht nur die Erstgeburt seiner Herde, sondern auch das, was damals als das „Filetstück" angesehen wurde: das Fett (vgl. 1. Mose 4,4). Er gab das Beste vom Besten, was er hatte. Demgegenüber brachte Kain „von den Früchten des Ackerbodens dem HERRN eine Opfergabe" (Vers 3). Man bekommt hier den Eindruck, dass Kain routinemäßig einige Früchte sammelte und sie dem Herrn opferte, um rein äußerlich seinen Verpflichtungen nachzukommen.

Ein anderer Schlüsselfaktor war wohl Abels Glaube an Gott, von dem in Hebräer 11,4 die Rede ist. Demgegenüber war Kain, so könnte man aus Hebräer 11,4 folgern, ungläubig.

1. Mose 4,13-16 – *Was war das Zeichen des Kain?*

Dieser Abschnitt sagt uns, dass Gott Kain mit einem Zeichen versah, sodass niemand, der ihm begegnete, ihn töten durfte. Die Bibel beschreibt nicht exakt, was das für ein Zeichen war. Das Fehlen dieser Information über die Beschaffenheit des Zeichens mag aber den Grund haben, dass uns der Bibeltext nicht auf das Zeichen an sich hinweisen will, sondern auf die Güte Gottes. Er beschützt jemanden, der es nicht verdient. Es geht hier um Gott und seine Gnade, nicht um das Zeichen.

Traurigerweise müssen wir feststellen, dass dieser Text in der Kirchengeschichte auf vielfältige Weise missbraucht wurde. Im Mittelalter gab es Menschen, die sich Christen nannten und Juden als „Mörder Christi“ bezeichneten. Diese zwangen sie dann dazu, ein „Kainszeichen“ zu tragen – eine tragische Verdrehung dieser Bibelstelle. Weniger tragisch, aber trotzdem dem biblischen Sachverhalt nicht entsprechend, ist die Verwendung des Begriffs „Kainsmal/-zeichen“ im heutigen Sprachgebrauch. Es bezieht sich meist auf ein Erkennungszeichen für einen „Mörder“ oder „Täter“, wobei Gott Kain damit gerade nicht als Mörder stigmatisieren, sondern als Mörder schützen wollte.

1. Mose 4,17 – *Woher nahm Kain seine Ehefrau?*

Der biblische Text legt nahe, dass Kain eine seiner Schwestern heiratete. Verschiedene Anzeichen deuten darauf hin. Adam und Eva hatten eine ganze Anzahl von Kindern. In 1. Mose 5,4 heißt es: „Und die Tage Adams, nachdem er Set gezeugt hatte, betrugen 800 Jahre, und er zeugte Söhne und Töchter.“ Adam und Eva waren der erste Mann und die erste Frau, und Gott hatte ihnen (und ihren Nachkommen) geboten, fruchtbar zu sein und sich zu vermehren (vgl. 1. Mose 1,28). So können wir mit gutem Grund ableiten, dass Kain eine seiner vielen Schwestern heiratete; er könnte aber auch eine Nichte oder Großnichte zur Frau genommen haben.

An so einem frühen Zeitpunkt der Geschichte hatten sich noch keine genetischen Defekte entwickelt, wie wir sie heute als Auswirkung des Sündenfalls kennen. Zur Zeit Abrahams hatte Gott noch nicht erklärt, dass solche innerfamiliären Eheverhältnisse gegen seinen Willen sind (vgl. 1. Mose 20,12). Gesetze, die den Inzest betreffen, sind bis zur Zeit des Mose nicht in Kraft gesetzt worden (vgl. 3. Mose 18,7-17; 20,11-12.14.17.20-21). Somit existierte in den Tagen Kains kein Verbot im Hinblick auf die Eheschließung mit einer Schwester (oder einer anderen Blutsverwandten).

1. Mose 5 - *Haben Menschen in den frühen Tagen der Menschheit wirklich Hunderte von Jahren gelebt?*

In 1. Mose 5 lesen wir, dass Adam 930 Jahre lebte, Set 912 Jahre, Enosch 905 Jahre und so fort. Nichts in 1. Mose 5 deutet darauf hin, dass diese Zeitangaben nicht wörtlich zu nehmen sind. Es bleibt daher nichts anderes übrig, als anzunehmen, dass Menschen in der Frühzeit der Menschheit wirklich so lange gelebt haben.

Als Begründung dafür haben manche (Bezug nehmend auf 1. Mose 1,7) vorgeschlagen, dass die Erde vor der Sintflut von einer Art Wasserkuppel umgeben war und dass diese Wasserkuppel bewirkte, dass die Bewohner der Erde vor schädlichen Strahlungen aus dem Weltraum geschützt wurden. Demzufolge lebten die Menschen damals länger.

1. Mose 6-8 – *Was war die tatsächliche Wasserquelle der Sintflut?*

Dieser Vers sagt uns, dass die Wasser der Flut durch Regenfälle kamen, in einem anderen Vers heißt es jedoch, dass die Flut durch den Regen *und* durch die „Quellen der Tiefe“, also unterirdische Gewässer, kam (vgl. 1. Mose 7,4; 8,2). Hier gibt es aber, wenn man genauer hinsieht, keinen Widerspruch, denn in 1. Mose 7,4 heißt es nicht, dass der Regen die *einzige* Wasserquelle der Sintflut gewesen ist. Somit ergänzen sich also diese Verse.

1. Mose 6-9 – *War die Sintflut nur eine örtlich begrenzte Katastrophe?*

Die Aufzeichnungen der Bibel legen nahe, dass die Flut sich auf die ganze Erde ausdehnte. Das Wasser der Flut stieg so hoch, „dass alle hohen Berge, die unter dem ganzen Himmel sind, bedeckt wurden“ (1. Mose 7,19). Es stieg so gewaltig an, dass die Wasser sieben Meter über den Gipfeln standen (vgl. 1. Mose 7,20). Das Flutwasser blieb für ca. 54 Wochen, was andeutet, dass es sich hier um mehr als um eine örtliche Flut gehandelt haben muss.

Auch sagt die Bibel, dass jedes Lebewesen, das sich auf der Erde bewegte, unterging „und alle Menschen; alles starb, in dessen Nase ein Hauch von Lebensodem war, von allem, was auf dem trockenen Land lebte. So löschte er alles Bestehende aus, das auf der Fläche des Erdbodens war. Nur Noah blieb übrig und das, was mit ihm in der Arche war“ (Verse 22-23). All das deutet auf eine weltweite Flut hin.

1. Mose 6,2 – *Wer sind die „Söhne Gottes“?*

In diesem Vers heißt es: „[…] da sahen die Söhne Gottes die Töchter der Menschen, dass sie gut waren, und sie nahmen sich von ihnen allen zu Frauen, welche sie wollten." Es gibt viele Diskussionen darüber, wer diese Söhne Gottes gewesen sein mögen. Verbreitet ist die Ansicht, dass von Gott abtrünnige Engel mit menschlichen Frauen zusammenlebten.

Einige Handschriften der Septuaginta (der altgriechischen Übersetzung des Alten Testaments) weisen hier die Formulierung „Engel Gottes" statt „Söhne Gottes" auf. Die Juden, die das Alte Testament übersetzten, verstanden also damals diese Verse bereits so, als seien diese auf Engel bezogen. Zudem bezieht sich der hebräische Ausdruck für „Söhne Gottes" (wörtlich: „Söhne *Elohims*"), wenn er an anderer Stelle im Alten Testament verwendet wird, immer auf Engel (vgl. Hiob 1,6; 2,1; 38,7).

Andere sind der Auffassung, dass einige gefallene Engel von Menschen im Sinne der Besessenheit Besitz ergriffen haben. Für diese Auslegung spricht, dass sie eine gute Erklärung dafür liefert, wie Engel, die körperlos (vgl. Hebräer 1,14) und geschlechtslos (vgl. Matthäus 22,30) sind, mit menschlichen Frauen zusammenleben konnten.

Eine weitere gebräuchliche Auslegung ist die, dass der Begriff „Söhne Gottes" sich auf Mitglieder der Abstammungslinie Sets (vgl. 1. Mose 4,26) bezieht, die sich mit der gottlosen Linie Kains vermischt hat. Statt Gott und ihrem geistlichen Erbe treu zu bleiben, ließen sie sich von der Schönheit gottloser Frauen, die der Tradition und dem Beispiel Kains gefolgt waren, einwickeln.

Mit „Söhne Gottes" könnten aber auch menschliche Könige gemeint sein, eine Art Gottkönigtum, das sich damals gebildet hatte und wo Menschen sich blasphemischerweise als „Söhne Gottes" bezeichnen ließen.

1. Mose 6,3 – *Besagt dieser Vers, dass die Lebensspanne eines Menschen 120 Jahre betragen soll?*

In diesem Vers sagt Gott: „Mein Geist soll nicht ewig im Menschen bleiben, da er ja auch Fleisch ist. Seine Tage sollen 120 Jahre betragen." Das bezieht sich wahrscheinlich nicht auf die Lebensspanne eines Menschen, da es in späterer Zeit noch Menschen gab, die 600 Jahre und länger gelebt haben. Offenbar hat Gott den Menschen hier 120 Lebensjahre zugestanden, bevor er die Sintflut auf die Erde schickte. Gott sorgte also dafür, dass die Menschen damals eine Menge Zeit hatten, um Buße zu tun, bevor er das Gericht sandte.

1. Mose 6,6 – *In welcher Hinsicht „reute den HERRN" etwas?*

In diesem Vers lesen wir: „Und es reute den HERRN, dass er den Menschen auf der Erde gemacht hatte, und es bekümmerte ihn in sein Herz hinein." Gott zeigt hier nicht im menschlichen Sinn Reue; er wendet sich also nicht von einer von ihm selbst begangenen Sünde ab. Wenn im Zusammenhang mit dem, was Gott tut, das Wort „Reue" verwendet wird, bedeutet das im Allgemeinen, dass Gott beschließt, anders zu handeln, und zwar aufgrund dessen, was Menschen tun. Zum Beispiel hatte Gott den Menschen aus Ninive Gericht angekündigt, doch dann seine Meinung geändert (es „reute" ihn, Jona 3,10), und er hielt das Gericht zurück, nachdem die ganze Stadt Buße getan hatte. Vielen ist nicht klar, dass Gottes Gerichtsankündigungen eine „eingebaute Umkehrklausel" haben. Diese wird in Jeremia 18,7-10 erwähnt:

„Einmal rede ich über ein Volk und über ein Königreich, es ausreißen, niederbrechen und zugrunde richten zu wollen. Kehrt aber jenes Volk, über das ich geredet habe, von seiner Bosheit um, lasse ich mich des Unheils gereuen, das ich ihm zu tun gedachte. Und ein anderes Mal rede ich über ein Volk und über ein Königreich, es bauen und pflanzen zu wollen. Tut es aber, was in meinen Augen böse ist, indem es auf meine Stimme nicht hört, so lasse ich mich des Guten gereuen, das ich ihm zu erweisen zugesagt habe."

Gott ändert also gegenüber Menschen seinen Kurs, wenn er in dem, was sie tun, eine Veränderung sehen kann.

1. Mose 6,14-17 – *Wie konnte Noahs Arche so vielen Tieren Unterschlupf gewähren?*

Die Arche war ein extrem großes Schiff – 135 Meter lang, 22,5 Meter breit und 13,5 Meter hoch. Sie hatte also ca. 41 000 Kubikmeter Raum und drei Geschosse. Demzufolge konnte sie auch eine erhebliche Menge an Tieren mit sich führen.

1. Mose 7,24 – *Fiel der Regen der Sintflut 40 oder 150 Tage lang?*

In 1. Mose 7,24 heißt es, dass das Wasser auf der Erde 150 Tage lang anschwoll. In anderen Versen ist von 40 Tagen die Rede (vgl. 7,4.12.17). Doch beziehen sich diese Angaben auf unterschiedliche Sachverhalte. Der Regen fiel nur 40 Tage lang, aber das Wasser schwoll 150 Tage lang an (vgl. 7,24). Zu beachten ist, dass das Wasser der Sintflut nicht ausschließlich Regenwasser war, sondern auch aus unterirdischen Quellen kam (vgl. 8,2). Nach den 150 Tagen sank das Wasser (vgl. 8,3). Im fünften Monat nach Beginn der Flut blieb die Arche im Gebirge Ararat liegen (vgl. 8,4).

1. Mose 9,6 – *Wie kann die hier angeordnete Todesstrafe in Einklang gebracht werden mit dem Gebot: „Du sollst nicht töten" (2. Mose 20,13)?*

Dieser Vers sagt: „Wer Menschenblut vergießt, dessen Blut soll durch Menschen vergossen werden; denn nach dem Bilde Gottes hat er den Menschen gemacht." Die Todesstrafe ist hier im Hinblick auf die Heiligkeit des menschlichen Lebens eingesetzt worden. Der Grund für diese harte Bestrafung ist die Tatsache, dass der Mensch im Bilde Gottes geschaffen wurde (vgl. 1. Mose 1,26). Der Mensch ist als Einzelner so wertvoll, dass jeder, der sich an diesem heiligen Lebensrecht vergreift, der Konsequenz entgegensehen muss, sein eigenes Leben zu verlieren. So ist das Verständnis des Alten Testaments. Im mosaischen Gesetz war die Todesstrafe ebenfalls vorgesehen (vgl. 2. Mose 21,12; 4. Mose 35,16-31).

Nun ist ein Mord sicherlich etwas anderes als die Ausübung der Todesstrafe als juristischer Akt. So ist in 2. Mose 20,13 das Gebot „Du sollst nicht töten" auf den Mord bezogen, nicht aber auf die Anwendung der Todesstrafe oder auch auf ein Töten im Kriegsfall.

Generell ist zu sehen, dass in der Bibel das individuelle Leben einen hohen Wert hat und schützenswert ist. Dies gilt sicher auch für das Leben von Verbrechern; auch vor diesen Menschen darf man als Christ nicht die Achtung verlieren.

1. Mose 9,20-27 – *Besagt dieser Text, dass man seine Eltern nicht nackt sehen darf?*

Hier geht es um eine beschämende Situation: Noah hatte zu viel getrunken und lag nun nackt in seinem Zelt. Er wurde in diesem Zustand von seinem jüngsten Sohn Ham entdeckt. Dieser berichtet es seinen Brüdern Sem und Jafet, die ihn daraufhin zudecken, indem sie rückwärts in sein Zelt gehen, um ihren Vater nicht anzusehen. Als Noah die Geschichte hört, verflucht er die Nachkommenschaft Hams. Vielleicht hat Ham seinen Brüdern den würdelosen Zustand des Vaters mit der Absicht mitgeteilt, über seinen Vater zu spotten. Sem und Jafet aber reagieren, indem sie Noah wieder in einen würdigen Zustand versetzen und die Blöße bedecken (ähnlich wie Gott dies bei Adam und Eva getan hatte – vgl. 1. Mose 3,7.21). Noah bestrafte also den Spott Hams. Vielleicht hat aber die Tatsache schon ausgereicht, dass Ham die Blöße des Vaters nicht bedeckt und die Ehre des Vaters nicht wiederhergestellt hat, um den Fluch des Vaters zu begründen.

1. Mose 12,10-20 – *Warum wuchs Abrahams Wohlstand, obwohl er sich einer Lüge bediente?*

Der Bibeltext sagt nicht, dass Gott ihn mit Wohlstand gesegnet hat und dies auch noch der Lüge zuzuschreiben sei. Der Pharao ließ Abraham wahrscheinlich materielle Geschenke zukommen, um den Fehler wiedergutzumachen, dass er unwissentlich Abrahams Frau in seinen Palast aufgenommen hatte. Immerhin wurde Ehebruch vom religiösen Gesetz der Ägypter verurteilt. Wir könnten jedoch (im Gegensatz zur Stoßrichtung unserer Frage) festhalten, dass einige der Probleme, die Abraham in seinem späteren Leben bekam, vielleicht direkt darauf zurückzuführen sind, dass er nicht Gottes schützender Macht vertraute, sondern Zuflucht zur Lüge nahm.

1. Mose 16,4 – *Warum stimmte Abraham zu, einen Sohn mit Hagar zu zeugen, obwohl Sara noch lebte?*

Was Abraham tat, war falsch und wurde auch von Gott nicht gutgeheißen. Abraham und Sara mochten in ihrem begrenzten Verständnis allerdings der Ansicht gewesen sein, dass sie genau das Richtige taten. Ein Hauptzweck der Ehe zu Abrahams Zeiten war, einen Sohn zur Welt zu bringen. Abraham war 85 Jahre alt und hatte keinen Nachkommen. Darüber hinaus hatten sich damals Frauen in Saras Alter Ansehen erworben oder es aber verloren, abhängig davon, ob sie Kinder hatten oder nicht. Solche Konventionen mögen Abraham und Sara zu dem Schluss geführt haben, dass vielleicht ein mit Hagar gezeugter Sohn alle ihre Probleme lösen konnte. Hagar sollte im Wesentlichen als Leihmutter fungieren, die ein Kind zur Welt bringt, das später von Sara aufgezogen wurde. Die Bibel zeigt uns aber, dass der Nachkomme Hagars nicht der verheißene Sohn war (vgl. 1. Mose 17,21).

1. Mose 22,2 – *Wollte Gott, dass Abraham seinen Sohn Isaak tötet?*

Der Kontext in 1. Mose 22 macht deutlich, dass Gott nie beabsichtigt hat, dass seine Anweisung an Abraham auch ausgeführt würde. Gott hielt die Hand Abrahams im letzten Augenblick zurück: „Und er sprach: Strecke deine Hand nicht aus nach dem Jungen, und tu ihm nichts! Denn nun habe ich erkannt, dass du Gott fürchtest, da du deinen Sohn, deinen einzigen, mir nicht vorenthalten hast." Die meisten Bibelausleger sind der Auffassung, dass Gott nur Abrahams Glauben prüfen wollte. Durch die Prüfung sollte Abraham zeigen, dass er Gott mehr liebte als seinen eigenen Sohn.

1. Mose 28,13-15 – *Warum belohnt Gott Jakob hier, wo dieser doch zuvor erst seinen Bruder und dann seinen Vater hintergangen hat?*

Jakob hatte sowohl seinen Bruder Esau (vgl. 1. Mose 25,29-34) als auch seinen Vater Isaak (vgl. 1. Mose 27) hintergangen und sich von diesen das Erstgeburtsrecht erschlichen. In diesen Versen scheint Gott dieses Verhalten auch noch zu belohnen.

Zunächst einmal ist festzuhalten, dass Jakob bereits vor seiner Geburt von Gott erwählt worden war, obwohl er der Zweitgeborene war (vgl. Römer 9,9-12). Gott hätte seinen Plan in jedem Fall umsetzen können. Es erstaunt hier nur, dass er dies mit einem Menschen tat, der seine eigene Familie mit Ränkespielen hinters Licht führte. Es wird noch nicht einmal deutlich, wie sich Gott zu den Taten Jakobs stellt; bewertet werden sie von ihm jedenfalls nicht. Die unrechten Taten des Jakob hinderten Gott aber nicht daran, mit ihm zu seinem Ziel zu kommen. Kurz gesagt: Das Verhalten Jakobs wird hier nicht von Gott belohnt, sondern Gott schenkt seine Gnade – trotz allem, wozu Menschen in der Lage sind und wozu Jakob fähig war. Das mag uns heute etwas ungerecht erscheinen, aber Gottes Gnade ist von ihrem Wesen her nun einmal un-gerecht, weil sie eben Gnade ist.

1. Mose 32,30 – *Wie kann dieser Vers behaupten, dass Jakob Gott gesehen hat, wenn in Johannes 1,18 steht, dass niemand Gott je gesehen hat?*

Jakob kämpft hier mit einem geheimnisvollen Mann. Der Kontext dieser Bibelstelle lässt jedoch keinen Zweifel darüber aufkommen, dass dieser Mann Gott selbst ist. Nun heißt es aber in Johannes 1,18, dass niemand Gott je in seiner vollen Herrlichkeit gesehen hat; wenn dies vorgekommen wäre, wäre der entsprechende Mensch sofort gestorben. In 1. Mose 32,30 hatte Jakob nur mit einer Theophanie zu tun – einer Erscheinung Gottes, die seine innewohnende überwältigende Herrlichkeit abschirmte. Weder im Alten noch im Neuen Testament ist Gott einem Menschen in seiner vollen Herrlichkeit erschienen, da er um unsere endlichen Begrenzungen als Geschöpfe weiß.

2. Mose

2. Mose 1,20-21 – *Wie konnte Gott den Hebammen seine Gunst erweisen, nachdem sie doch so offensichtlich gelogen hatten?*

Generell verbietet die Bibel, zu lügen (vgl. 2. Mose 20,16). Lügen wird als Sünde angesehen (vgl. Psalm 59,12) und ist Gott ein Gräuel (vgl. Sprüche 12,22). Gott lügt nie (vgl. 4. Mose 23,19). Gerechte Menschen hassen es, zu lügen (vgl. Sprüche 13,5).

Andererseits gibt es in der Bibel Stellen, die darauf hinweisen, dass unter gewissen Umständen Lüge nicht verurteilt wird. Die Hebammen befanden sich in einem Dilemma. Sollten sie Gottes höherem Gesetz gehorchen und Leben retten oder der weniger bedeutenden Pflicht, sich den Befehlen des Pharaos zu unterwerfen? Die Hebammen entschieden sich dafür, dem Gesetz Gottes zu folgen. Die Rettung des Lebens Unschuldiger war eine höhere Verpflichtung als die, der (in diesem Fall ägyptischen) Regierung Folge zu leisten und ihr die Wahrheit zu sagen. Gott zog darum die Hebammen nicht zur Rechenschaft. Mehr noch: Der Text sagt uns, dass er die Hebammen segnete, weil sie „Gott fürchteten" (2. Mose 1,21). Ebendiese Gottesfurcht führte dazu, dass sie dem höheren Gebot gehorchten, Leben zu retten.

2. Mose 3,1-2 – *Wer ist der „Engel des HERRN", der Mose im brennenden Dornbusch erschien?*

Erscheinungen dieses „Engels" in alttestamentlicher Zeit waren wohl Erscheinungen von Jesus Christus, bevor er Mensch wurde.

Wenn das Wort „Engel" im Alten Testament verwendet wird,

muss nicht immer ein „Engelwesen" gemeint sein, sondern es kann auch gemäß seiner hebräischen Wurzel mit „Bote" oder „Gesandter" übersetzt werden. Jesus als „Engel des HERRN" wurde in alttestamentlicher Zeit vom Vater als Bote oder Gesandter geschickt, um bestimmte Aufgaben auszuführen.

Wie können wir wissen, dass der „Engel des HERRN" (bzw. Engel Jahwes) wirklich Jesus vor seiner Menschwerdung war?

Dafür gibt es folgende Anzeichen:

1. Der Engel Jahwes ist Gott. Er sagt von sich selbst, er sei Gott, so etwa, wenn er sich Mose vorstellt (vgl. 2. Mose 3,6).
2. Der Engel Jahwes wird von Jahwe unterschieden. In Sacharja 1,12 finden wir den Engel Jahwes, der bei einer anderen Person, die Jahwe genannt wird, Fürsprache für die Menschen in Jerusalem und Juda einlegt. Das passt zu Jesus, der regelmäßig für die Menschen zum Vater betete (vgl. Johannes 17; Hebräer 7,25; 1. Johannes 2,1).
3. Der „Engel des HERRN" muss aufgrund dessen, was wir vom Vater, dem Sohn und dem Heiligen Geist aus der Bibel wissen, mit Jesus vor seiner Menschwerdung identisch sein:

   Jesus ist der sichtbare Gott des Neuen Testaments. Weder der Vater (vgl. Johannes 1,18; 5,37; Kolosser 1,15; 1. Timotheus 1,17; 6,16) noch der Heilige Geist (vgl. Johannes 3,8; 14,17) haben sich typischerweise sichtbar manifestiert. Nur in Jesus nahm Gott eine sichtbare, leibliche Gestalt an (vgl. Johannes 1,14; Kolosser 2,9). Wir können mit gutem Grund von einer Übereinstimmung des Alten und Neuen Testaments ausgehen, wobei Jesus die sichtbare Verkörperung Gottes in beiden Testamenten ist.

   Sowohl der Engel als auch Jesus wurden vom Vater gesandt – der Engel im Alten Testament (vgl. Richter 13,8-9), Jesus im Neuen Testament (vgl. Johannes 3,17).

   Der „Engel des HERRN" und Jesus haben erstaunlich ähnliche Aufgaben übernommen. So waren etwa beide daran beteiligt, Wahrheit zu offenbaren (vgl. Daniel 4,13.17.23; 8,16; 9,21; Johannes 1,1.14.18) und Versklavte zu befreien (vgl. 2. Mose 3;

Galater 1,4; 1. Thessalonicher 1,10; 2. Timotheus 4,18; Hebräer 2, 14-15).

Nach der Menschwerdung Jesu erschien der „Engel des HERRN“ nicht mehr. Es trifft zu, dass *ein* Engel des Herrn (Gabriel) Josef erschien (vgl. Matthäus 1,20), *ein* Engel des Herrn zu Philippus sprach (vgl. Apostelgeschichte 8,26) und *ein* Engel des Herrn Petrus befreite (vgl. Apostelgeschichte 12,7), aber es war jeweils nicht *der* Engel des Herrn. *Der* „Engel des HERRN“ im Alten Testament ist nicht dasselbe wie *ein* Engel des Herrn im Neuen Testament. Man muss hier beachten, dass etwa die Luther-Übersetzung im Neuen Testament an den betreffenden Stellen auch mit „der Engel“ übersetzt; indessen steht im Griechischen hier kein bestimmter Artikel, sodass „*ein* Engel des Herrn“ hier die exaktere Übersetzung wäre. Matthäus 1,24, wo wörtlich „der Engel des Herrn“ steht, bezieht sich im Kontext aller Wahrscheinlichkeit nach auf denselben Engel, der in Matthäus 1,20 „*ein* Engel des Herrn“ genannt wird, der, wie die meisten Ausleger annehmen, derselbe Engel ist, der zu Maria sprach – nämlich Gabriel (vgl. mit Lukas 1,26-33).

2. Mose 3,1 – *Hatte Mose mehrere Schwiegerväter?*

Wir lesen in dieser Bibelstelle, dass der Name von Moses Schwiegervater Jitro war. In 2. Mose 2,18 wird jedoch der Name Reguel angegeben, und Richter 4,11 erwähnt einen dritten Namen: Hobab. Wenn wir, wie die meisten, davon ausgehen, dass Mose nicht mehrere Frauen hatte, ist folgende Erklärungsmöglichkeit die wohl wahrscheinlichste: Der Name „Jitro“ könnte eine Art Ehrenname oder Titel gewesen sein, wohingegen der Name „Reguel“ der tatsächliche persönliche Name des Schwiegervaters war (ähnlich wie „Israel“ und „Jakob“ – vgl. 1. Mose 32,29).

In jedem Fall handelt es sich um dieselbe Person, da in 2. Mose 2 und 3 die Namen wie austauschbar verwendet werden. Bei Hobab kann es sich indessen nicht um dieselbe Person gehandelt haben, da in 4. Mose 10,29 steht, dass Hobab der Sohn Reguels war. Wahrscheinlich haben wir es hier mit einer anderen Bedeutung des hebräischen Begriffs für „Schwiegervater" zu tun, der auch mit „Verschwägerter" oder „Schwager" übersetzt werden könnte. Hobab wird also der Schwager des Mose gewesen sein.

2. Mose 3,16-19 – *Stiftet hier Gott Mose zu einer Lüge an?*

Gott weist Mose an, den Pharao um die Erlaubnis für eine Art Wallfahrt außer Landes zu bitten. Der Hintergedanke ist allerdings, dass das Volk nicht wiederkommt, sondern in Richtung verheißenes Land weiterzieht. Ist das nicht eine Lüge?

Nein, und zwar aus mehreren Überlegungen heraus: Wenn Gott explizit sagt, man solle „lügen", dann ist es keine Lüge mehr, denn der Maßstab der Wahrheit ist Gott selbst. Durch ihn kann das, was in den Augen der Menschen Lüge ist, zur Wahrheit werden.

Zum Zweiten: Gott wollte wirklich, dass die Israeliten ihn in der Wüste anbeteten. Von daher kann aus diesem Grund nicht von einer Lüge die Rede sein.

Drittens: Die geschickte Formulierung einer Teilwahrheit muss keine Lüge sein; unzählige Christen haben dadurch schon ihr Leben *und* gleichzeitig ihr Gewissen bewahrt.

2. Mose 3,22 – *Wie kann ein liebender Gott anordnen, dass die Ägypter ausgeplündert werden sollen?*

Mehr als 400 Jahre haben die Israeliten in Ägypten in Unfreiheit gelebt, wurden zur Sklaverei gezwungen und mussten schwere Arbeiten ohne jegliche Bezahlung verrichten. Die Gegenstände aus Silber und Gold, die die Israeliten mitnahmen, könnten also als „Lohnnachzahlung" angesehen werden, die den Israeliten zustand.

Zudem befahl Gott den Israeliten nicht, die Ägypter in dem Sinne auszuplündern, dass man ihnen gegen ihren Willen Wertgegenstände abnahm. Vielmehr gebot Gott den Israeliten, um sie zu *bitten*, und Gott selbst gab ihnen Gunst in den Augen der Ägypter, sodass sie das Land mit zahlreichen wertvollen Dingen verlassen konnten. Von einer Plünderung im normalen Sinn kann hier also nicht die Rede sein.

2. Mose 4,21 – *Verhärtete Gott das Herz des Pharao?*

Zehnmal spricht die Bibel davon, dass der Pharao sein eigenes Herz verhärtete (vgl. 2. Mose 7,13-14.22; 8,15.19.32; 9,7.34-35; 13,15), und zehnmal kann man lesen, dass Gott das Herz des Pharao verhärtete (vgl. 4,21; 7,3; 9,12; 10,1.20.27; 11,10; 14,4.8.17). Der Pharao hatte bereits siebenmal sein eigenes Herz verhärtet, bevor Gott dies zum ersten Mal tat. Indes geht die Voraussage, dass Gott dies tun würde, allem voraus.

Die ganze Bibel scheint darauf hinzuweisen, dass Gott aus demselben Grund Herzen verhärtet, aus dem er Gnade zeigt. Wenn Menschen die Gnade annehmen, wird er ihnen auch gnädig sein. Wenn sie das nicht tun, ihr Herz also verhärten, ist er nur gerecht, wenn er sie richtet. Gnade ist so gesehen also das Ergebnis einer richtigen Einstellung Gott gegenüber, Verhärtung das Ergebnis von Sturheit oder einer falschen Einstellung zu Gott. Wenn ein Stück Wachs und ein Klumpen Ton in der Sonne liegen, verändert dieselbe Sonne das eine und lässt das andere schmelzen. Es kommt also auf das Material an, nicht auf die Sonne. Auch beim Menschen kommt es auf ihn selbst an, ob er aus seinem Herzen – im Bild gesprochen – ein Stück Wachs oder einen Tonklumpen macht. Die Gefahr, wenn wir Gott widerstehen, liegt darin, dass er uns schließlich unsere eigenen Wege gehen lässt (vgl. Römer 1,24-28).

2. Mose 4,24 – *Warum tötete Gott Mose beinahe?*

Mose hatte es versäumt, seinen Sohn beschneiden zu lassen, etwas, das in der Bundesgemeinschaft der Israeliten zwingend erforderlich war. Wie hätte Mose diese Bundesgemeinschaft leiten können, wenn er selbst in Ungehorsam gegenüber Gott und seinem Bund lebte? Moses Versäumnis brachte ihm beinahe den Tod. Zippora, die Frau des Mose, griff im letzten Moment ein und beschnitt den Jungen.

2. Mose 4,25 – *Warum war die Beschneidung der männlichen Kinder in alttestamentlicher Zeit notwendig?*

Beschneidung (hebräisch: *mula*; griechisch: *peritome)* bedeutet wörtlich „Herumschneidung". Die alttestamentliche Beschneidungszeremonie bestand darin, dass man die Vorhaut des männlichen Geschlechtsteils mit einem scharfen Messer oder Stein wegschnitt (vgl. 2. Mose 4,25; Josua 5,2). Normalerweise führte der Vater des Sohnes dieses Ritual durch; allerdings konnte dies auch jeder andere Israelit tun (allerdings kein Heide).

Nachdem Gott einen Bund mit Abraham geschlossen hatte (vgl. 1. Mose 15), befahl er, dass „alles, was männlich ist", als Zeichen des Bundes beschnitten werden sollte. Jeder, der nicht beschnitten wurde, sollte als „ausgerottet aus dem Volk", also als nicht zur Volks- und Bundesgemeinschaft zugehörig betrachtet werden (vgl. 1. Mose 17,10-14).

2. Mose 7,11 – *Wie konnten die Weisen und Zauberer des Pharao dieselben Wunder vollbringen, die Gott Mose zu tun beauftragt hatte?*

Die Bibel sagt, dass es eine der Taktiken Satans ist, nachgemachte Wunder zu vollbringen, um die Menschheit zu täuschen (vgl. 2. Thessalonicher 2,9). Hier in diesem Abschnitt heißt es, dass die Weisen und Zauberer dies durch „ihre Künste" bewirkten.

Einige Ausleger glauben, dass die Kunststücke der Zauberer bloße Tricks waren. Vielleicht hatten sie zuvor Schlangen beschworen, sodass sie steif geworden waren und nun Stäbe zu sein schienen. Als diese dann auf den Boden geworfen wurden, erwachten sie aus ihrer Trance und bewegten sich wieder wie Schlangen. Andere gehen davon aus, dass hier ein Eingriff Satans vorliegt und dieser tatsächlich die Stäbe der Zauberer in Schlangen verwandelte. Doch scheint dies nicht ganz plausibel zu sein angesichts der Tatsache, dass nur Gott Leben schaffen kann, wie sogar die Zauberer später erkennen mussten (vgl. 2. Mose 8,12-15).

Natürlich versuchten die Zauberer zu zeigen, dass sie genauso viel Macht wie Mose und Aaron besaßen und dass der Pharao Israel nicht ziehen lassen musste. In den ersten drei Begegnungen waren sie auch erfolgreich (Aarons Stab; die Blut- und die Froschplage). Als dann jedoch Mose und Aaron durch die Macht Gottes aus dem Sand Läuse hervorbrachten, waren die Zauberer nicht in der Lage, dieses Wunder nachzuahmen. Sie konnten nur ausrufen: „Das ist der Finger Gottes" (2. Mose 8,15). Sie wussten, dass nur Gott Leben erschaffen kann.

Auch ist festzustellen, dass die Schlangen der Zauberer von Aarons Stab verschluckt wurden, was die Überlegenheit Moses und Aarons bzw. Jahwes zum Ausdruck brachte. Die Zauberer konnten Wasser zu Blut machen, aber diesen Prozess nicht wieder umkehren. Schließlich konnten sie sogar Frösche aus Flüssen und Sümpfen hervorlocken, aber hinterher wurden sie diese nicht mehr los. Selbst in diesen an sich erstaunlichen Taten der Zauberer zeigt sich, dass Gott allem überlegen ist.

2. Mose 9,3.6; 14,9 – *Kamen alle Pferde der Ägypter um?*

Mose warnte den Pharao: „[…] dann wird die Hand des HERRN über dein Vieh kommen, das auf dem Feld ist, über die Pferde, über die Esel, über die Kamele, über die Rinder und über die Schafe – eine sehr schwere Pest“ (2. Mose 9,3). 2. Mose 9,6 sagt weiter, dass „alles Vieh der Ägypter“ starb. Problematisch dabei ist, dass gemäß 2. Mose 14,9 einige Zeit später berichtet wird: „So jagten ihnen denn die Ägypter nach, alle Pferde und Streitwagen des Pharao, auch seine Reiter und seine Heeresmacht, und erreichten sie, als sie sich am Meer gelagert hatten, bei Pi-Hahirot, vor Baal-Zefon.“ Es gab also doch noch Pferde, die lebten. Wie kann dieser scheinbare Widerspruch erklärt werden?

Man kann dazu verschiedene Beobachtungen machen: Die Bibel benutzt gelegentlich das Wort „alle“ in einem geringeren als dem wörtlichen, umfassenden Sinn. Der Ausdruck kann auch „alle“ in einem bestimmten Gebiet Ägyptens bezeichnen.

Ferner ist zu beachten, dass 2. Mose 9,3 ausdrücklich sagt, dass die Plage alles Vieh betraf, das „auf dem Feld“ war. Nicht alles Vieh befand sich aber auf dem Feld, manche waren in Ställen oder in Militärfestungen untergebracht.

Weiterhin waren die Pferde der Israeliten von dieser Plage nicht betroffen; vielleicht hatten die Ägypter auch im Anschluss an die Plage, die das ägyptische Vieh betraf, Pferde von ihnen gestohlen.

Der Begriff „alle“ könnte schließlich auch im eher umgangssprachlichen Sinn gemeint sein: Der Blutzoll war so hoch und betraf nahezu das komplette Vieh, sodass der Begriff „alle“ angemessen erschien (in dem Sinne, wie man umgangssprachlich sagen würde: „Alle meine Freunde sind zu meiner Feier gekommen“, selbst wenn einer fehlte).

2. Mose 12 – *Was ist die Bedeutung des Passah?*

Das Passah markiert das bedeutendste Ereignis in der religiösen Geschichte Israels. Mit diesem Fest wird die Flucht der Israeliten aus Ägypten unter der Führung des Mose gefeiert.

Das Passah wurde am Vorabend des 14. Nisan gefeiert (vgl. 2. Mose 12,3-11). Jede Familie opferte ein Lamm in Erinnerung an das Opfer kurz vor dem Auszug der Israeliten aus Ägypten. An diesem Tag ging Gott an jeder israelitischen Haustür vorbei, die an ihren Türpfosten mit dem Blut eines Lammes besprengt worden war. Das Leben der erstgeborenen Kinder wurde auf diese Weise verschont.

Während des Passahmahls und der darauf folgenden Woche aßen die Israeliten ungesäuertes Brot (vgl. 2. Mose 23,15). Diese Brotsorte wurde ohne Sauerteig hergestellt und war sehr schnell zubereitet. Es erinnerte die, die das Passah feierten, an die eiligen Vorbereitungen, die die Israeliten treffen mussten, nachdem der Pharao schließlich erlaubt hatte, dass die Israeliten Ägypten verließen. Auch heute feiern die Juden das Passah (oder „Pessach“) als eins ihrer zentralen Feste.

2. Mose 14 – *Zum Durchzug Israels durchs Schilfmeer sind schon viele „kritische“ Erklärungen veröffentlicht worden. Sind die Erklärungen dieses Wunders plausibel?*

Viele der Bibel gegenüber kritische Theologen haben das Wunder der Überquerung des Schilfmeeres durch die Israeliten wegzuerklären versucht. Aber keine der Erklärungen ist letztlich haltbar.

Manche behaupten, das Gewässer, das die Israeliten durchschritten haben, sei sehr seicht gewesen. Andere machen einen starken, aber dennoch natürlichen Wind als Ursache für die Teilung des Wassers aus. Wieder andere gehen davon aus, dass eine durch einen Vulkanausbruch ausgelöste Druckwelle das Schilfmeer für eine Zeit geteilt hat.

Solche Vermutungen werden den biblischen Angaben nicht gerecht. Falls die Israeliten tatsächlich einen seichten Teil des Schilfmeeres überquert hätten, warum sind dann die ägyptischen Soldaten bei der Verfolgung ertrunken (vgl. 2. Mose 14,28; 15,4-6)? Ein starker natürlicher Wind könnte dieses Phänomen auch nicht verursacht haben, da die Winde in dieser Gegend aus Norden oder Süden kommen; der Wind aber, der das Schilfmeer teilte, blies von Osten, etwas, was in dieser Gegend ganz und gar unnatürlich ist. Darüber hinaus kann eine gewöhnliche, durch einen Vulkanausbruch ausgelöste Druckwelle das Geschehen nicht erklären, da die Teilung des Schilfmeeres so lange angedauert hat, bis mehr als zwei Millionen Menschen es durchschritten hatten. (Und ein solcher Vulkanausbruch hätte die Israeliten wohl auch unter einem Ascheregen begraben.) Die Geschehnisse am Schilfmeer lassen sich also nur durch ein übernatürliches Wunder erklären.

2. Mose 15,11 – *Wenn es nur einen Gott gibt, warum spricht Mose dann hier von „Göttern"?*

Mose ruft hier aus: „Wer ist dir gleich unter den Göttern, HERR!" Diese Art Ausruf bzw. rhetorische Frage benutzt Mose häufiger, um die absolute Unvergleichlichkeit Gottes herauszustellen – angesichts der vielen falschen Götter der heidnischen Kulturen, namentlich Ägyptens, wo die Israeliten aufgewachsen waren und sich gegen den Pharao und die falschen Götter Ägyptens zur Wehr gesetzt hatten. Natürlich steckt in dieser rhetorischen Frage bereits die Antwort: Niemand auf der ganzen Welt ist wie Gott.

2. Mose 20,8-11 – *Sollten Christen den Sabbat oder den Sonntag, den „Tag des Herrn", als Feiertag achten?*

Das hebräische Wort für Sabbat bedeutet „Beendigung". Der Sabbat war ein heiliger Tag und eine Zeit der Erholung sowohl für Menschen als auch für Tiere. Er war dazu da, sich an die Ruhe Gottes nach seiner Arbeit an der Schöpfung zu erinnern (vgl. 1. Mose 2,2). Gott hat damit das Lebensmuster festgelegt: sechs Tage arbeiten und am siebten Tag ausruhen. Der letztendliche Ursprung des Sabbats liegt somit im Schöpfungsbericht begründet.

Am Berg Sinai wurde dann der Sabbat – den es ja schon gab – formal Teil des Gesetzes (in einem der Zehn Gebote) und zum Zeichen der Bundesbeziehung Gottes mit Israel. Den Sabbat zu halten war ein Zeichen der Unterwerfung unter Gott, und den Sabbat zu ehren brachte großen Segen (vgl. Jesaja 58,13). Demgegenüber war der Bruch des Sabbatgesetzes einer Auflehnung gegen Gott gleichzusetzen und wurde mit dem Tod bestraft (vgl. 2. Mose 31,14-15). Gott erließ in 3. Mose 25; 4. Mose 15,32-36 und 5. Mose 5,13-15 genaue Angaben für die Einhaltung des Sabbats.

Das Sabbatgebot ist indes das einzige der Zehn Gebote, das nach Pfingsten nicht aufgegriffen wird. Die frühe Kirche machte den Sonntag (den ersten Tag der Woche) zum Tag der Anbetung Gottes, und zwar aus mehreren Gründen:

- Die Gläubigen des Neuen Testaments stehen nicht mehr unter dem alttestamentlichen Gesetz (vgl. Römer 6,14; 2. Korinther 3,7-11; Galater 3,24-25; Hebräer 7,12).
- Jesus wurde am ersten Tag der Woche, dem Sonntag, von den Toten auferweckt und erschien seinen Jüngern (vgl. Matthäus 28,1).
- Das Herabkommen des Heiligen Geistes geschah an Pfingsten, einem Sonntag (vgl. Apostelgeschichte 2,1).
- Die frühe Kirche hatte somit ein Muster des sonntäglichen Gottesdienstes, und sie machte dann auch regelmäßig so weiter (vgl. Apostelgeschichte 20,7; 1. Korinther 16,2).

- Jesus erschien dem Johannes „am Tag des Herrn“, einem Sonntag (vgl. Offenbarung 1,10).
- In Kolosser 2,16 lesen wir: „So richte euch nun niemand wegen Speise oder Trank oder betreffs eines Festes oder Neumondes oder Sabbats.“ Dieser Vers sagt aus, dass die für das Alte Testament charakteristischen Feiertage wie der Sabbat für neutestamentliche Gläubige nicht bindend sind.

Allerdings ist dazu zu sagen, dass die Einhaltung des Sonntags nicht einfach als neues Gesetz an die Stelle des alten Sabbatgebotes getreten ist. Vielmehr hat man den schon im Schöpfungsbericht angelegten Rhythmus von sechs Arbeitstagen und einem Ruhetag wieder aufgegriffen, aber nicht mit einer Fülle von Vorschriften belegt. Paulus konnte in Bezug auf die Einhaltung von Feiertagen sagen: „Der eine hält einen Tag vor dem anderen, der andere aber hält jeden Tag gleich. Jeder aber sei in seinem eigenen Sinn völlig überzeugt!“ (Römer 14,5).

2. Mose 20,13 – *Kann im Hinblick auf Gottes Gebot: „Du sollst nicht töten“, Krieg überhaupt gerechtfertigt werden?*

Der Unterschied zwischen Mord und Krieg ist elementar. Die Bibel macht klar, dass Krieg offensichtlich manchmal notwendig ist. In der Bibel wird von vielen Kämpfen und Kriegen berichtet, die seit dem Fall Adams leider zu unserer sündhaften Natur gehören.

Im Alten Testament wird die Gegenwart Gottes im Krieg exemplarisch in seinem Namen *Jahwe Zebaot*, „HERR der Heerscharen“, zum Ausdruck gebracht (vgl. Josua 5,14). Gott wird als allmächtiger Kriegsführer der Israeliten dargestellt. Der „HERR der Heerscharen“ berief unter den Israeliten Führer, die *schofetim* („Richter“). Dazu gehörten Simson, Debora und Gideon wie auch andere, die vom Geist Gottes gesalbt wurden, um Krieg zu führen. Das Neue Testament lobt sogar diese und andere Krieger für Taten des Glaubens, die militärischer Natur waren (vgl. Hebräer 11,30-

40). Darüber hinaus haben weder die neutestamentlichen Autoren noch Jesus selbst Menschen, die aus dem Bereich des Militärs kamen und sich zu Jesus bekehrten, angewiesen, ihren Beruf aufzugeben (vgl. Matthäus 8,5-13; Lukas 3,14).

Auch unterstützt die Bibel die Selbstverteidigung. Vor seiner Kreuzigung offenbarte Jesus seinen Jüngern die künftige Feindschaft, der sie entgegensehen würden, und ermutigte sie, ihre Obergewänder zu veräußern, um ein Schwert zu kaufen (vgl. Lukas 22,36-38; vgl. auch 2. Korinther 11,26-27). Dieses Schwert (griechisch: *machaira*) war ein Kurzschwert, das jüdische Reisende als Schutz gegen Räuber und wilde Tiere mit sich führten. Der Abschnitt macht also deutlich, dass Jesus für Selbstverteidigung eintrat.

Selbstverteidigung kann sogar eine der stärksten Äußerungen menschlicher Liebe sein. Jesus sagte: „Größere Liebe hat niemand als die, dass er sein Leben hingibt für seine Freunde" (Johannes 15,13). Viele Ausleger deuten diesen Vers dahin gehend, dass man sein Leben lassen kann, wenn man einen Freund vor Angriffen verteidigt. Auf höherer Ebene kann daher auch Krieg manchmal notwendig sein, wenn man etwa eine schwache Nation gegen eine stärkere unterstützt.

Allerdings legitimieren alle genannten Bibelstellen keine Kriegslüsternheit und keinen schnellen Griff zur Waffe. Das Gebot der Feindesliebe und die grundsätzliche Achtung vor dem Leben muss in allen Erwägungen eine Rolle spielen. Zudem findet sich der Gedanke eines Krieges im Namen Gottes im Neuen Testament nicht mehr. Auch Jesus kam nicht als politischer Befreier, um die Seinen zu den Waffen zu rufen. Kurz: Aus der Bibel lässt sich nicht ableiten, wann ein Krieg als gerechtfertigt anzusehen ist und wann nicht. Lediglich einige Grundgedanken werden deutlich. Letztlich hat jeder Christ im Konfliktfall selbst unter der Führung des Heiligen Geistes zu prüfen, inwiefern eine kriegerische Handlung gerechtfertigt werden kann (und welche Rolle er persönlich dabei spielen sollte).

2. Mose 21,23-25 – *Wie kommt Gott dazu, eine Regel wie „Auge um Auge, Zahn um Zahn" zu erlassen, die doch zu einer ungeheuren Brutalität in der Gesellschaft führen muss?*

Dieses Gesetz scheint der Gewalt Tür und Tor zu öffnen, aber das Gegenteil ist der Fall: Es war dazu gedacht, die Brutalität in der Gesellschaft zu begrenzen. Vor der Inkraftsetzung dieses Gebots hatten die Menschen die Tendenz zu extremen Handlungen. Statt eines Auges für ein Auge nahmen die Menschen ein Leben für ein Auge! Und statt das Leben eines Menschen mit dem Leben des Mörders zu vergelten, nahmen Menschen der ganzen Familie des Mörders das Leben. Dieses Gesetz diente also dazu, solche Reaktionen auf persönlich erlittene körperliche Verletzungen einzudämmen.

2. Mose 23,19 – *Warum war es verboten, ein Böckchen in der Milch seiner Mutter zu kochen?*

Dieses Gebot wird oft als besonders skurrile Regelung des alttestamentlichen Gesetzes zitiert. Doch worum geht es hier eigentlich? Man nimmt an, dass Gott dieses Gebot gab, weil es damals ein heidnischer Brauch war, einen jungen Ziegenbock in der Milch seiner Mutter zu kochen. Es war eine götzendienerische Handlung, die im Rahmen eines Zaubers für ein ertragreicheres Ackerland durchgeführt wurde. Gott wollte nicht, dass sein Volk in solche götzendienerische Praktiken verwickelt war.

2. Mose 24,9-11 – *Wie konnten Menschen Gott sehen, wenn doch Gott in 2. Mose 33,20 sagt: „[…] denn kein Mensch kann mich sehen und am Leben bleiben"?*

In 2. Mose 24,9-11 lesen wir: „Da stiegen Mose und Aaron, Nadab und Abihu und siebzig von den Ältesten Israels hinauf, und sie sahen den Gott Israels.“ Auch andere Abschnitte der Bibel (vgl. 2. Mose 33,19-20; 4. Mose 12,8) zeigen, dass diese Menschen eine begrenzte und in irgendeiner Weise geschützte oder abgeschirmte sichtbare Darstellung der Herrlichkeit Gottes wahrnahmen. Man vergegenwärtige sich, dass sogar Mose, als er darum bat, Gottes Herrlichkeit zu sehen (vgl. 2. Mose 33,18-23), nur ein Abbild Gottes und nicht sein ganzes Wesen wahrnehmen konnte (vgl. 4. Mose 12,8, wo das hebräische Wort *temunah* verwendet wird, das „Gestalt“ oder „Abbild“ bedeutet; siehe auch die Erklärung zu 2. Mose 33,21-23).

Dies stimmt mit den Aussagen des Neuen Testaments überein, wo gesagt wird, dass niemand Gott je gesehen hat (vgl. Johannes 1,18). Erst im Himmel werden die Gläubigen sein Gesicht sehen (vgl. Offenbarung 22,4). „Denn wir sehen jetzt mittels eines Spiegels undeutlich, dann aber von Angesicht zu Angesicht“ (1. Korinther 13,12).

2. Mose 33,11 - *Mose sprach mit Gott „von Angesicht zu Angesicht“. Können auch wir Gott sehen?*

Der Apostel Paulus sagt uns, dass Gott der Vater unsichtbar ist (vgl. Kolosser 1,15; 1. Timotheus 1,17) und „ein unzugängliches Licht bewohnt, den keiner der Menschen gesehen hat, auch nicht sehen kann“ (1. Timotheus 6,16). In gleicher Weise heißt es im Johannesevangelium: „Niemand hat Gott [den Vater] jemals gesehen; der eingeborene Sohn [Jesus Christus], der in des Vaters Schoß ist, der hat ihn kundgemacht“ (Johannes 1,18). Ähnlich spricht Johannes 5,37 davon, dass niemand je die Gestalt des Vaters gesehen hat, obwohl es gelegentlich Menschen gestattet wurde, eine begrenzte und abgeschirmte Erscheinung der Herrlichkeit Gottes zu erleben (vgl. 2. Mose 33,18-23).

Der Ausdruck „von Angesicht zu Angesicht“ ist eine bildhafte Redeweise, um anzuzeigen, dass Gott mit Mose persönlich, direkt und vertraut umging.

2. Mose 33,21-23 – *Deutet die Tatsache, dass Mose Gott von hinten sah, darauf hin, dass Gott einen physischen Leib hat?*

In dieser Stelle sagt Gott zu Mose: „Siehe, hier ist ein Platz bei mir, da sollst du dich auf den Felsen stellen. Und es wird geschehen, wenn meine Herrlichkeit vorüberzieht, dann werde ich dich in die Felsenhöhle stellen und meine Hand schützend über dich halten, bis ich vorübergegangen bin. Dann werde ich meine Hand wegnehmen, und du wirst mich von hinten sehen; aber mein Angesicht darf nicht gesehen werden." Aus anderen Abschnitten der Bibel wissen wir, dass Gott Geist und ohne Gestalt ist (vgl. Jesaja 31,3; Johannes 4,24). Genauso wie das Wort „Hand" in Bezug auf Gott ein Anthropomorphismus (eine vermenschlichende Redeweise) ist, so ist es auch der Begriff „Angesicht", und ebenso muss die Formulierung „von hinten" aufgefasst werden. Mose sah die Herrlichkeit Gottes nicht direkt oder in vollem Glanz, sondern als Gott vorbeigegangen war, erlaubte er ihm die Auswirkungen, den „Nachglanz", seiner herrlichen Gegenwart anzuschauen.

3. Mose

3. Mose 7,26-27 – *Verbietet dieser Vers Bluttransfusionen? Oder den Genuss bluthaltiger Speisen?*

In diesem Abschnitt wird gesagt: „Ihr sollt kein Blut essen in allen euren Wohnsitzen, es sei von den Vögeln oder vom Vieh. Jede Person, die irgendwelches Blut isst, diese Person soll aus ihren Volksgenossen ausgerottet werden." Es gibt Menschen, die daraus ableiten, dass Gott Bluttransfusionen verbietet, doch ist dies eine Fehlinterpretation.

Der Hintergrund für dieses Gebot ist der, dass damals einige heidnische Nationen mit Blut so umgingen, dass es Gott nicht gefiel. Sie aßen blutiges Fleisch oder tranken Blut, manchmal als Teil ihrer Götzendienstrituale oder im Glauben, der Blutgenuss bringe ihnen übernatürliche Kraft. In jedem Fall unterschied Israel sich durch das Verbot des Blutgenusses von solchen gottlosen Nationen.

Eine Bluttransfusion kam natürlich damals nicht vor, und da das Gesetz Israels für Christen keine direkte Gültigkeit mehr hat, dürfen Christen sich heute sicherlich frei fühlen, auch Bluttransfusionen verabreicht zu bekommen.

Und wie sieht es mit dem Genuss bluthaltiger Speisen aus, wie etwa Blutwurst? Auch hier gilt das Gleiche: Das alttestamentliche Gesetz gilt nicht mehr für den Christen. Es mag aber Situationen geben, in denen der Genuss solcher Speisen nicht angebracht ist, weil er Konflikte auslösen könnte, die der Sache des Evangeliums nicht dienlich sind. Im sogenannten Apostelkonzil (vgl. Apostelgeschichte 15) gab es eine Übereinkunft, dass das Gesetz für nichtjüdische Christen nicht mehr gelte, diese sich aber vom Blutgenuss enthalten mögen, wahrscheinlich, weil es ein zu starker Affront gegen die Judenchristen gewesen wäre und die Einheit der Christen gefährdet hätte. In heutiger Zeit halten sich vor allem die Zeugen Jehovas noch an dieses Verbot, auch in Bezug auf Bluttransfusionen.

3. Mose 10,1-2 – *Warum wurden Nadab und Abihu von Gott getötet, als sie „fremdes Feuer vor dem HERRN" darbrachten?*

Die Söhne Aarons hatten einen hohen und heiligen Dienst zu verrichten – und missachteten die Gebote Gottes völlig. Gott richtete sie nicht nur für ihre eigene Sünde, sondern auch dem übrigen Volk Israel zur Warnung, dass Gottes Priester ihm Achtung erweisen müssen. Hätte Gott sie nicht gerichtet, hätten andere Menschen ebenfalls damit angefangen, Gottes Gebote zu missachten.

3. Mose 11,5-6 – *Steht die Bibel nicht im Gegensatz zur modernen Wissenschaft, wenn sie behauptet, dass der Klippdachs oder der Hase Wiederkäuer seien?*

Generell durfte das Volk Israel alle Tiere essen, die „gespaltene Hufe" haben und wiederkäuen (vgl. 3. Mose 11,3). Jedoch gab es einige Ausnahmen, darunter der Klippdachs und der Hase. Im modernen, heute normalerweise verwendeten Sprachgebrauch sind Klippdachse (oder Klippschliefer, wie sie zumeist genannt werden) und Hasen in der Tat keine Wiederkäuer; sie erwecken durch beständiges Kauen allerdings den Anschein. Wiederkäuen im üblichen Sinn beinhaltet einen Prozess der Wiederverdauung von bereits zu sich genommener Nahrung, die aber im Inneren des Körpers bleibt. Bei Hasen findet ein anderer Prozess statt (Koprophagie), bei dem unverdauliche pflanzliche Materie im Körper ein bestimmtes Bakterium aufnimmt, ausgeschieden und dann erneut verspeist wird. Der Begriff „wiederkäuen" ist also hier in einem freieren Sinn gebraucht, als es heute in der Zoologie üblich ist.

3. Mose 12,2-5 – *Warum wurden im Alten Testament bestimmte Dinge als unrein eingestuft?*

Die Juden des Alten Testaments glaubten, dass eine Reihe von Dingen eine Person unrein machte. Eine Frau war während der Menstruation oder nach einer Geburt rituell unrein (vgl. 3. Mose 12,2-5; Hesekiel 16,4). Es machte unrein, einen Tierkadaver zu berühren (vgl. 3. Mose 11,24-40) oder einen toten Menschen (vgl. 4. Mose 19,11). Eine Person mit einer Hauterkrankung wurde als unrein angesehen (vgl. 3. Mose 13,3). Geschlechtliche Absonderungen machten ebenfalls unrein (vgl. 3. Mose 15,2). Die Samaritaner des Neuen Testaments wurden als unrein betrachtet, weil sie ein Mischvolk mit israelitischen und assyrischen Vorfahren waren (vgl. Johannes 4,9).

Wenn Menschen als unrein angesehen wurden, mussten sie Reinigungsrituale durchlaufen, die im alttestamentlichen Gesetz beschrieben waren. Beispielsweise reinigten diese Riten Menschen von Hautkrankheiten (vgl. 3. Mose 13-14), geschlechtlichen Absonderungen (vgl. 3. Mose 15) oder vom Kontakt mit einem Leichnam (vgl. 4. Mose 19,11-19).

Jesus lehrte demgegenüber, dass der wirklich unreine Teil des Menschen sein Herz ist. Nur wenn man ihm nachfolgt (vgl. Markus 7,14-23; Johannes 15,3) und wiedergeboren wird (vgl. Johannes 3,1-5; Titus 3,5), kann man rein werden.

3. Mose 17,11-12 – *Verbietet dieser Text Bluttransfusionen?*

Vgl. die Anmerkungen zu 3. Mose 7,26-27.

3. Mose 18,22 – *Sind die Gesetze gegen Homosexualität genauso außer Kraft gesetzt wie die anderen Gesetze – z.B. das Verbot, Schweinefleisch zu essen?*

Die Gesetze gegen homosexuelle Praktiken sind nicht lediglich Zeremonialgesetze (wie etwa das Gesetz zum Genuss von Schweinefleisch), die mit dem endgültigen Opfer Jesu am Kreuz abgetan sind. Sie gehören zu den Gesetzen, die das Zusammenleben von Menschen allgemein regeln.

Wir dürfen auch diese Gesetze heute nicht mehr gesetzlich gebrauchen, allerdings dokumentieren sie den Willen Gottes in einer Zeit und Raum überdauernden Weise. So finden sich in diesem Kapitel auch Gesetze gegen Vergewaltigung, Inzest und Sodomie, die von Gott verurteilt werden (vgl. 3. Mose 18,6-14.22-23). Ähnlich sieht es mit der Homosexualität aus.

Im Neuen Testament werden auch die homosexuellen Praktiken der Heiden von Gott als Sünde verurteilt (vgl. Römer 1,26), und Heiden hatten das Zeremonialgesetz gar nicht, das alleine den Israeliten vorbehalten war (vgl. Römer 2,12-15).

Ferner sah die Bestrafung für die Verletzung des israelitischen Zeremonialgesetzes anders aus als die Bestrafung der Homosexualität. Das Essen von Schweinefleisch wurde etwa mit einigen Tagen Absonderung bestraft, homosexuelle Handlungen mit dem Tod (vgl. 3. Mose 18,29).

Schließlich hat Jesus die Speisegebote des Alten Testaments geändert bzw. außer Kraft gesetzt (vgl. Markus 7,18; Apostelgeschichte 10,12), doch das Verbot der Homosexualität ist im Neuen Testament immer noch gültig (vgl. Römer 1,26.27; 1. Korinther 6,9; 1. Timotheus 1,10; Judas 7).

Kein Zweifel: Die Bibel hat für Homosexualität eigentlich nur harte Worte übrig, aber das gilt für Sünde im Allgemeinen auch. Sie liefert uns keine Berechtigung, Homosexuelle negativer anzusehen als andere Sünder, inklusive uns selbst. Vergebung und Veränderung sind uns allen angeboten.

3. Mose 23,27 - *Was ist der (Große) Versöhnungstag?*

Der (Große) Versöhnungstag wurde jährlich am zehnten Tag des Monats Tischri, des siebten Monats des jüdischen Kalenders, gefeiert. Nur einmal im Jahr durfte Aaron (oder später der Hohe Priester) in das Allerheiligste hineingehen, dem innersten Teil des Heiligtums, in welchem sich die Bundeslade („Lade des Zeugnisses") befand. Bevor er dies tat, musste er sich der Vergebung seiner eigenen Sünden sicher sein. Dazu opferte er einen Stier als Sündopfer für sich selbst und sprengte etwas von dessen Blut auf den Deckel der Bundeslade (vgl. 3. Mose 4,5; 16; 23,27).

Nur nachdem die Sünde des Hohen Priesters vergeben worden war, konnte dieser fortfahren und Opfer für das Volk Israel darbringen. Zunächst tötete er einen Ziegenbock für die Sünden des Volkes. Dann legte er seine Hände auf einen zweiten Ziegenbock und bekannte die Sünde Israels und übertrug symbolisch die Schuld des Volkes auf den Ziegenbock (den „Sündenbock"). Dieser wurde dann in die Wüste getrieben, um zu symbolisieren, dass die Sünden des Volkes davongetragen worden waren.

Diese Opferzeremonie fand jährlich statt und erinnerte die Israeliten Jahr für Jahr, dass ihre Sünde sie von Gott trennte und sie regelmäßig die Versöhnung brauchten. Das macht das Opfer Jesu Christi umso wichtiger, da sein Opfer ein für alle Mal gilt und niemals wiederholt werden muss (vgl. Hebräer 9,9.23-28).

4. Mose

4. Mose 4,3 – *Warum ist das Eintrittsalter für den levitischen Dienst hier mit 30 Jahren angegeben, im Gegensatz zu 4. Mose 8,24 (25 Jahre) und Esra 3,8 (20 Jahre)?*

Es handelt sich in jedem Fall um eine andere Art von Dienst. 4. Mose 4,3 bezieht sich auf den offiziellen Eintritt in den levitischen Dienst. 4. Mose 8,24, wo von 25 Jahren die Rede ist, bezieht sich auf „Lehrlinge", die sich in einer Ausbildungsphase befanden und die einiges an manuellen Tätigkeiten im Heiligtum übernahmen, bevor sie mit 30 Jahren für den offiziellen Dienst anerkannt wurden. Esra 3,8, wo das Eintrittsalter 20 Jahre beträgt, bezieht sich auf die, die „Aufsicht über das Werk am Haus des HERRN führten", also den Tempel wieder aufbauten.

4. Mose 11,31-34 – *Warum schickte Gott den Israeliten eine Plage, nachdem er sie zuvor mit Wachteln versorgt hatte?*

Die Israeliten zeigten fortwährend mehr Unglauben und Undankbarkeit. In 4. Mose 11,1-3 heißt es, dass das Volk sich beklagte, was Gott sehr verärgerte. Dies war ein direkter Affront gegenüber seiner Fürsorge für das Volk. Dann, in Vers 4, murrte das Volk erneut, weil es Fleisch essen wollte statt Manna. Im ganzen Rest des Kapitels beschweren sich die Israeliten permanent bei Gott, anstatt ihm für seine Verpflegung dankbar zu sein. Darum entschloss sich Gott, sein Bundesvolk zu züchtigen, indem er den Israeliten eine Plage schickte.

In diesem Zusammenhang sei Hebräer 12,6 zitiert: „Denn wen der Herr liebt, den züchtigt er; er schlägt aber jeden Sohn, den er aufnimmt."

4. Mose 21,9 – *War es nicht götzendienerisch von Israel, eine Bronzeschlange anzufertigen?*

Das Anfertigen von Götzen war dem Volk Israel in der Tat verboten (vgl. 2. Mose 20,4). In 4. Mose 21,9 geht es aber nicht um Götzendienst, sondern hier wird vielmehr ein Zeichen beschrieben, auf das das Volk schauen konnte, um geheilt zu werden. Dies geschah auf Anordnung Gottes. Tatsächlich machte das Volk in späteren Jahrhunderten dieses Zeichen zum Götzen (vgl. 2. Könige 18,4), was aber nicht heißt, dass es ursprünglich als Götzenfigur gedacht war.

4. Mose 25,9 – *Warum wird hier gesagt, dass 24 000 Menschen in Baal-Peor starben, während 1. Korinther 10,8 von 23 000 Opfern berichtet?*

Für diese unterschiedlichen Angaben sind schon zahlreiche Lösungen angeboten worden. Manche sind der Auffassung, dass 1. Korinther von der Anzahl spricht, die an einem einzigen Tag starb, während 4. Mose 25 sich auf die komplette Anzahl der Verluste bezieht. Andere meinen, beide Texte haben unterschiedliche Ereignisse im Blick, da 1. Korinther sich auf Gottes Gericht wegen der Anbetung des Goldenen Kalbes beziehe, 4. Mose 25 auf das Gericht Gottes wegen der Anbetung Baals in Baal-Peor. Ferner wird in Erwägung gezogen, dass Paulus ein Ereignis meint, das im Alten Testament nicht erwähnt wird, sondern einer anderen Überlieferung entstammt.

4. Mose 31 – *Wie kann die Vernichtung Midians moralisch gerechtfertigt werden?*

Die Midianiter verführten die Israeliten zu widerlicher Unzucht und zu Götzendienst (vgl. 4. Mose 25,1-9). Sie benutzten kultische Prostitution und Sexorgien als Mittel, um die Macht ihrer heidnischen Götter herabzurufen. Eine solche hartnäckige Sittenlosigkeit bedrohte die Reinheit und sogar das Überleben des Gottesvolks. Gott hatte also keine andere Wahl, als zu handeln.

Gottes Gericht gegen Midian ist vergleichbar mit einer radikalen Operation, die an einem Krebspatienten durchgeführt wird. Wird die Krebsgeschwulst nicht komplett herausgeschnitten, wird dies schließlich für den ganzen Körper tödlich werden. Wäre der Krebs der Midianiter nicht herausgeschnitten worden, wäre sogar das bloße Überleben Israels gefährdet gewesen.

5. Mose

5. Mose 5,6-21 – *Warum ist der Wortlaut der Zehn Gebote an dieser Stelle nicht identisch mit dem Text in 2. Mose 20,2-17?*

Das fünfte Buch Mose sollte keine exakte Wiederholung der Worte sein, die im 2.-4. Buch Mose aufgeschrieben worden waren. Vielmehr sollte es in Auswahl bestimmte wichtige Texte umschreiben, die in den zuvor abgefassten Büchern festgehalten worden waren und die das auserwählte Volk auf die kommende Eroberung und die Inbesitznahme Kanaans vorbereiten sollten. Mose wiederholte nicht nur wichtige Aspekte des Gesetzes, sondern erklärte ausführlicher, was die Gesetze zur Folge hatten, besonders in Anbetracht der bevorstehenden Einnahme des verheißenen Landes. Man sollte daher im Hinblick auf die Ausdrucksweise in 5. Mose 5,6-21 und 2. Mose 20,2-17 nicht besonders besorgt über kleine Unterschiede sein, zumal sich nichts Wesentliches an der Lehre des Gesetzes verändert.

5. Mose 6,4 – *Ist die Existenz eines einzigen Gottes ein Argument gegen die Lehre von der Dreieinigkeit?*

In diesem Vers heißt es: „Höre, Israel: Der HERR ist unser Gott, der HERR allein!" Widerspricht das nicht der Lehre von der Dreieinigkeit? Nein, denn der Grundstein für diese Lehre ist die biblische Aussage, dass es nur einen Gott gibt. Von 1. Mose bis zur Offenbarung bezeugt die Bibel durchgehend, dass nur ein wahrer Gott existiert (siehe z.B. Jesaja 44,6; 46,9; Johannes 5,44; 17,3; Römer 3,29-30; 16,27; 1. Korinther 8,4; Galater 3,20; Epheser 4,6; Jakobus 2,19).

Als Gott später in neutestamentlicher Zeit seine Offenbarung über sich selbst weiter entfaltete, machte er deutlich, dass es innerhalb der Einheit der einen Gottheit drei gleichrangige und gleich ewige Personen gibt – den Vater, den Sohn und den Heiligen Geist, vollständig gleich im Hinblick auf ihre göttliche Natur, aber in ihren Personen voneinander unterschieden (vgl. Matthäus 28,19; 2. Korinther 13,14).

5. Mose 7,2 – *Warum hat Gott den Israeliten befohlen, die Kanaaniter völlig zu vernichten?*

Die Kanaaniter waren Polytheisten, die fest entschlossen waren, ihre falsche Religion so weit zu verbreiten, wie es ihnen eben möglich war. Wie andere heidnische Nationen glaubten sie, dass zahlreiche Götter und Göttinnen das Naturgeschehen lenkten. Unter den kanaanitischen Gottheiten wurde El als der Hauptgott angesehen. Er wurde mit einem Stier in einer Herde von Kühen verglichen; die Menschen nannten ihn „Stiervater" und sahen ihn auch als Schöpfer an. Aschera war seine Frau.

Unter den etwa 70 Göttern und Göttinnen, von denen man annahm, dass sie von El und Aschera abstammten, war Hadad, besser bekannt als Baal (= „Herr"), die führende Gottheit. Als regierender König unter den Göttern lenkte Baal Himmel und Erde. Als Gott des Regens und des Sturms war er für die Vegetation und die Fruchtbarkeit zuständig. Demzufolge war für die Kanaaniter sein Segen von ausschlaggebender Bedeutung, wenn sie gute Ernten einfahren wollten.

Die Kanaaniter opferten ihren Göttern häufig. Manchmal brachten sie ihnen Tiere dar, doch zu manchen Zeiten auch Menschen (vgl. Hosea 13,2). Dies war Gott natürlich ein Gräuel (vgl. 5. Mose 12,31).

Die Kanaaniter mussten wegen ihres potenziellen Einflusses auf die Israeliten vernichtet werden. So können wir in 5. Mose 7,4 lesen: „Denn er würde deinen Sohn von mir abwenden, dass er andern Göttern dient, und der Zorn des HERRN würde gegen euch entbrennen, und er würde dich schnell vernichten.“

5. Mose 10,12 – *Wie können wir Gott sowohl fürchten als auch lieben?*

In diesem Vers werden wir angewiesen, Gott sowohl zu fürchten als auch zu lieben. Gott zu fürchten heißt nun aber nicht, dass wir ihm gegenüber ein Angstgefühl haben sollten. Vielmehr meint dieser Ausdruck, dass man ihm ehrfürchtig begegnet und religiöse Ehrerbietung erweist. Es ist kein Gegensatz, Gott gleichzeitig zu lieben und ihm die Ehre zu geben.

5. Mose 18,20-22 – *Wie können falsche Propheten erkannt werden?*

In 5. Mose 18,20-22 heißt es, dass falsche Propheten solche sind, die etwas weissagen, was nicht eintrifft. Andere Verse der Bibel weisen darauf hin, dass falsche Propheten manchmal …

- Menschen dazu veranlassen, falschen Göttern oder Götzen zu folgen (vgl. 2. Mose 20,3-4; 5. Mose 13,1-3);
- abstreiten, dass Jesus Gott ist (vgl. Kolosser 2,8-9);
- abstreiten, dass Jesus Mensch war (vgl. 1. Johannes 4,1-2);
- dafür eintreten, sich aus geistlichen Gründen bestimmter Speisen bzw. Fleischsorten zu enthalten (vgl. 1. Timotheus 4,3-4);
- Eheschließungen missbilligen oder ablehnen (vgl. 1. Timotheus 4,3);
- Sittenlosigkeit fördern (vgl. Judas 4-7);
- zu gesetzlicher Selbstverleugnung ermutigen (vgl. Kolosser 2,16-23).

Eine grundsätzliche Faustregel ist, dass die Lehren eines sogenannten Propheten abgelehnt werden sollten, wenn er irgendetwas sagt, das einem Teil des Wortes Gottes widerspricht (vgl. Apostelgeschichte 17,11; 1. Thessalonicher 5,21). Allerdings ist dies nicht immer so einfach zu erkennen, da solche Leute oft auch Meister darin sind, Worte der Bibel sinnentstellend anzuwenden.

5. Mose 18,15-18 – *Wer ist der größere Prophet, von dem hier in diesem Abschnitt die Rede ist?*

Jesus Christus war die Erfüllung dieser Voraussage des Mose, dass Gott „einen Propheten wie mich [...] aus deiner Mitte, aus deinen Brüdern, erstehen lassen“ wird. Von ihm sagt Gott: „Ich will meine Worte in seinen Mund legen, und er wird zu ihnen alles reden, was ich ihm befehlen werde.“

Man beachte Folgendes:

- Jesus kam „aus deinen Brüdern“, den Juden (vgl. Galater 4,4).
- Jesu Worte kamen vom Vater (vgl. Johannes 8,28; 12,49).
- Jesus bezeichnete sich selbst als einen Propheten (vgl. Lukas 13,33).
- Die Menschen sahen ihn als einen Propheten an (vgl. Matthäus 21,11; Lukas 7,16; 24,19; Johannes 4,19; 6,14; 7,40; 9,17). (Natürlich war er auch Priester [Hebräer 7-10] und König [Offenbarung 19-20].)

Und inwiefern war Jesus wie Mose?

- Als Babys wurden sowohl Mose als auch Jesus zur Zielscheibe von Mordkomplotten und nur durch das Eingreifen Gottes gerettet (vgl. 2. Mose 1,15-16.22; 2,2-10; Matthäus 2,13-15).
- Beide wurden durch Zeichen und Wunder bestätigt (vgl. 2. Mose 7,10.19-20; 8-12; Matthäus 8,14-17; 12,15-17).
- Mose befreite die Israeliten aus der ägyptischen Sklaverei; Jesus

befreit Menschen aus der Sklaverei der Sünde (vgl. 2. Mose 3–12; Jesaja 53; Johannes 8,32-36; Römer 6,18-22; 8,2; Galater 5,1).

- Mose sprach mit Gott von Angesicht zu Angesicht, so wie auch Jesus auf dem Berg der Verklärung (vgl. 2. Mose 33,11; Matthäus 17,3).
- Mose war der Mittler des Alten Bundes, während Jesus der Mittler des Neuen Bundes ist (vgl. 2. Mose 19-20; Hebräer 12,24).

5. Mose 21,18-21 – *Warum können nach dem alttestamentlichen Gesetz Eltern ihre Söhne mit dem Tod bestrafen, wenn diese störrisch und widerspenstig sind?*

Dieser Abschnitt bezieht sich nicht auf eine natürliche Auflehnung, die wir bei Kindern etwa in Trotzphasen oder der Pubertät erleben. Hier geht es vielmehr um erwachsene Söhne, die eine religiöse Sünde begangen haben – Auflehnung gegen Gott, die in der Auflehnung gegen die Eltern zum Ausdruck kommt. Da eine solche Auflehnung wie eine Krebsgeschwulst ist, die das Gebäude der Gesellschaft zerfressen und sich ausbreiten könnte, hat Gott hier eine „Radikaloperation" geboten, bei der die Krebsgeschwulst ausgeschnitten wird, damit sie sich nicht verbreiten kann. Das war damals besonders wichtig, da Israel eine junge und zerbrechliche Nation war.

5. Mose 29,28 – *Was ist das „Verborgene", das „bei dem HERRN" steht?*

Gott ist allwissend, aber der Mensch hat nur ein begrenztes Auffassungsvermögen. Wir werden Gottes Gedanken nie vollständig verstehen und nie alles wissen, was Gott weiß. „Denn meine Gedanken sind nicht eure Gedanken, und eure Wege sind nicht meine Wege, spricht der HERR. Denn so viel der Himmel höher ist als die Erde, so sind meine Wege höher als eure Wege und meine Gedanken als eure Gedanken“ (Jesaja 55,8-9). Der Hauptschwerpunkt in 5. Mose 29,28 ist, dass Gott Israel genau das offenbart hat, was Israel wissen musste, und Israel stand in der Verantwortung, zu gehorchen. Einige Dinge indes musste Israel nicht wissen („das Verborgene“).

5. Mose 34 – *Wie kann Mose das 5. Buch Mose verfasst haben, wenn Kapitel 34 seinen Nachruf enthält?*

Wahrscheinlich hat eine andere Person (vielleicht Josua?) das letzte Kapitel des 5. Buchs Mose verfasst und dem hinzugefügt, was Mose bereits geschrieben hat. In biblischer Zeit wurde den geschriebenen Werken bedeutender Menschen gemeinhin ein Nachruf beigefügt. Mose könnte also den überwiegenden Teil des Buches (Kapitel 1-33) geschrieben haben; das letzte Kapitel wäre dann hinzugefügt worden.

Josua

Josua 1,8 - *Können wir aus diesem Text ableiten, dass wir Karriere machen werden oder es uns finanziell gut gehen wird, wenn wir über Gottes Wort nachdenken?*

Hier geht es dem Kontext nach um militärische Dinge, nicht um Karriere oder Wohlstand. Diese werden nirgendwo in diesem Kapitel erwähnt. Bei der Eroberung des verheißenen Landes versprach Gott Josua, dass seine militärischen Bemühungen Erfolg haben würden, wenn er seine Verpflichtung aufrechterhalte, über Gottes Wort nachzusinnen und ihm zu gehorchen. Der Erfolg beinhaltet also die volle Umsetzung der Landverheißung, die Gott den Israeliten im Abrahamsbund bedingungslos zugesagt hat (vgl. 1. Mose 13,14-17). Später, kurz vor seinem Tod, beschwor Josua das Volk, weiterhin Gottes heiligen Schriften zu gehorchen (vgl. Josua 23,6).

Josua 2,4-5 - *Warum hat Gott die Lüge Rahabs gelobt und sie dafür sogar noch gesegnet?*

Generell verbietet die Bibel das Lügen (vgl. 2. Mose 20,16); es wird als Sünde (vgl. Psalm 59,12) und Gräuel für Gott angesehen (vgl. Sprüche 12,22). Gott lügt nie (vgl. 4. Mose 23,19). Der Gerechte hasst die Lüge (vgl. Sprüche 13,5).

Indem sie die israelitischen Kundschafter beschützte, zeigte Rahab einen großen Glauben an den Gott Israels. Sie bewies ihr Vertrauen, indem sie sich auf die Seite des Volkes Israel stellte und nicht auf die Seite der gottlosen Einwohner Jerichos.

Rahab befand sich hier in einem moralischen Dilemma. Es wäre ganz offensichtlich unmöglich für sie gewesen, sowohl ihrem König die Wahrheit zu sagen als auch gleichzeitig das Leben der Kundschafter zu retten. Letzteres war ihr aber wichtiger, darum zog Gott sie für ihre Lüge nicht zur Rechenschaft. Gott belohnt hier die Treue zu Israel, nicht die Lüge.

Josua 6,21 – *Warum hat Gott die Auslöschung ganzer Völker angeordnet?*

Gott hat angeordnet, dass die Israeliten ganze Völker vernichten sollten – das wichtigste Beispiel sind die Kanaaniter. Er erließ diesen Befehl nicht, weil er etwa grausam oder rachsüchtig wäre, sondern weil die Kanaaniter so schrecklich, böse, erdrückend und für die Gesellschaft wie eine Krebsgeschwulst waren, dass die einzige Möglichkeit ihre vollständige Beseitigung war. Diese Menschen verbrannten ihren Götzen zu Ehren ihre Kinder, hatten Sex mit Tieren und taten abscheuliche Dinge jeder Art (vgl. 3. Mose 18,23-24; 20,3). Dabei waren sie ganz ohne Reue. Die menschliche Gesellschaft im Land Kanaan wäre ganz und gar vergiftet worden, hätte man die Kanaaniter nicht beseitigt. Gott hätte dann auch die Gerechten, die, die ihm treu blieben, völlig missachtet.

Man muss dabei beachten, dass aufs Ganze gesehen den Kanaanitern viel Zeit zur Umkehr eingeräumt wurde. Es entspricht einem biblischen Muster, dass, wenn Nationen Buße tun, Gott auch sein Gericht zurückhält (vgl. Jeremia 18,7-8). Das wird am Beispiel Ninives besonders deutlich. Hier hatte Gott Gericht angekündigt, aber Ninive kehrte um, und so hielt Gott das Gericht zurück (vgl. Jona 3). Wo offensichtliche Reue gezeigt wird, erweist Gott seine Barmherzigkeit (vgl. 2. Mose 32,14; 2. Samuel 24,16; Amos 7,3.7).

Die Kanaaniter handelten nicht blind. Sie hatten vom Gott der Israeliten gehört und wussten, was sie von den Israeliten zu erwarten hatten. Dennoch boten sie Jahwe die Stirn und machten mit ihrem sündhaften Lebenswandel weiter. Sie waren reif für das Gericht.

Josua 7,15.24 – *Warum hat Gott Achans ganze Familie für die Sünde Achans bestraft?*

Vielleicht wurde die ganze Familie bestraft, weil jedes Familienmitglied Anteil an der Sünde Achans hatte. Ohne Wissen der Familie hätte Achan wohl kaum die verschiedenen Gegenstände aus Gold und Silber in seinem Zelt aufbewahren können. Auch werden in diesem Text keine kleinen Kinder erwähnt, was darauf hindeuten mag, dass die zur Rechenschaft gezogenen Kinder alt genug waren, um für ihre Taten zur Verantwortung gezogen zu werden.

Aber vielleicht ist dies alles schon zu sehr aus heutiger Perspektive gedacht. Man darf nicht vergessen, dass die Bibel sagt, dass derselbe Gott, der Leben schenkt, das Recht hat, das Leben zu nehmen, wenn die Umstände es verlangen (vgl. 5. Mose 32,39; Hiob 1,21).

Josua 10,12-14 – *Stand die Sonne tatsächlich still?*

Meistens wird angenommen, Gott habe die normale Erdrotation verlangsamt oder gestoppt, sodass Josuas Armee in der Lage war, ihren Sieg über die Amoriter zu erringen. Andere meinen, Gott habe die Zeit des Tageslichts durch eine ungewöhnliche Brechung der Sonnenstrahlen verlängert. Diese hätte Josua und seinen Männern mehr Tageslicht-Stunden gegeben, aber der Tag hätte nicht unbedingt mehr als 24 Stunden gehabt. In beiden Fällen liegt jedoch ein Wunder Gottes vor. Ein „großes Wunder" zu vollbringen (wie die Erdumdrehung anzuhalten), ist für ihn nicht schwieriger, als ein „kleines Wunder" zu tun (etwa den Feigenbaum verdorren zu lassen).

Die Amoriter beteten den Mond und die Sonne als Gottheiten an. Offenbar brachte der wahre Gott die Niederlage über die Amoriter mithilfe ihrer eigenen vorgeblichen Götter. Somit zeigte er ihnen, wie ganz und gar nutzlos ihr Glaube an ihre Götzen war.

Josua 18,6-8 – *Würfelten die Israeliten um das verheißene Land?*

Hier lesen wir, dass Josua in der Gegenwart Gottes Lose (im Wesentlichen Kieselsteine) warf, um das Land unter den Stämmen Israels aufzuteilen. Dabei hatten sie die Erwartung, dass Gott sie darin so lenken würde, dass er dadurch seinen Willen offenbarte. In Sprüche 16,33 wird gesagt: „Im Gewandbausch schüttelt man das Los, aber all seine Entscheidung kommt vom HERRN." Das Werfen der Lose in Josua 18 wurde nicht als Glücksspiel angesehen (wie ein Würfelspiel in einem Spielkasino), sondern als Mittel, um Gottes Willen für die Zuweisung des Landes in Erfahrung zu bringen.

Richter

Richter 11,30-39 – *Hat Gott Jeftah befohlen, seine Tochter zu opfern?*

Es gibt verschiedene Auffassungen, wie das Opfer Jeftahs zu interpretieren ist: Jeftah könnte seine eigene Tochter als Brandopfer dargebracht haben. Sollte dies der Fall sein, heißt das noch lange nicht, dass Gott befürwortete, was Jeftah tat. Er stand dabei sicher nicht unter einem Befehl Gottes. Gott hatte zu einem früheren Zeitpunkt offenbart, dass Menschenopfer absolut verboten waren (vgl. 3. Mose 18,21; 5. Mose 12,31; 18,10).

In der Bibel geschehen viele Dinge, die nicht im Sinne Gottes sind. Gott ist sicher nicht einverstanden mit den Worten und Taten Satans, dennoch werden uns viele dieser Taten genau überliefert. Im vorliegenden Fall hat der Autor des Buches Richter vielleicht einfach nur einen objektiven Bericht über das Geschehene vorgelegt, ohne darüber ein Urteil abzugeben.

Man muss beachten, dass das Buch der Richter in einer Zeit der Menschheitsgeschichte spielt, in der jeder das tat, was er für gut hielt. Richter 21,25 sagt: „In jenen Tagen war kein König in Israel. Jeder tat, was recht war in seinen Augen.“ Auch Jeftah hat vielleicht einfach nur getan, was er für richtig hielt – und dabei seine Tochter geopfert. Wenn dem tatsächlich so war, können wir nur schließen, dass Jeftah in großer Dummheit gehandelt hat – und trotz seiner edlen Motive und seines offensichtlichen Wunsches, Gott zu gefallen, gegen dessen Willen.

Andere interpretieren das Opfer so, dass die Tochter Jeftahs für den Rest ihres Lebens für einen Dienst am Heiligtum geweiht wurde und sich also der Ehelosigkeit verpflichten musste. Dies hieße, dass es sich hier um ein geistliches Opfer gehandelt hat statt um eine leibliche Hingabe als Brandopfer. Paulus sagt in Römer 12 ebenfalls, dass Christen ihre Leiber für Gott als lebendige Opfer zur Verfügung stellen sollen, was natürlich sinnbildlich gemeint ist.

Wenn Jeftahs Tochter also tatsächlich als „lebendiges Opfer" für einen Dienst an der Stiftshütte dargebracht wurde, bedeutete dies ein Leben in dauerhafter Jungfräulichkeit, was in damaliger Zeit im jüdischen Kontext in der Tat ein ungeheures Opfer darstellte. Sie konnte keine Kinder zur Welt bringen und nicht die Abstammungslinie des Vaters fortführen.

Das wäre eine mögliche Erklärung für die Äußerung der Tochter: „Es möge dies mir gewährt werden: Lass mir zwei Monate, dass ich hingehe und hinabsteige über die Berge und meine Jungfrauschaft beweine, ich und meine Freundinnen!" (Richter 11,37). Man beachte, dass sie nicht wegen ihres bevorstehenden Todes weinte, sondern weil sie nie heiraten und immer eine Jungfrau bleiben würde.

Richter 14,4 – *Benutzte Gott Simsons sexuelle Begierde, um Israels Befreiung zu erreichen?*

Simson war nicht voll und ganz Gott hingegeben. Sein lüsterner Lebensstil macht dies deutlich. Es zeigt, dass er auf sich selbst fixiert war und Befriedigung seiner fleischlichen Wünsche suchte. Richter 14 offenbart deutlich, dass Simson nicht die Absicht hatte, aus geistlichen Motiven die Philister zu bekämpfen. Gott benutzte also tatsächlich Simsons eigene Interessen, um ihn zum Zorn gegen die Philister zu reizen, was schließlich zur Befreiung Israels führte. Dies ist ein Beispiel dafür, wie Gott aus Bösem Gutes hervorbringen kann.

Richter 15,4 – *Wie war es möglich, dass Simson 300 Füchse fangen konnte?*

Simson war mit übernatürlicher Kraft ausgestattet, so konnte er Dinge mit Leichtigkeit tun, die für andere unmöglich waren – zum Beispiel 300 Füchse fangen. Als Richter hatte Simson wohl auch Menschen unter sich, die für ihn arbeiteten. Simson könnte diesen Leuten befohlen haben, Füchse einzufangen, um dann so zu tun, als hätte er sie sämtlich alleine gefangen.

Richter 16,26-27 – *Wenn Selbstmord eine Sünde ist, warum segnet Gott Simson dafür?*

Selbstmord ist ohne Zweifel keine Option für Christen. Angelegenheiten von Leben und Tod liegen allein in der souveränen Hand Gottes. Hiob sagte zu Gott: „Wenn seine Lebenstage festgesetzt sind, die Zahl seiner Monate bei dir feststeht, wenn du ihm sein Ziel gesetzt hast, dass er es nicht überschreiten kann […]“ (Hiob 14,5). David sprach zu Gott: „Und in dein Buch waren sie alle eingeschrieben, die Tage, die gebildet wurden, als noch keiner von ihnen da war“ (Psalm 139,16). Darüber hinaus läuft Selbstmord den Geboten Gottes zuwider. Das fünfte Gebot sagt: „Du sollst nicht töten“ (2. Mose 20,13). Dieses Gebot gründet auf der Unantastbarkeit des menschlichen Lebens. Man muss beachten, dass der Mensch im Bilde Gottes geschaffen ist (vgl. 1. Mose 1,26). Das Gebot „Du sollst nicht töten“ hat kein direktes Objekt; es sagt nicht: „Du sollst nicht jemand anders töten“ oder „Du sollst nicht deinen Mitmenschen töten“, sondern schlicht: „Du sollst nicht töten.“ Dieses Verbot schließt also nicht nur den Mord an anderen ein, sondern auch den Selbstmord. Sicherlich ist Selbstmord nicht „die Sünde, die nicht vergeben werden kann“, wie manche meinen, doch darf man nicht vergessen, dass Gott Mord aller Art verbietet.

Und tatsächlich beging Simson auch gar keinen Selbstmord. Vielmehr opferte er sein Leben für einen höheren Zweck. Jesus

Christus selbst hat gesagt: „Größere Liebe hat niemand als die, dass er sein Leben hingibt für seine Freunde“ (Johannes 15,13). Genau das tat Simson hier. Er gab sein Leben für sein Volk hin. Als Ergebnis der Tat Simsons wurden durch seinen Tod mehr Philister, mehr Feinde Israels, getötet als zu seinen Lebzeiten (Richter 16,30).

Richter 19,18-24 – *Wie kann ein Mann seine Tochter zur Vergewaltigung anbieten, damit sein Gast beschützt wird?*

Zunächst einmal ist zu diesem schwierigen Abschnitt der Bibel zu sagen, dass diese Verse etwas beschreiben, aber nicht etwa vorschreiben. Die Bibel gibt etwas wieder, das sich so zugetragen hat. Sie sagt dabei nicht, dass das Geschehene richtig war oder dass es noch einmal so stattfinden sollte. Man beachte dabei auch, was Richter 21,25 zum Ausdruck bringt: „In jenen Tagen war kein König in Israel. Jeder tat, was recht war in seinen Augen.“ Der Mann, der seine Tochter für die Vergewaltigung opferte, tat das, was er für angemessen hielt. Das heißt nicht, dass die Bibel oder gar Gott das billigt, was hier stattfand. Die gesamte Bibel verurteilt jede Form sexueller Sünde (vgl. 1. Korinther 6,13.18; Epheser 5,3). Wir können nur den Schluss ziehen, dass es sich hier um ein tragisches Beispiel dafür handelt, wie Sünde sich auswirkt, wenn ein Mensch vom rechten Weg abkommt (vgl. Jesaja 53,6).

Rut

Rut 3,7 – *Hatte Rut Geschlechtsverkehr mit Boas, um ihn dazu zu verpflichten, sie auszulösen?*

Nichts im Text deutet darauf hin. Rut, eine integre Frau, ging nachts nicht deswegen zu Boas, weil sie eine unmoralische Beziehung anstrebte, sondern um den kritischen Blick der Öffentlichkeit zu meiden. Auch wollte sie nicht, dass Boas öffentlichen Druck verspüren musste, wenn er etwas um ihretwillen tat.

Wenn hier steht, dass sie das Fußende von Boas' Lager aufdeckt, dann ist das kein Euphemismus (verhüllende Rede) dafür, dass sie mit ihm schlief; vielmehr beschreibt es einen israelitischen Brauch, der Unterordnung und Unterwerfung zum Ausdruck bringt.

Rut lag neben Boas, aber sie schliefen nicht miteinander – hier deutet auch im Hebräischen kein Wort darauf hin, dass sie miteinander Geschlechtsverkehr hatten.

1. Samuel

1. Samuel 2,25 – *Wird hier gesagt, dass Gott die Söhne Elis daran hinderte, Buße zu tun?*

In diesem Vers sehen wir, dass es der Wille Gottes war, Elis Söhne zu töten. Beide waren Priester, doch sündigten sie in krasser Weise, indem sie sich auf sexuelle Beziehungen mit Frauen einließen, die im Heiligtum ihren Dienst verrichteten (vgl. 1. Samuel 2,22). Sie selbst wollten nicht Buße tun und hörten nicht auf die mahnende Stimme ihres Vaters. Indem Gott sie sterben ließ, reagierte er auf ihre mangelnde Bereitschaft zur Umkehr. In der Tat kam es wohl irgendwann zu dem Punkt, an dem Gott den Entschluss gefasst hat, dass keine Buße mehr möglich war. Wir können hieraus ableiten, dass es im Leben eines Menschen für eine Umkehr auch ein „Zu spät" geben kann. Allerdings ist für einen Menschen dieser Zeitpunkt nicht feststellbar – und so ist es müßig, im Einzelfall darüber Vermutungen anzustellen.

1. Samuel 4,3 – *Warum nahmen die Israeliten die Bundeslade in die Schlacht gegen die Philister mit?*

Die Bundeslade („Lade des Zeugnisses") symbolisierte die Gegenwart Gottes (vgl. 1. Samuel 4,3-22). Die Israeliten glaubten, dass Jahwe mit ihnen in der Schlacht war und sie mit Sicherheit gewannen, wenn die Bundeslade präsent war. Die Gegenwart der Bundeslade sollte ihnen daher den Sieg sichern. Ein solch fehlgeleitetes Denken lief darauf hinaus, dass man die Bundeslade in magischer Weise als Talisman benutzte. Israel musste noch lernen, dass sich Gott durch den Besitz von heiligen Gegenständen nicht instrumentalisieren lässt.

1. Samuel 6,19 – *Warum tötete Gott 70 Personen, als diese in die Bundeslade hineinblickten?*

Die Bundeslade wurde als heilig angesehen. Die Israeliten trennten sehr deutlich zwischen dem Heiligen und dem Profanen. Das Heilige konnte nicht einfach wie ein weltlicher, nichtheiliger Gegenstand behandelt werden. Sogar die Leviten, die im Tempel dienten, mussten mit heiligen Gegenständen mit großer Ehrerbietung umgehen: „[…] aber sie sollen nicht hineingehen, dass sie auch nur einen Augenblick das Heilige sehen und sterben" (4. Mose 4,20). Wenn sogar die Leviten so handeln mussten, dann war das, was die Männer hier in Bet-Schemesch taten, eine echte Gotteslästerung. Gott hatte den Umgang mit der Bundeslade streng reglementiert, da sie seine Gegenwart versinnbildlichte (vgl. 2. Mose 25,10-22; 26,32-34; 37,1-9). Im Blick auf solche Regelungen verhielten sich die Männer gegenüber dem heiligen Gott respektlos.

1. Samuel 13,5 – *Hatten die Philister 30 000 oder 3 000 Streitwagen?*

In der Elberfelder Bibelübersetzung lesen wir: „Auch die Philister sammelten sich zum Kampf mit Israel: 30 000 Wagen und sechstausend Gespanne." Andere Bibelübersetzungen, so etwa die Luther-Bibel oder die Einheitsübersetzung, geben hier die Zahl 3 000 an. Wie kommt es zu dieser Differenz?

Im hebräischen Grundtext ist von 30 000 Streitwagen die Rede; die Septuaginta, die griechische Übersetzung des Alten Testaments, liest hier: „3 000 Streitwagen". Möglicherweise liegt an einer Stelle der Textüberlieferung ein Kopierfehler vor.

1. Samuel 16,10 – *Dieser Vers sagt, dass Isai acht Söhne hatte, während 1. Chronik 2,13-15 davon spricht, dass er sieben Söhne hatte. Was ist nun richtig?*

Die wahrscheinlichste Erklärung ist die, dass einer der Söhne Isais jung starb. Menschen beziehen sich normalerweise immer auf die Anzahl lebender Familienmitglieder. Alternative Erklärung: Einer der Söhne Isais war kinderlos geblieben und wurde demzufolge nicht in das Geschlechtsregister in 1. Chronik 2,13-15 aufgenommen.

1. Samuel 16,14 – *Wie kann der Heilige Geist sich von einem Menschen zurückziehen, wie er es bei Saul tat?*

Seit der Zeit des Neuen Testaments wohnt der Heilige Geist beständig in den Gläubigen (vgl. Römer 8,9; 1. Korinther 12,14). Im Alten Testament hingegen kam der Heilige Geist für eine gewisse Zeit auf Menschen, um sie zu befähigen, besondere Aufgaben zu erfüllen (vgl. Richter 15,14; 1. Samuel 10,5-6). Im Falle Sauls war der Heilige Geist auf ihn gekommen, um ihn in die Lage zu versetzen, ein Führer des Volkes zu sein. Als sich Saul von Gott abwandte, wich der Heilige Geist von ihm.

1. Samuel 17,49-51 – *Wodurch starb Goliat?*

In Vers 49 wird berichtet, dass David Goliat mit einer Steinschleuder tötete. In Vers 50 nimmt er das Schwert Goliats, um ihn (vollends? – wie die Elberfelder Bibel ergänzt) zu töten. Wie ist das zu verstehen? Sicherlich nicht so, dass Goliat hinterher „noch toter" war. Goliat ist durch den Stein aus der Schleuder zu Tode gekommen, hinterher schlug David ihm den Kopf ab als eine Art Siegeszeichen und Mahnmal für den Gegner. Der Autor mag dieses doppelte „Töten" als verstärkende Aussage für den Sieg Davids benutzt haben. Hier steht nicht der Zeitpunkt des Todes im Mittelpunkt des Interesses, sondern die Tatsache, dass David Goliat mit geringen Mitteln und Gottes Hilfe tötete.

1. Samuel 17,50 – *Wer tötete Goliat: David oder Elhanan?*

Im Gegensatz zu 1. Samuel 17,50, wo davon die Rede ist, dass David Goliat tötete, heißt es in 2. Samuel 21,19: „Elhanan […] erschlug Goliat, den Gatiter; und der Schaft seines Speeres war wie ein Weberbaum." Möglicherweise liegt hier eine Ungenauigkeit in den bestehenden Kopien der ursprünglichen hebräischen Handschriften von 2. Samuel vor. Die Parallelstelle zu diesem Vers in 1. Chronik 20,5 sagt: „Und wieder gab es einen Kampf mit den Philistern. Und Elhanan, der Sohn Jaïrs, erschlug Lachmi, den Bruder Goliats, den Gatiter; und der Schaft seines Speeres war wie ein Weberbaum." Elhanan tötete demzufolge den Bruder Goliats, nicht Goliat selbst. Wahrscheinlich fehlen in 2. Samuel 21,19 die Worte „Bruder des".

Das heißt nun nicht, dass man deswegen der Bibel misstrauen müsste. Durch die Wissenschaft der Textkritik sind Forscher heute in der Lage, Tausende von biblischen Handschriften zu prüfen, zwischen denen es eine Vielzahl kleinerer Unterschiede gibt. Dabei hat sich ein Text herauskristallisiert, der dem ursprünglichen Text sehr nahekommt. Je mehr frühe biblische Handschriften wir entdecken, desto mehr werden solche Unterschiede aufgeklärt werden können. Man muss bedenken, dass streng genommen nur die ursprünglichen Handschriften als inspiriert angesehen werden können. Abschriften sind es nur insoweit, als sie die Originaldokumente widerspiegeln.

1. Samuel 18,1-4 – *Waren David und Jonatan homosexuell?*

Manche nehmen an, dass David und Jonatan homosexuell sind, da Jonatan David „liebte“ (18,3), sich in der Gegenwart Davids auszog (vgl. 18,4) und sie sich küssten. Nun lässt sich leicht einwenden, dass Davids Hingezogensein zu Batseba (vgl. 2. Samuel 11) deutlich genug offenbart, dass er heterosexuell orientiert war. Und die Anzahl seiner Frauen legt nahe, dass David eher über die Maßen heterosexuell war.

Davids Liebe zu Jonatan war keine sexuelle, sondern eine freundschaftliche Liebe. In Kulturen des Nahen Ostens drücken heterosexuelle Männer üblicherweise Liebe und Zuneigung füreinander offen aus.

Der Text sagt zudem deutlich, dass Jonatan sich nicht komplett in der Gegenwart Davids entkleidete. Er zog nur seine Rüstung und sein königliches Oberkleid aus (vgl. 1. Samuel 18,3) als ein Zeichen seines tiefen Respekts gegenüber David und seiner Treue zu ihm.

Auch war in diesem Kulturkreis der Kuss eine gebräuchliche Form des Grußes. Ebenfalls ist zu beachten, dass der Kuss, zweieinhalb Kapitel nachdem Jonatan David seine Kleidung gegeben hatte, stattfand. Eine homosexuelle Zuneigung in diesen Text hineinlesen zu wollen, muss jedenfalls als tendenziös zurückgewiesen werden.

1. Samuel 28 – *Hat die Totenbeschwörerin von En-Dor wirklich einen Toten gerufen?*

Der biblische Bericht über das Medium von En-Dor wird sehr kontrovers gesehen. Eine Minderheit nimmt an, das Medium habe mittels dämonischer Mächte ein Wunder bewirkt und tatsächlich Samuel von den Toten zurückgebracht. Zur Unterstützung wird angeführt, dass bestimmte Bibelabschnitte darauf hinzudeuten scheinen, dass Dämonen die Macht haben, lügenhafte Zeichen und Wunder zu vollbringen (vgl. Matthäus 7,22; 2. Korinther 11,14; 2. Thessalonicher 2,9-10; Offenbarung 16,14). Indessen wird in der Bibel auch gesagt, dass Dämonen sich nicht Gottes Macht über Leben und Tod aneignen oder diese überwinden können (vgl. Hiob 1,10-12).

Eine andere Auslegung kommt zu dem Schluss, dass das Medium Samuel nicht in Wirklichkeit von den Toten heraufbeschwor. Vielmehr habe ein dämonischer Geist Samuel lediglich *verkörpert*. Wer dieser Auffassung ist, geht davon aus, dass bestimmte Bibelstellen aussagen, dass Dämonen Menschen, die versuchen, mit Toten in Kontakt zu kommen, täuschen können (vgl. 3. Mose 19,31; 5. Mose 18,11; 1. Chronik 10,13). Doch auch diese Auslegung scheint wenig wahrscheinlich, da die Passage bekräftigt, dass wirklich Samuel von den Toten wiederkehrte und eine Weissagung verkündete, die tatsächlich eintrat. Es ist unwahrscheinlich, dass Dämonen die Wahrheit Gottes hervorbringen, da der Teufel der Vater der Lüge ist (vgl. Johannes 8,44).

Eine dritte Möglichkeit wäre die, dass Gott in souveräner und wunderhafter Weise dem Geist des Samuel erlaubt hätte zu erscheinen, um Saul für seine Sünde zurechtzuweisen. Samuels Geist wäre also nicht als Ergebnis der Fähigkeiten des Mediums erschienen (tatsächlich hat kein Mensch die Macht, Tote heraufzubeschwören – vgl. Lukas 16,24-27; Hebräer 9,27), sondern weil Gott es bewirkt hat. Ähnlich wäre etwa die Erscheinung von Mose und Elia auf dem Berg der Verklärung zu verstehen (vgl. Matthäus 17,1-4). Das wird durch die Tatsache untermauert, dass Samuel wirklich aus dem Tod zurückkehrte (vgl. 1. Samuel 28,14). Deshalb schrie das Medium vor Angst laut (vgl. Vers 12). Der erstaunte Ruf der Totenbeschwörerin zeigt, dass diese Erscheinung Samuels nicht das Ergebnis ihrer üblichen Kunststücke war.

Dass Gott Samuels Geist gestattete, bei dieser einmaligen Gelegenheit zu erscheinen, sollte also nicht so verstanden werden, dass ein Medium tatsächlich Tote heraufbeschwören kann. Gott hatte eine einmalige Absicht mit diesem einmaligen Vorkommnis. Darum ist dieser Abschnitt der Bibel auch als *be*schreibend, nicht als *vor*schreibend zu verstehen. Er beschreibt etwas, das historisch so vorgefallen ist, schreibt aber nicht vor, dass Menschen so etwas in der Zukunft auch erwarten sollten.

1. Samuel 31 – *Wie starb Saul wirklich?*

1. Samuel 31 sagt, dass Saul Selbstmord beging, indem er in ein Schwert fiel. In 2. Samuel 1,10 steht allerdings, dass er von einem Amalekiter getötet wurde.

Um diesen offensichtlichen Widerspruch aufzulösen, sind im Wesentlichen zwei Möglichkeiten genannt worden. Einmal wird versucht, die Berichte zu harmonisieren und die Geschichte so zu rekonstruieren: Saul fiel in sein Schwert, war aber noch nicht tot. Den Rest besorgte dann der Amalekiter. Hier stellt sich aber die Frage, warum gemäß 1. Samuel 31,4-5 Sauls Waffenträger gesehen hat, dass Saul nach dem Fall in sein Schwert tot war.

Die andere Auslegungsmöglichkeit ist die, dass der korrekte Bericht in 1. Samuel zu finden ist und der Bericht in 2. Samuel lediglich die exakte Aufzeichnung einer von dem Amalekiter *erfundenen* Geschichte ist. Dieser wäre dann auf Saul gestoßen, nachdem dieser gestorben war. Nun dachte er (fälschlich), David würde ihm für diese Heldentat Dank erweisen, wenn er diese Geschichte erzählte. Das Hauptproblem bei dieser Auslegung ist, dass nirgends gesagt wird, dass der Bericht nur eine Erfindung des Amalekiters ist.

2. Samuel

2. Samuel 8,4 – *Hat David 1 700 oder 7 000 Reiter gefangen genommen?*

2. Samuel 8,4 berichtet, dass David 1 700 Reiter gefangen genommen hat, doch 1. Chronik 18,4 spricht von 7000 Reitern. Man geht gemeinhin davon aus, dass es 7000 Reiter waren und die abweichende Angabe in 2. Samuel 8,4 auf den Fehler eines Kopisten (der ein Wort ausgelassen hat) zurückzuführen ist.

2. Samuel 12,14 – *Wie konnte Gott für die Sünde Davids mit Batseba ein Baby sterben lassen?*

Manche Ausleger sagen, der Tod des Kindes sei als eine Art Sühne für Davids Sünde zu verstehen. Andere sind der Meinung, dass bei den alten Israeliten die Familieneinheit so weit ging, dass es zur Sippenhaftung kam: Wenn ein Familienmitglied sündigte, konnten alle Familienmitglieder zur Verantwortung gezogen werden. Wieder andere meinen, dass der Tod des Babys nichts mit der Bestrafung Davids zu tun habe, sondern sich auf das Baby als lebendiges Zeichen der Sünde beziehe. Würde das Kind weiter aufwachsen, würde es andere dazu anreizen, genauso sündig zu handeln, wie David es getan hatte. Um solchen fehlgeleiteten Gedanken vorzubeugen, habe Gott das Baby sterben lassen.

2. Samuel 24,1 – *In dieser Stelle heißt es, dass Gott David dazu angespornt hat, das Volk Israel zu zählen, in 1. Chronik 21,1 jedoch, dass es der Teufel war. Was trifft zu?*

Satan war letztlich das Instrument, das benutzt wurde, um David dazu anzuspornen, Israel zu zählen (vgl. 1. Chronik 21,1), doch Gott gestattete dem Satan, dies zu tun (vgl. 2. Samuel 24,1). Im hebräischen Denken gilt: Was Gott zu tun erlaubt, tut letztlich Gott. Da er die Volkszählung zuließ, wird es so gesehen, als sei Gott selbst der Urheber. (Man muss dazu wissen, dass das hebräische Denken nicht zwischen „Hauptursachen“ und „sekundären Ursachen“ unterschied.) Satan tat, was er tat, weil er David und das Volk Gottes vernichten wollte. Die Absicht Gottes indessen war es, David zu demütigen und ihm und seinem Volk eine nachhaltige geistliche Lektion zu erteilen.

2. Samuel 24,9 – *Warum widersprechen die Zahlen der Volkszählung in diesem Vers denen in 1. Chronik 21,5-6?*

2. Samuel 24,9 bezieht sich auf 800 000 wehrfähige Männer in Israel und 500 000 in Juda. Demgegenüber spricht 1. Chronik 21,5-6 von 1,1 Millionen Männern, die für Israel, und 470 000 Männern, die für Juda „das Schwert zogen“.

Diese Diskrepanz ist einfach aufzulösen. Die Zahl 800 000 in 2. Samuel 24,9 schließt nicht das stehende Heer ein, dessen Zahl in 1. Chronik 27,1-15 mit 288 000 angegeben wird, und auch nicht die 12 000 Soldaten in Jerusalem, die 2. Chronik 1,14 erwähnt. Wenn wir diese Zahlen addieren, kommen wir tatsächlich auf 1,1 Millionen Männer.

Darüber hinaus schließt die Zahl 470 000 in 1. Chronik 21,5-6 nicht die 30 000 Männer des stehenden Heers von Juda ein (vgl. 2. Samuel 6,1). Zählt man diese Zahlen zusammen, kommt man auf 500 000 Mann.

1. Könige

1. Könige 11,1 – *Sagt dieser Vers, der von den zahlreichen Frauen Salomos spricht, dass Polygamie für Gott akzeptabel ist?*

In der Bibel wird völlig klar, dass die Monogamie der von Gott vorgesehene Standard für die Menschheit ist. Dies wird aufgrund zahlreicher Stellen deutlich:

- Von Anfang an legte Gott ein Muster fest, indem er eine monogame Ehebeziehung mit einem Mann und einer Frau, Adam und Eva, schuf (vgl. 1. Mose 1,27; 2,21-25).
- Das alttestamentliche Gesetz richtete sich gegen die Vielweiberei (vgl. 5. Mose 17,17).
- Jesus bestätigte die ursprüngliche Absicht Gottes, indem er im Kontext von Matthäus 19,1-12 eindeutig die Monogamie voraussetzt und dabei auch auf die Schöpfung des Menschen verweist.
- Paulus betonte im Neuen Testament: „Aber wegen der Unzucht habe jeder seine eigene Frau, und jede habe ihren eigenen Mann" (1. Korinther 7,2).
- In gleicher Weise bestand Paulus darauf, dass ein Gemeindeleiter der Ehemann einer einzigen Frau sein sollte (vgl. 1. Timotheus 3,2.12).
- Die monogame Ehe deutet auf die Beziehung zwischen Jesus Christus und seiner Braut, der Gemeinde, hin (vgl. Epheser 5,31-32).

1. Könige 11,1-13 – *Warum hatte Salomo Hunderte von Frauen und Nebenfrauen?*

Die Geschichte zeigt, dass Salomo in seiner Außenpolitik expansiv und umtriebig war. Und wenn man in der Antike ein Abkommen zwischen Staaten besiegelte, war es üblich, dass der schwächere König seine Tochter dem mächtigeren König (in diesem Fall Salomo) zur Frau gab. Jedes Mal, wenn ein neues Abkommen besiegelt wurde, kam Salomo quasi mit einer weiteren Frau nach Hause. Diese Ehefrauen wurden als Freundschaftszeichen angesehen, das die Beziehung der beiden Könige besiegelte. Möglicherweise waren Salomo einige der Frauen gar nicht persönlich bekannt, obwohl sie mit ihm verheiratet waren.

Salomo war darin Gott jedoch absolut ungehorsam. Seine Besessenheit von Macht und Wohlstand hatte sein geistliches Leben offenbar überschattet, und schließlich wurde er sogar von Gott abtrünnig. Er betete einige der Götzen der Frauen an, die mit ihm verheiratet worden waren. Und indem er mehr als eine Frau heiratete, missachtete er den Willen Gottes im Hinblick auf die Monogamie.

Von Anfang an hat Gott *eine* Frau für *einen* Mann geschaffen (vgl. 1. Mose 1,27; 2,21-25). 5. Mose 17,17 warnt ausdrücklich davor, viele Frauen zu heiraten. Also sündigte Salomo in zweierlei Hinsicht: Er verstrickte sich in Polygamie, und er verletzte Gottes Verbot der Ehe mit Heiden – was letztlich zu seinem Abfall von Gott führte.

1. Könige 15,3 – *David war ein Ehebrecher und Mörder. Warum deutet dieser Vers an, dass sein Herz „ungeteilt mit dem HERRN" war?*

David hatte wie alle Menschen eine sündhafte Natur (vgl. Psalm 51,1). Er war nicht vollkommen, aber aufs Ganze gesehen war sein Leben ständig auf Gott ausgerichtet. Als er schuldig wurde, bekannte er Gott seine Sünde, und seine Beziehung zu Gott wurde wieder erneuert (vgl. Psalm 32 und 51). In diesem Sinne war Davids Herz „ungeteilt mit dem HERRN“.

2. Könige

2. Könige 2,24 – *Warum verfluchte Elisa eine Gruppe Jugendlicher, die ihn wegen seiner Kahlheit verspottete?*

Diese Jugendlichen verspotteten Elisa nicht nur als bloßen Menschen, sondern als von Gott eingesetzten Propheten. Sie verlachten den, der in einer Kultur, die sich heidnischen Götzen (wie Baal) hingegeben hatte, Jahwe vertrat. Letztlich wurde mit dieser Verhöhnung Gott selbst in der Person des von ihm ernannten Repräsentanten herausgefordert. Die Jugendlichen verwirkten mit der Verspottung Gottes und seines Dieners ihr Leben. Man könnte diese Jugendlichen als eine Art Straßengang bezeichnen, die Elisa terrorisierte. Die Konsequenz, die sie erleiden mussten, sollte zweifelsohne Furcht in den Herzen der Mitglieder anderer gotteslästerlicher Gruppen auslösen.

2. Könige 14,29 – *Schlafen die Toten – und sind sie somit ohne Bewusstsein?*

In diesem Vers heißt es: „Und Jerobeam legte sich zu seinen Vätern, zu den Königen von Israel." „Schlaf" ist ein angemessenes Bild für den Tod des Leibes, da der Tod nur zeitlicher Natur ist. Bei der Auferstehung wird der Leib wieder aus seinem „Schlaf" aufgeweckt werden. Außerdem werden Schlaf und Tod in der Regel in der gleichen liegenden Körperhaltung erlebt.

Die Bibel sagt sehr deutlich, dass die Seele (der Geist) des Gläubigen den Tod überlebt (vgl. Lukas 12,4). Sie ist bewusst in der Nähe des Herrn (vgl. 2. Korinther 5,8), an einem besseren Ort (vgl.

Philipper 1,23), wo auch andere Personen sich unterhalten (vgl. Matthäus 17,3) und sogar beten (Offenbarung 6,9-10). Entsprechend befindet sich die Seele des Ungläubigen an einem Ort bewusst erlebter Qual (vgl. Matthäus 25,41; Lukas 16,22-26; Offenbarung 19,20–20,15).

1. Chronik

1. Chronik 21,1 – *In dieser Stelle heißt es, dass der Teufel David dazu angespornt hat, das Volk Israel zu zählen, in 2. Samuel 24,1, dass es Gott war. Was trifft zu?*

Vgl. die Anmerkungen zu 2. Samuel 24,1.

1. Chronik 22,14 – *Wie können die 100 000 Talente Gold, die David für den Bau des Tempels zur Verfügung gestellt hat, mit den in 1. Chronik 29,4 erwähnten 3 000 Talenten in Einklang gebracht werden?*

1. Chronik 22,14 nennt den Betrag, den David für die Vorbereitung des Tempelbaus gegeben hatte. In 1. Chronik 29,4 wird gesagt, dass David aus seinem Privatvermögen zusätzlich 3 000 Talente Gold für den Tempelbau aufbrachte.

1. Chronik 29,7 – *Sind die hier genannten Mengen an wertvollen Baumaterialien nicht übertrieben?*

Hier und auch an anderen Stellen der Bibel werden für den Bau des Tempels unvorstellbar hohe Zahlen genannt. Der Tempel muss gemäß der Angaben (vgl. auch 1. Chronik 22,14 und 29,4) über 40 000 Tonnen Edelmetall enthalten haben. Nun wäre das von den räumlichen Tempelausmaßen her durchaus nicht unmöglich, aber man fragt sich natürlich, woher die vielen Schätze kamen. Israel lag in einer wirtschaftlich privilegierten, weil günstig gelegenen Region. Es konnte mit vielen umliegenden, wohlhabenden Nationen Geschäfte treiben, die Kapital aus aller Herren Länder nach Israel fließen ließen. Daher wird sich ein großes Vermögen im Staatsschatz befunden haben – und David stellte alles zur Verfügung.

Natürlich müssen die Summen nicht wörtlich und exakt so hoch gewesen sein; auch heute benutzt man in der Alltagssprache nicht immer buchhalterisch genaue Begriffe, wenn es ums Geld geht. Aber warum sollte das damalige Staatsvermögen nicht ähnliche Dimensionen angenommen haben? Man stelle sich vor, das gesamte Vermögen Deutschlands würde für das Baumaterial eines einzigen Gebäudes verwendet! Hinzu kommt, dass wir wenig darüber wissen, ob der tatsächliche Gegenwert der Edelmetalle mit heutigen Verhältnissen zu vergleichen ist, ob also eine Tonne Gold damals zur Zeit des Tempelbaus auch so viel wert war wie heute.

2. Chronik

2. Chronik 7,1 – *Was war die „Herrlichkeit des HERRN", die den Tempel erfüllte?*

Gottes Herrlichkeit ist die leuchtende Manifestation seiner Person, die stets von strahlendem Licht begleitet wurde, wie die Bibel bezeugt (vgl. Matthäus 17,2-3; 1. Timotheus 6,16; Offenbarung 1,16). Darüber hinaus ist das Wort „Herrlichkeit" oft mit Verben des Sehens verbunden (vgl. 2. Mose 16,7; 33,18; Jesaja 40,5) bzw. mit Verben des Erscheinens (vgl. 2. Mose 16,10; 5. Mose 5,24). Beides betont die sichtbare Natur der Herrlichkeit Gottes. Mit ihr geht nicht nur strahlendes Licht einher, sondern auch Rauch (vgl. Jesaja 6,4) und eine Wolke (vgl. 4. Mose 16,42). Diese sichtbare Herrlichkeit füllte in alttestamentlicher Zeit den Tempel.

2. Chronik 16,12 – *Starb König Asa, weil er Hilfe von Ärzten suchte und nicht von Gott?*

Eine solche Schlussfolgerung ist in diesem Text nicht notwendig; und sie würde anderen Abschnitten der Bibel widersprechen. Man beachte, dass diese Verse nicht aussagen, dass es falsch ist, die Hilfe von Ärzten aufzusuchen. Falsch ist es indes, dies zu tun, anstatt sich damit an Gott zu wenden. Gott möchte an erster Stelle stehen (vgl. Matthäus 6,33; Kolosser 1,18). Jeremia brachte es, wie folgt, zum Ausdruck: „Verflucht ist der Mann, der auf Menschen vertraut und Fleisch zu seinem Arm macht und dessen Herz vom HERRN weicht!" (Jeremia 17,5).

Sowohl das Alte als auch das Neue Testament empfehlen den Gebrauch von Medizin. Der Prophet Jesaja wurde angewiesen, einen Feigenkuchen zu backen, um ihn auf ein Geschwür zu legen, an dem der König Hiskia litt. Er wurde geheilt (vgl. 2. Könige 20,7). Paulus sagte dem Timotheus: „Trinke nicht länger nur Wasser, sondern gebrauche ein wenig Wein um deines Magens und deines häufigen Unwohlseins willen!“ (1. Timotheus 5,23). Und schließlich haben schon eine Reihe von Bibellesern vermutet, dass der Apostel Paulus deswegen mit dem Arzt Lukas gereist ist, weil er an einem Gebrechen litt (vgl. Galater 4,13; 2. Korinther 12,7; Kolosser 4,4; 2. Timotheus 4,11). Nirgends verurteilt die Bibel, dass man zum Arzt geht oder Medizin einnimmt. Sogar Jesus sagte: „Nicht die Starken brauchen einen Arzt, sondern die Kranken“ (Matthäus 9, 12). Die Bibel besteht nur darauf, dass wir zuerst und als höchste Priorität Gott suchen.

2. Chronik 18,18 – *Was ist das „Heer des Himmels“?*

In der Bibel werden Engel oft als das „himmlische Heer“ bezeichnet. Der Begriff „Heer“ ist dabei so militärisch zu verstehen, wie er klingt. Denn tatsächlich porträtiert die Bibel die Engel oft als Gottes Armee in militärischer Kleidung, die seinen Willen erfüllt und in seinen Schlachten kämpft. Gott wird in der Bibel oft auch der „HERR der Heerscharen“ genannt. Dieser Titel kennzeichnet Gott als souveränen Befehlshaber einer himmlischen Engelarmee (vgl. 1. Samuel 17,45; Psalm 89,6.8).

2. Chronik 18,20-21 – *Zeigt die Tatsache, dass Gott hier das Wirken des Lügengeists zulässt, dass Gott es billigt, wenn man lügt?*

Nein, denn man muss im Hinterkopf behalten, dass die Bibel Lüge verbietet (vgl. 2. Mose 20,16). Lügen ist eine Sünde (vgl. Psalm 59, 12) und für Gott ein Gräuel (vgl. Sprüche 12,22). Ferner sagt 4. Mose 23,19 ausdrücklich: „Nicht ein Mensch ist Gott, dass er lüge.“

Hier in 2. Chronik 18,20-21 erlaubt Gott jedoch die Aktivität eines „Lügengeistes“. Indessen ist das, was Gott verursacht, und das, was er zulässt, nicht dasselbe. Zum Beispiel ließ Gott die Sünde im Garten Eden zu, aber er verursachte sie nicht. Gott ließ auch die Auflehnung Satans gegen ihn zu, aber er verursachte sie nicht. Gott gestattete, dass Hananias und Saphira Petrus belogen, aber er hat sie nicht dazu veranlasst. Gott gestattete die Aktivitäten eines Lügengeistes, aber er war nicht der Urheber. Er billigt Lügen nicht.

Letztendlich ist das nicht sehr viel anders, wie wenn Gott die Assyrer (vgl. 1. Chronik 5,26) und die üblen Babylonier (vgl. Daniel 1,1-2) als Zuchtmittel gegen das aufständische Israel einsetzt. Gott gestattete auch dem höchsten bösen Geist (Satan), Hiob Schädigungen zuzufügen, um dessen Charakter zu prüfen (vgl. Hiob 1,6-2,10). Und ein Diener Satans durfte Paulus quälen, um ihn demütig zu halten (vgl. 2. Korinther 12,7). In allen Fällen gestattete Gott die betreffenden Ereignisse, um nach seinem Plan etwas Besseres daraus zu machen.

In der Bibel bekräftigt Gott: „Denn meine Gedanken sind nicht eure Gedanken, und eure Wege sind nicht meine Wege […]. Denn so viel der Himmel höher ist als die Erde, so sind meine Wege höher als eure Wege und meine Gedanken als eure Gedanken“ (Jesaja 55,8-9). Auch wird uns gesagt: „Das Verborgene steht bei dem HERRN, unserm Gott“ (5. Mose 29,28). Wir mögen vielleicht wünschen, wir wüssten mehr über diese schwierigen Bibelverse. Doch eins ist sicher: Gottes Macht umfasst alle Dinge, sodass sogar die Feinde Gottes dazu benutzt werden, dass etwas zum von Gott gewünschten Ende führt.

Esra

Esra 10,3-4.10-12 – *Wie konnte Esra fordern, dass die Israeliten sich von ihren ausländischen Ehefrauen scheiden lassen, und sie nebst den von ihnen gezeugten Kindern wegschicken?*

Das alttestamentliche Gesetz verbot Israeliten, sich mit heidnischen Völkern („Nationen") zu verheiraten (vgl. 2. Mose 34,11-16; 5. Mose 7,1-5). Diese hatten ihr Heidentum nicht verlassen und hatten sich nicht zu Jahwe, dem wahren Gott, bekehrt. Aus diesem Grund wurden sie weggeschickt. In solchen Situationen kehrten die Frauen (mit ihren Kindern) zu ihren Ursprungsfamilien zurück, die dann für sie sorgten.

Hier ging es also um die Einhaltung der religiösen Einheit des Volkes Israel. Ähnlich wie in anderen Zusammenhängen des Alten Testaments ist auch hier die Eheschließung mit der Gefahr verbunden, sich von Gott abzuwenden, mindestens aber Jahwe und einen heidnischen Gott gleichzeitig anzubeten. All das war für Israel existenzbedrohlich.

Im Neuen Testament wird eine andere Handlungsweise gefordert: Wenn jemand Christ wird, soll er dennoch bei seinem ungläubigen Partner bleiben und sich nicht von ihm trennen – vielleicht kommt dieser ja doch zum Glauben (vgl. 1. Korinther 7,12-16).

Ester

Ester – *In diesem Buch kommt der Name Gottes kein einziges Mal vor, warum steht es dennoch in der Bibel?*

Das Buch Ester erwähnt Gott nicht, aber es zeigt, wie er hinter den Kulissen souverän und fürsorglich wirkt. Der hinterhältige Haman zettelte ein heimtückisches Komplott an, um die Juden zu vernichten. Gott vereitelte nicht nur dieses Komplott, sondern die bösen Pläne des Intriganten fielen auf ihn selbst zurück. (Haman wurde anstelle der Juden hingerichtet.) Um dieses Ende herbeizuführen, hatte Gott in seiner Vorsehung zuvor die schöne (jüdische) Ester zur Königin und Ehefrau des Perserkönigs Artahsasta werden lassen, der Persien von 464-424 v.Chr. regierte. Gott hatte offenbar Ester speziell deshalb in ihre Machtposition emporgehoben, um die Juden vor der Vernichtung zu retten (vgl. Ester 4,14). Ihr Cousin Mordechai sorgte dafür, dass sie dies auch so verstand. Dieses Drama zeigt, wie Gott in seiner Vorsehung die menschliche Geschichte lenkt.

Ester 2,1-4 – *Hat Ester das Richtige getan, indem sie an einem heidnischen Schönheitswettbewerb teilnahm und Teil des Harems des persischen Königs wurde?*

Möglicherweise liegt ein Hinweis für eine Antwort auf diese Frage in Ester 2,8: „Und es geschah, als das Wort des Königs und sein Gesetz vernommen wurden und als viele Mädchen in die Burg Susa unter die Obhut Hegais zusammengebracht wurden, da wurde auch Ester in das Haus des Königs aufgenommen unter die Obhut Hegais, des Hüters der Frauen." Vielleicht wurde sie gegen ihren

Willen dazu verpflichtet, an dem Schönheitswettbewerb teilzunehmen und so Teil des Harems zu werden. Ob das nun so war oder auch nicht: Gott hielt seine Hand über Ester, da er sie offensichtlich in eine hohe Stellung versetzte, und zwar mit der besonderen Aufgabe, Hamans Ziel zu durchkreuzen, die Juden auszulöschen. Der Text liefert keine Anzeichen, dass Ester irgendetwas Unmoralisches getan hätte, während sie an dem Wettbewerb teilgenommen hat. Ihr Charakter wird im ganzen Buch als über jeden Zweifel erhaben dargestellt.

Hiob

Hiob 2,1-2 – *Hat Satan Zugang zum Himmel?*

Offenbar ja. Die Ereignisse im Buch Hiob zeigen, dass Satan die Freiheit hat, vor Gott zu erscheinen und mit ihm zu diskutieren (vgl. Hiob 1,6; 2,1). In Offenbarung 12,10 erfahren wir, dass Satan der „Verkläger unserer Brüder“ ist, was bedeutet, dass er vor Gottes Thron auftritt und über die Gläubigen verleumderische Bemerkungen macht. In der zukünftigen Bedrängniszeit wird der Teufel aber definitiv aus dem Himmel verbannt werden (vgl. Offenbarung 12,9). Etwas später wird er gar in den Feuersee geworfen werden (vgl. Offenbarung 20,10). Seine Zeit ist eindeutig begrenzt.

Hiob 2,3.6 – *Wie konnte Gott zulassen, dass ein so aufrechter Mann wie Hiob so leiden musste?*

Mehrere Dinge lassen sich hierzu nennen. Erstens: Satan wurde von Gott an der Leine gehalten. Gott wies ihn an, dass er in Bezug auf Hiob bis zu einem bestimmten Punkt gehen konnte, aber nicht weiter. Darüber hinaus zeigt die Bibel, dass Gott manchmal zulässt, dass seine Kinder durch Zeiten des Leidens gehen, sodass sie „fit“ werden, ihre „Glaubensmuskeln“ gestärkt werden und ihr Durchhaltevermögen zunimmt. In Jakobus 1,2-3 heißt es: „Haltet es für lauter Freude, meine Brüder, wenn ihr in mancherlei Versuchungen geratet, indem ihr erkennt, dass die Bewährung eures Glaubens Ausharren bewirkt.“ Dies traf sicherlich auch im Fall Hiobs zu. Zudem kann man beobachten, dass Gott die einzigartige Fähigkeit hat, das lang andauernde Gute durch kurzzeitiges Leiden zu bewirken. Ein kleines Kind mag auch hinterfragen, warum es zum Zahnarzt muss. Doch das eventuell kurzzeitige „Leiden" geschieht hier zum langfristigen Wohl seiner Gesundheit. Genauso sieht es auch auf der „höheren Ebene" des Lebens aus, wo kurzzeitiges Leiden zu einem lange andauernden Segen führen kann.

Hiob 7,9 – *Steht dieser Vers im Widerspruch zur biblischen Lehre von der Auferstehung?*

Dieser Vers spricht davon, dass jemand ins Totenreich hinuntergeht und nicht wiederkommt. Hiob bestreitet hier nicht die Auferstehung, denn später sagt er: „Und nachdem man meine Haut so zerschunden hat, werde ich doch aus meinem Fleisch Gott schauen" (Hiob 19,26). Was Hiob damit meinte, als er von jemandem sprach, der ins Totenreich hineingeht und nicht wiederkommt, wird im nächsten Vers erklärt: „Zu seinem Haus kehrt er nicht mehr zurück, und seine Stätte weiß nichts mehr von ihm." Anders ausgedrückt: Wer stirbt, kehrt nicht wieder in sein irdisches Leben zurück.

Hiob 25,4-5 – *Wie kann die Aussage, dass der Mensch eine Made ist, übereingebracht werden mit der Tatsache, dass der Mensch in Gottes Bild erschaffen wurde (vgl. 1. Mose 26-27)?*

Diese Aussage in Hiob 25 ist eine Hyperbel, eine Übertreibung, die den gewaltigen Unterschied zwischen Gott im Himmel und den Menschen auf der Erde betont. Gott ist so unglaublich Ehrfurcht gebietend und erhaben, dass im Vergleich dazu der Mensch nur eine Made zu sein scheint.

Hiob 38,7 – *Wer sind die „Söhne Gottes“?*

Dieser Ausdruck bezieht sich auf Engel (vgl. Hiob 1,6; 2,1; 28,7). Die meisten Theologen sind sich darin einig, dass Engel insofern Söhne Gottes sind, als sie direkt durch die Hand Gottes erschaffen wurden. Der Ausdruck „Söhne Gottes“ bezeichnet, wenn er sich auf Engel bezieht, Geistwesen, die durch einen schöpferischen Akt Gottes ins Dasein gerufen wurden.

Man muss dabei bedenken, dass Engel nicht anderen „Baby-Engeln“ das Leben schenken, sich also untereinander nicht fortpflanzen (vgl. Matthäus 22,30). Wir lesen nirgends von Söhnen oder Töchtern von Engeln. Da jeder Engel direkt durch die Hand Gottes erschaffen wurde, scheint es nur angemessen, dass sie „Söhne Gottes“ genannt werden.

Das ist aber absolut zu unterscheiden von der Tatsache, dass auch Jesus „Sohn Gottes“ genannt wird. Die Bibel macht deutlich, dass Jesus der *ewige* Sohn Gottes ist. Semiten und andere orientalische Völker benutzten manchmal den Ausdruck „Sohn (von)“, um in Bezug auf das Wesen einer Person Ähnlichkeit oder Gleichartigkeit sowie Ebenbürtigkeit festzustellen. Als Jesus also behauptete, der Sohn Gottes zu sein, haben seine Zeitgenossen voll und ganz verstanden, dass er damit behauptete, uneingeschränkt Gott zu sein. Darum versuchten die Juden auch, Jesus wegen Gotteslästerung zu töten (vgl. Johannes 5,18; 19,7). Auch können wir festhalten, dass Jesus, als Gott, alle Engel erschuf (vgl. Kolosser 1,16).

Hiob 40,15 – *Was ist ein Behemot?*

Darüber gibt es unterschiedliche Ansichten. Verbreitet ist die Meinung, dass es sich beim Behemot um ein Nilpferd handelt.

Da Hiob 40,17 aber sagt, dass dieses Untier seinen Schwanz bewegt wie eine Zeder, und da das Nilpferd keinen solch gewaltigen Schwanz hat, wird auch die Auffassung vertreten, der Behemot könne ein Dinosaurier, etwa ein Brontosaurus oder ein Tyrannosaurus Rex, gewesen sein.

Hiob 41,1 - *Was ist ein Leviatan?*

Ähnlich wie beim Behemot (vgl. Hiob 40,15) gibt es auch hier unterschiedliche Auffassungen. Es könnte ein Meersaurier gewesen sein, oder mindestens ein sehr großes Krokodil. Auf jeden Fall war es erheblich zu groß, um mit einem Angelhaken gefangen zu werden. Es muss ein riesiges Meerestier gewesen sein.

Hintergrund der Rede vom Leviatan könnte aber auch die Vorstellung von einem drachenartigen Ungeheuer sein (mit mehreren Köpfen; vgl. Psalm 74,14), das im Alten Testament als Bild für die gegen Israel gerichteten Weltmächte Verwendung findet (vgl. Jesaja 27,1). Vielleicht steckt dahinter auch die volkstümliche Vorstellung eines Himmelsdrachens, der Sonne und Meer verschlingt (so liegt es vor allem für Hiob 3,8 nahe; vgl. den Kontext dort).

Psalmen

Psalm 2,7 – *Sagt dieser Vers, dass Jesus innerhalb unserer Zeit ins Dasein gekommen ist?*

In diesem Vers lesen wir prophetische Worte, die der Vater zu Jesus spricht: „Mein Sohn bist du, ich habe dich heute gezeugt." Nach einem bewährten Auslegungsgrundsatz sollte, wenn möglich, die Schrift die Schrift erklären, also die Bibel sich selbst. Nach Apostelgeschichte 13,33-34 handelt dieser Vers nicht davon, dass Jesus innerhalb unserer Zeit ins Dasein kam, sondern es geht hier um seine Auferweckung von den Toten durch den Vater. Andere Bibelstellen machen deutlich, dass Jesus nicht innerhalb unserer Zeit ins Dasein kam, sondern als Gott ein ewiges Wesen ohne Anfang und Ende ist (vgl. Johannes 1,1; 8,58).

Psalm 37,25 – *Sagt dieser Vers, dass Gerechte nie Not leiden werden?*

In diesem Vers sagt David: „Ich war jung und bin auch alt geworden, doch nie sah ich einen Gerechten verlassen noch seine Nachkommen um Brot betteln." Indes enthält die Bibel eine Menge von Beispielen, wo guten Menschen schlechte Dinge zustoßen. Zum Beispiel wurden die Apostel Petrus und Paulus und andere mit ihnen ins Gefängnis geworfen, weil sie Gott dienten.

Psalm 37 wird als sogenannter „Weisheitspsalm" angesehen. Er enthält somit Weisheit, die im allgemeinen Sinn als richtig angesehen werden kann (wie es etwa auch für die Sprüche Salomos gilt), aber er enthält keine verpflichtenden Versprechungen mit absoluten Garantien. David stellt hier lediglich fest, dass er nie gesehen hat, dass ein Gerechter einsam war, aber nicht etwa, dass Gott dies verheißen habe.

Psalm 37,29 – *In welchem Sinn werden „die Gerechten das Land besitzen"?*

Dieser Abschnitt zeigt, dass ungerechte Israeliten vom Leben im verheißenen Land abgeschnitten werden, gerechte Menschen hier aber Segen erfahren. Mit dem zugrunde liegenden hebräischen Wort für Land (*erez*) ist insbesondere das Land Juda gemeint, das Gott Judas Vätern und deren Nachkommen auf ewig zum Besitz gegeben hat.

Psalm 82,6 – *Bedeutet der Satz „Ihr seid Götter", dass Menschen wirklich Götter sind?*

Nein, denn anders als das Wort HERR (Jahwe), das sich immer auf Gott bezieht, kann das Wort Götter (*elohim*) für Gott (vgl. 1. Mose 1,1), Engel (vgl. Psalm 8,4-6; Hebräer 2,7) oder auch Menschen (hier in Psalm 82) benutzt werden.

In Psalm 82 geht es um Gottes Gericht über die niederträchtigen israelitischen Richter. Diese Richter hätten natürlich gerecht und die Vertreter Gottes auf Erden sein sollen. Sie waren von Gott eingesetzt worden, um Entscheidungen über Leben und Tod der Menschen zu treffen, sodass man sie in weiterem Sinne als „Götter" bezeichnen kann (man denke etwa an heutige Redewendungen wie „Madonna – die Pop-Göttin").

Doch die Richter waren im Umgang mit den Menschen bestechlich und ungerecht. Was Gott ihnen anlastete, war, dass sie den Bösen Gunst erwiesen, anstatt die Rechte der Hilflosen und Unterdrückten aufrechtzuerhalten. Somit sagt Asaf hier, dass sie wie Menschen sterben werden (die sie ja auch sind), obwohl sie „Götter" genannt werden.

In Jesaja 44,8 fragt Gott: „Gibt es einen Gott außer mir? Es gibt keinen Fels, ich kenne keinen." Menschen können eindeutig keine Götter sein.

Dieser Psalm hilft uns, zu verstehen, was Jesus in Johannes 10,34 sagen will. Als der Sohn Gottes auf diesen Psalm anspielte, meinte er, dass die israelitischen Richter, bildhaft gesprochen, „Götter" gewesen seien, da sie für ihre Arbeit unter den Menschen von Gott ernannt worden waren. Jesus selbst aber wurde rechtmäßigerweise Gott genannt, da er in der Tat göttliche Dinge tat (nämlich, in diesem Zusammenhang, Wunder).

Psalm 97,7 – *Wer sind die Götter, die Gott anbeten?*

„Fallt vor ihm nieder, alle Götter!", so heißt es hier. Natürlich gibt es in Wirklichkeit nur einen wahren Gott – aber jede Menge Götzen. Im Neuen Testament informiert uns Paulus darüber, dass hinter den Götzen Dämonen stecken (vgl. 1. Korinther 10,20) und sich eines Tages sogar die Dämonen vor dem wahren und lebendigen Gott beugen und bekennen werden, dass er Herr ist (vgl. Philipper 2,10). Darauf mag sich auch Psalm 97,7 beziehen.

Andere Bibelausleger bemerken, dass gute Engel manchmal auch Götter (*elohim*) genannt werden können (vgl. Psalm 8,5; vgl. auch Hebräer 2,7). Daher könnte Psalm 97,7 ein Befehl an die Engel sein, Gott anzubeten, etwa so, wie sie in Psalm 148,2 aufgerufen werden: „Lobt ihn, alle seine Engel!"

Psalm 105,15 – *Bringt dieser Vers zum Ausdruck, dass bestimmte heutige von Gott berufene Führer sich jenseits aller Kritik befinden und hinsichtlich ihrer Lehren nicht zur Rechenschaft gezogen werden dürfen?*

Hier lesen wir: „Tastet meine Gesalbten nicht an, tut meinen Propheten nichts Übles!" Die Wendung „Gesalbte (des HERRN)" bezieht sich im Alten Testament auf die Könige Israels (vgl. 1. Samuel 12,3.5; 24,6.10; 26,9.11.16.23; 2. Samuel 1,14.16; 19,21; Psalm 20,6; Klagelieder 4,20). Man kann diesen Vers also aufgrund des Zusammenhangs nicht einfach auf Gemeindeleiter oder Pastoren in heutiger Zeit beziehen. In gleicher Weise meint das Wort „Propheten" alttestamentliche Propheten und nicht Kirchenleitungen heutzutage. Also kann keine dieser Bezeichnungen so ausgelegt werden, dass sie sich auf heutige gemeindliche Führungspersönlichkeiten bezieht.

Und selbst wenn wir sie in diese Richtung interpretieren *würden*, bezöge sich das darauf, diese nicht *körperlich* anzutasten oder gar zu verletzen. Im Alten Testament standen Propheten und Könige ständig in Gefahr, körperlich verletzt zu werden – daher die Warnung.

Die Bibel selbst weist uns an, alle Lehren im Lichte des Wortes Gottes zu prüfen (vgl. 1. Thessalonicher 5,21). Wie die Christen damals in Beröa müssen wir die heiligen Schriften zum Maßstab für die Wahrheit machen (vgl. Apostelgeschichte 17,11). Paulus bekräftigt: „Alle Schrift ist von Gott eingegeben und nützlich zur Lehre, zur Überführung, zur Zurechtweisung, zur Unterweisung in der Gerechtigkeit, damit der Mensch Gottes richtig sei, für jedes gute Werk ausgerüstet" (2. Timotheus 3,16-17). Wir alle müssen ständig im Blick auf falsche Lehren auf der Hut sein (vgl. Römer 16,17-18; 1. Timotheus 1,3-4; 4,16; 2. Timotheus 1,13-14; Titus 1,9; 2,1).

Und schließlich ist in einem gewissen Sinn jeder, der an Jesus Christus glaubt, gesalbt (vgl. 1. Johannes 2,20). Angesichts dessen kann kein christlicher Leiter darauf Anspruch erheben, etwas Besonderes zu sein, über anderen zu stehen oder über jegliche Kritik an seiner Lehre erhaben zu sein.

Psalm 110,1 – *Gibt es zwei mit „Herr“ bezeichnete Götter?*

In diesem Vers lesen wir: „Spruch des HERRN für meinen Herrn: Setze dich zu meiner Rechten, bis ich deine Feinde gemacht habe zum Schemel deiner Füße!“ Dieser Vers ist einer der wenigen Verse des Alten Testaments, in denen Unterscheidungen innerhalb der Dreieinigkeit angedeutet werden. Die Worte „meinen Herrn“ beziehen sich auf den Messias Davids. Dieser göttliche Messias wird eingeladen, zur Rechten des HERRN (Jahwes bzw. Gottes des Vaters) zu sitzen. Hier spricht die erste Person der Trinität zur zweiten Person. Im Neuen Testament erfahren wir, dass Jesus nach seiner Auferstehung und Himmelfahrt tatsächlich zur Rechten Gottes des Vaters sitzt.

Psalm 115,16 – *In welcher Hinsicht ist die Erde den Menschen gegeben?*

Gott hat sterblichen Menschen die Erde gegeben, um auf ihr zu wohnen und über sie zu herrschen. In 1. Mose 1,28 heißt es: „Und Gott segnete sie, und Gott sprach zu ihnen: Seid fruchtbar und vermehrt euch, und füllt die Erde, und macht sie euch untertan; und herrscht über die Fische des Meeres und über die Vögel des Himmels und über alle Tiere, die sich auf der Erde regen!“ Denselben Gedanken reflektiert auch Psalm 8,6-8: „Denn du hast ihn wenig geringer gemacht als Engel, mit Herrlichkeit und Pracht krönst du ihn. Du machst ihn zum Herrscher über die Werke deiner Hände; alles hast du unter seine Füße gestellt: Schafe und Rinder allesamt und auch die Tiere des Feldes, Vögel des Himmels und Fische des Meeres, was die Pfade der Meere durchzieht.“

Psalm 137,8-9 - *Wie kann ein Vers in der Bibel stehen, in dem Freude darüber zum Ausdruck gebracht wird, dass Kinder an Felsen zerschmettert werden?*

Obwohl so etwas schrecklich klingt: Die Gefühle des Psalmisten haben ihren Ursprung in der Tatsache, dass sich das Volk Israel in der Babylonischen Gefangenschaft befindet. Der Psalmist bezieht sich hier auf das Gesetz: „Auge um Auge, Zahn um Zahn". Die Babylonier hatten israelitische Kinder an Felsen zerschmettert; demzufolge bittet der Psalmist um Gerechtigkeit. Sein Wunsch ist, dass die Schandtaten, mit denen die Babylonier andere heimgesucht haben, nun auf sie selbst zurückfallen. Es kann als Beispiel für die Grausamkeit angesehen werden, wie sie leider zu allen Zeiten zur Realität menschlicher Kriegsführung gehört hat.

Psalm 139,13 - *Wenn Gott uns im Mutterleib „gewoben" hat, lässt sich dann Abtreibung rechtfertigen?*

Nein, denn zahlreiche Bibelstellen zeigen, dass das Baby im Mutterleib als Mensch verstanden wird (vgl. 2. Mose 21,22-24; Psalm 139,13-15; Jeremia 1,5). Die einzigen Unterschiede zwischen geborenen und ungeborenen Babys sind ihre Größe und ihr Aufenthaltsort; sie sind aber nicht in ihrem Menschsein voneinander verschieden. So wie es ein Mord ist, ein Baby außerhalb des Mutterleibes zu töten, so gilt das Gleiche für ein Kind im Bauch der Mutter.

Sprüche

Sprüche 1,1 – *Wie kann in Anbetracht der Sünden Salomos dieses Buch in der Bibel stehen?*

Jeder Mensch ist von Natur aus Sünder, so auch König Salomo. Aber warum sollte die Weisheit, mit der Gott Salomo beschenkt hat (vgl. 2. Chronik 1,10-11), uns nicht zugänglich gemacht werden?

Sprüche 8,22-23 – *Ist Jesus ein Geschöpf Gottes?*

In diesen Versen wird gesagt: „Der HERR hat mich geschaffen als Anfang seines Weges, als erstes seiner Werke von jeher. Von Ewigkeit her war ich eingesetzt, von Anfang an, vor den Uranfängen der Erde."

Liest man diesen Vers isoliert, könnte man den Eindruck bekommen, es gehe hier möglicherweise um Jesus, doch das ist nicht der Fall. Die ersten neun Kapitel des Buches der Sprüche handeln von der personifizierten Weisheit. Eine Personifikation ist eine Redefigur, in der unbelebte Gegenstände oder abstrakte Begriffe mit menschlichen Eigenschaften ausgestattet bzw. so dargestellt werden, als hätten sie eine menschliche Gestalt. In Sprüche 1-9 wird die Weisheit bildlich mit menschlichen Eigenschaften beschrieben.

Es gibt im Text keine Anzeichen dafür, dass Sprüche 8 in dieser Hinsicht anders zu verstehen ist als die Kapitel 7 und 9. Man kann auch umgekehrt schlussfolgern, dass Jesus nicht mit der Weisheit gleichzusetzen ist, da dies im Hinblick auf die in den genannten Kapiteln geschilderten Sachverhalte zu schiefen Aussagen führen würde. Dann müsste Jesus etwa nach Sprüche 8,12 neben einer Person namens „Klugheit" wohnen. Es macht offensichtlich keinen Sinn, in Sprüche 1-9 Jesus in den Text hineinlesen zu wollen.

Sprüche 16,4 – *Hat Gott spezielle Gottlose erschaffen?*

Hier lesen wir: „Alles hat der HERR zu seinem Zweck gemacht, so auch den Gottlosen für den Tag des Unglücks." Dieser Vers bedeutet nicht, dass Gott bestimmte böse Menschen geschaffen hat für den einzigen Zweck, sie zu vernichten und sie in die Hölle zu schicken. Die Bibel versichert uns, dass Gott nicht will, dass irgendjemand verloren geht (vgl. 2. Petrus 3,9), und dass Gott alle liebt (vgl. Johannes 3,16). Gott „will, dass alle Menschen gerettet werden und zur Erkenntnis der Wahrheit kommen" (1. Timotheus 2,4). Die Erlösung, die Jesus am Kreuz erkauft hat, steht allen Menschen zur Verfügung (vgl. 1. Johannes 2,2). In den genannten Bibelstellen ist eine eindeutige Botschaft zu erkennen. Wie aber können wir dann Sprüche 16,4 auslegen?

Der Grundtenor dieses Abschnitts ist, dass es am Ende eine im Hinblick auf menschliche Taten angemessene Gerechtigkeit geben wird. Gott in seiner Hoheit versichert, dass es gerecht zugehen wird: Menschliche Taten und ewige Konsequenzen werden einander entsprechen.

Sprüche 22,6 – *Beinhaltet dieser Vers eine Verheißung im Hinblick auf die Erziehung unserer Kinder?*

Wir lesen hier: „Erziehe den Knaben seinem Weg gemäß; er wird nicht davon weichen, auch wenn er älter wird." Das Wort „erziehen" kommt im Hebräischen von der Wortwurzel für „Gaumen". Die alten Araber benutzten eine Form dieses Verbs, um die Maßnahme einer Hebamme zu beschreiben, mit Olivenöl oder zerdrückten Datteln den Gaumen eines Neugeborenen zu reiben, um bei ihm das Verlangen nach Nahrung anzureizen. Es hat den Beiklang „einen Wunsch auslösen" oder „einen Geschmack für etwas entwickeln". Sprüche 22,6 sagt also geistlich gesinnten Eltern, dass sie ihr Kind so erziehen mögen, dass ein persönlicher Wunsch für die Sache Gottes geweckt wird, ein

Hunger nach seinem Wort und nach Gemeinschaft mit seinen Leuten.

Jedoch ist dieser Vers keine Verheißung, sondern ein Weisheitsgrundsatz. Die Weisheit, die dieser Vers enthält, ist im Allgemeinen wahr. Manchmal haben aber vielleicht Eltern alles richtig gemacht – und dennoch sind die Kinder ungehorsam. (Auch Gott ist ein vollkommener Vater, und seine Kinder Adam und Eva gehorchten ihm dennoch nicht.)

Sprüche 31,6 – *Ermutigt dieser Vers zum Alkoholgenuss?*

„Gebt Rauschtrank dem Mutlosen und Wein den Verbitterten" – ist das eine Aufforderung, dass man seinen Kummer im Alkohol ertränken soll? Sicherlich nicht, denn die Bibel tadelt Betrunkenheit (vgl. Epheser 5,18).

Der ganze Kontext sagt aber im Grunde etwas anderes: Hier wird dem Herrschenden ins Gewissen geredet, nicht zum Alkohol zu greifen, da er dann „vergisst", „was vorgeschrieben ist", und daraufhin wird der alkoholisierte Regent „den Rechtsanspruch aller Elenden" verändern, es wird also zu einer Rechtsbeugung führen (vgl. 31,5).

Es könnte gemeint sein: „Sollen doch die trinken, bei denen es gut ist, wenn sie Dinge vergessen." Der König muss aber an das denken, was von Gott her gesagt ist. Möglicherweise kann man daraus ableiten, dass Rauschmittel nützlich zur Betäubung sind, oder auch ein gewisses Verständnis dafür herauslesen, wenn Hilflose zur Flasche greifen. Aber es wird hier nicht gutgeheißen und schon gar nicht als wünschenswert dargestellt.

Prediger

Prediger 1,2 – *Warum steht dieses scheinbar pessimistische Buch überhaupt in der Bibel?*

Das Buch Prediger bringt Bibelleser oft in Verlegenheit. Weite Teile des Buches vermitteln eine eher düstere Sichtweise auf das Leben, die zum Rest der Bibel für viele irgendwie nicht passen will. Warum findet sich hier aber vielfach solch ein negativer Ton? Der Grund liegt in der literarischen Konstruktion des Buches: Das Predigerbuch zeigt zwei Wege auf, die Misere des Menschen in der Welt zu betrachten. Das eine ist die säkulare, humanistische, materialistische Sichtweise: Diese interpretiert alle Dinge aus einer begrenzten irdischen Perspektive (einer Perspektive „unter der Sonne“) heraus, die Gott nicht erkennt und nicht wahrnimmt, dass er mit den Angelegenheiten der Menschen zu tun hat (vgl. Prediger 1,14; 2,11.17.26; 4,4.16; 6,9). Diese irdische Perspektive ist völlig von der Offenbarung Gottes abgekoppelt. Sie sieht das Leben als vergeblich, bedeutungs- und sinnlos an. Es gibt nichts Neues unter der Sonne; was im Augenblick geschieht, ist dasselbe, was in der Vergangenheit schon viele Male geschehen ist. Die Zukunft wird einfach nur wiederholen, was in der Gegenwart passiert. Das Leben ist ohne Bedeutung. Nichts, was wir tun, kann letztlich Befriedigung bringen, da wir genauso dem Schicksal verfallen sind wie alle Menschen, die uns vorausgegangen sind.

Die andere Perspektive ist die göttliche, geistliche Sichtweise, die das Leben von einem Standpunkt aus versteht, der Gott die Ehre gibt (vgl. Prediger 3,1-15; 5,19; 6,1-2; 9,1). Sie berücksichtigt die göttliche Offenbarung, nimmt Gott wahr, findet einen Sinn im Leben und genießt es. Gott darf in allem, was wir tun, einbezogen sein (vgl. 2,24-26; 3,13; 5,18-20; 9,7-10). Unser letzter Lebenssinn findet sich nicht in den Dingen um uns herum, die vergehen werden, sondern in Gott allein (vgl. 2,25). Den Schluss, den der Schreiber des Predigerbuchs zieht, ist der, dass wir an Gott denken sollten, solange wir noch jung sind (12,1).

Prediger 2,24 – *Befürwortet Salomo Hedonismus?*

In diesem Vers heißt es: „Es gibt nichts Besseres für den Menschen, als dass er isst und trinkt und seine Seele Gutes sehen lässt bei seinem Mühen." Der Prediger spricht hier nicht von einem hedonistischen, nach Genuss strebenden Lebensstil, der von Gott getrennt wäre. Seine Aussage sollte im Kontext der anderen Aussagen gelesen werden, die er hier macht, so etwa seiner Ermahnung, das Leben auf der Erde in Erwartung eines Lebens nach dem Tod zu gestalten: „Freue dich, Jüngling, in deiner Jugend, und dein Herz mache dich fröhlich in den Tagen deiner Jugendzeit! Und lebe nach dem, was dein Herz wünscht und wonach deine Augen ausschauen! Doch wisse, dass um all dieser Dinge willen Gott dich zur Rechenschaft ziehen wird!" (Prediger 11,9)

Prediger 3,19 – *Ist das ewige Schicksal der Menschen mit dem der Tiere gleichzusetzen?*

In diesem Vers heißt es in Bezug auf Menschen und Tiere: „Sie haben ja ein und dasselbe Geschick." Das Predigerbuch zeigt zwei gegensätzliche Wege, wie die Misere des Menschen in der Welt betrachtet werden kann: Da ist auf der einen Seite der säkulare, humanistische, materialistische Standpunkt, der alles aus einer begrenzten irdischen Perspektive wahrnimmt. Auf der anderen Seite steht die göttliche, geistliche Perspektive, die das Leben in einem größeren Kontext wahrnimmt. Die Aussage, dass das Schicksal des Menschen dem der Tiere gleichkommt, ist ein Ausdruck der irdisch-materialistischen Weltsicht.

Die Bibel hebt sowohl Gemeinsamkeiten als auch Unterschiede zwischen dem Tod der Menschen und dem der Tiere hervor. In beiden Fällen sterben die Körper und kehren zum Staub zurück. Genauso wird bei beiden Gruppen der Tod sicher kommen, und beide sind machtlos, ihn zu verhindern. Auf der anderen Seite haben Menschen unsterbliche Seelen (bzw. im biblischen Sprachgebrauch sind sie unsterbliche Seelen), Tiere aber nicht (vgl. Prediger 3,21; 12,7). Die Bibel sagt von keinem Tier auch nur ansatzweise, dass es in den Himmel heimgehen wird (vgl. 2. Korinther 5,8). Auch spricht die Bibel nirgends von der Auferstehung der Tiere, wie sie es von der Auferstehung aller Menschen tut (vgl. Johannes 5,28-29; Offenbarung 20,4-6). Es ist also unverkennbar, dass es hier Unterschiede gibt. Letztendlich aber kann man aus dem Schweigen der Bibel auch nicht ableiten, dass es im Himmel keine Tiere geben wird, sondern nur, dass die Bibel darauf nicht den Fokus richtet. Alles andere muss daher Spekulation bleiben.

Prediger 9,5 – *Sagt dieser Vers, dass Menschen im Leben nach dem Tod kein Bewusstsein haben?*

Hier lesen wir, dass die Toten „gar nichts wissen“. Dazu gibt es mehrere Auslegungsmöglichkeiten: Das Buch der Prediger liefert zwei unterschiedliche Sichtweisen der Welt, zum einen die Betrachtung des Lebens aus irdisch-materialistischer Perspektive, zum anderen aus geistlicher Sicht. Viele sind der Ansicht, dass Prediger 9-10 die irdische Perspektive widerspiegelt, die ohne die Offenbarung Gottes auskommt. Das bedeutet: Von einer radikal menschlichen Perspektive aus betrachtet sind die Toten ohne Bewusstsein. Da dies aber nur die menschliche Sichtweise darstellt, sagen diese Verse nichts über die Wahrheit Gottes aus. Daher liefere der Vers keine Anhaltspunkte dafür, dass das Bewusstsein nach dem Tod ausgelöscht ist.

Eine weitere angebotene Auslegung ist diese: Die Lebenden wissen, dass sie sterben müssen; die Toten haben die Chance, die in diesem Wissen steckt, bereits verpasst; sie wissen dies nicht mehr, da sie tot sind, und „sie haben keinen Lohn mehr“, den die Lebenden ja noch bekommen können.

Eine dritte Auslegung besagt, dass hiermit gemeint sei, dass die Toten nichts von den Vorgängen im körperlichen Bereich wissen. In Bezug auf ihre körperlichen Sinne und auf Angelegenheiten der Welt sind sie unwissend. Sie wissen nur um Dinge, die nicht mit dem körperlichen, irdischen Bereich zu tun haben.

Möglicherweise hat es in Bezug auf den Tod aber auch eine fortschreitende Erkenntnis aufgrund der Offenbarung Gottes gegeben. Für den Menschen des Alten Testaments war das Totenreich vielleicht tatsächlich eine bewusstlose Dunkelheit; im Neuen Testament wird uns hingegen viel mehr über Tod und Ewigkeit offenbart, als es dem alttestamentlichen Menschen bekannt war.

Hohelied

Hohelied - *Warum steht dieses Buch in der Bibel?*

Das Hohelied Salomos, im Hebräischen auch als „Lied der Lieder“ bezeichnet, wurde wahrscheinlich kurz nach 971 v.Chr. geschrieben. Von Salomo wird in der Bibel berichtet, dass er 1 005 Lieder verfasst hat (vgl. 1. Könige 4,32). Die alte hebräische Bezeichnung „Lied der Lieder“ besagt wahrscheinlich, dass dieses Lied als das beste von allen angesehen wurde.

Die hebräische Formulierung im Text muss aber nicht unbedingt heißen, dass Salomo selbst der Autor ist, sondern sie könnte auch so verstanden werden, dass das Lied sich mit ihm beschäftigt.

Das Hohelied Salomos ist ein ausgedehntes Gedicht voller Metaphern und Bilder, die den Reichtum der sexuellen Liebe zwischen dem Ehemann und seiner Frau schildern (vgl. Hohelied 1,8-2,7). Das geschieht natürlich vor dem Hintergrund, dass Gott selbst den Menschen männlich und weiblich (vgl. 1. Mose 1-2) und als sexuelles Wesen erschaffen hat (vgl. 1. Mose 1,28). Darum ist Sex innerhalb ehelicher Grenzen eine gottgewollte Angelegenheit, die genossen werden darf (vgl. 1. Mose 2,24; Matthäus 19,5; 1. Korinther 6,16; Epheser 5,31). Natürlich beinhaltet jede tiefe Beziehung sowohl Freude als auch Schmerz, und das Hohelied spiegelt das wider, indem es auf die Freuden, aber auch die Sorgen ehelicher Liebe hinweist (vgl. Hohelied 5,2-7,9).

In allen Jahrhunderten haben Bibelausleger versucht, das Hohelied allegorisch zu deuten, und gemeint, dass es sich auf die Beziehung zwischen Gott und Israel beziehe. Andere sind der Ansicht, dass es auf die Liebesbeziehung zwischen Jesus Christus und der Gemeinde (seiner Braut) zu deuten sei. Allerdings weist im Text nichts darauf hin, dass dieser anders aufgefasst werden sollte, als dass es sich um eine Beschreibung einer liebevollen Beziehung zwischen Ehemann und Ehefrau handelt. Das Hohelied mag deshalb in der Bibel stehen, weil Gott auf die Bedeutung der ehelichen Beziehung großen Wert legt.

Es gibt aber auch noch andere Deutungsversuche. So vertreten einige die Ansicht, dass es hier um eine Liebesgeschichte zwischen einem Hirten und einem Mädchen geht, das aber letztendlich von Salomo in seinen Harem gelockt wird. Auch gibt es die Auffassung, dass es sich hier gar nicht um eine fortlaufende Geschichte handelt, sondern um eine Aneinanderreihung von eigentlich isolierten Liebesgedichten, die in dieser Sammlung aufgrund von Stichwortverknüpfungen oder aufgrund inhaltlicher Verbindungen miteinander kombiniert worden sind.

Hohelied 6,8 – *Warum spricht dieser Vers davon, dass Salomo 140 Frauen und Nebenfrauen hatte, während 1. Könige 11,3 die Zahl auf 1 000 Frauen beziffert?*

Man kann davon ausgehen, dass diese Verse sich auf unterschiedliche Zeiten im Leben Salomos beziehen, die niedrigere Zahl verweist demzufolge auf eine frühere Zeit.

In Hohelied 6,8 ist indes auch von „Mädchen ohne Zahl“ die Rede, was mit den 1 000, von denen in 1. Könige 11,3 die Rede ist, leicht in Einklang gebracht werden könnte.

Jesaja

Jesaja 7,14 – *Bezieht sich dieser Vers wirklich auf die jungfräuliche Geburt Jesu?*

Hier heißt es: „Darum wird der Herr selbst euch ein Zeichen geben: Siehe, die Jungfrau wird schwanger werden und einen Sohn gebären und wird seinen Namen Immanuel nennen." Manche haben bezweifelt, dass sich dieser Vers auf Jesus Christus bezieht, und die Meinung vertreten, dass die Weissagung in der natürlichen Geburt des „Schnell-Raub Eile-Beute" (Jesaja 8,3) erfüllt worden sei. Doch gibt es deutliche Hinweise darauf, dass die Verse auf die jungfräuliche Geburt Jesu deuten.

Das hebräische Wort *almah* kann definitiv mit „Jungfrau" übersetzt werden (obwohl „junge Frau" sprachlich auch möglich ist), denn es wird im Alten Testament stets für junge, unverheiratete Mädchen benutzt. Die Person in diesem Vers sollte *als* Jungfrau ein Kind empfangen und gebären. Das kann sich aber nicht auf die Mutter von „Schnell-Raub Eile-Beute" beziehen, die bereits verheiratet war und auf natürliche Weise empfangen hat.

Auch die Septuaginta (LXX), die griechische Übersetzung des Alten Testaments, die vor Christi Geburt entstanden ist, übersetzte das hebräische Wort *almah* mit dem unmissverständlichen griechischen Wort *parthenos*, das sich immer auf eine Jungfrau bezieht. Die Übersetzer der LXX glaubten offenbar, dass dies die Voraussage einer jungfräulichen Geburt des Messias sei. Auch der Text des Neuen Testaments in Matthäus 1,23 bestätigt den griechischen Wortgebrauch, da hier aus der LXX zitiert ist, um zu zeigen, dass sich in der jungfräulichen Geburt Jesu Jesaja 7,14 erfüllt.

Jesaja 9,6 – *Ist Jesus der Vater?*

In diesem Vers wird auf den Messias als „Vater der Ewigkeit“ Bezug genommen. Wenn wir diesen Herrschaftstitel verstehen wollen, ist es wichtig, zu bedenken, was andere Bibeltexte über die Unterscheidung von Vater und Sohn aussagen. So nennt zum Beispiel das Neue Testament Jesus über 200-mal „Sohn“. Darüber hinaus wird der Vater von Jesus als jemand anders als er selbst angesehen, und zwar ebenfalls über 200-mal im Neuen Testament. Und mehr als 50-mal werden Vater und Sohn im selben Vers voneinander unterschieden (z.B. Römer 15,6; 2. Korinther 1,4; Galater 1,1-2; Philipper 2,10-11; 1. Johannes 2,1; 2. Johannes 3).

Wenn Vater und Sohn voneinander unterschieden sind, in welchem Sinn kann dann Jesus „Vater der Ewigkeit“ genannt werden? Der Begriff „Vater“ ist hier im Sinne von „Besitzer der Ewigkeit“ gebraucht. Die Wendung „Vater der Ewigkeit“ entspricht der hebräischen und arabischen Gepflogenheit, bei der derjenige, der etwas besitzt, „Vater“ dessen genannt wird. So würde „Vater der Stärke“ bedeuten, dass jemand Stärke besitzt, also stark ist; „Vater des Wissens“ stünde für „intelligent“, Vater der Herrlichkeit für „herrlich“. In gleicher Weise bedeutet „Vater der Ewigkeit“ in Jesaja 9,6 „ewig“. Christus als Vater der Ewigkeit ist ewig.

Das wird durch Targumim unterstützt, alte aramäische Schriften, die freie Übertragungen des Alten Testaments sind. Dort wird diese Stelle folgendermaßen übersetzt: „der, der ewig lebt“. Die Juden der damaligen Zeit hatten den Begriff also bereits so verstanden.

Jesaja 14,12-17 – *Beziehen sich die Verse auf einen Menschen oder auf Satan?*

Darüber gibt es geteilte Ansichten. Manche Ausleger sehen in diesem Abschnitt überhaupt keinen Bezug zu Satan (oft in diesem Zusammenhang „Luzifer“ genannt; das ist die Übersetzung des Wortes „Glanzstern“ oder „Morgenstern“ in der Vulgata, der lateinischen Bibelübersetzung im Gebrauch der römisch-katholischen Kirche). Sie argumentieren, dass sich diese Passage auf einen Mann bezieht (vgl. Vers 16), der mit anderen irdischen Königen verglichen wird (vgl. Vers 18). Die Worte „Wie bist du vom Himmel gefallen" (vgl. Vers 12) bezögen sich auf einen Fall aus großen politischen Höhen.

Andere gehen davon aus, dass sich dieser Text *ausschließlich* auf den Fall Satans bezieht; mit einem wie immer gearteten König habe dieser Text nichts zu tun. Sie betonen, dass die Beschreibung dieses Wesens jenseits aller Menschlichkeit sei, sich also nicht auf einen sterblichen Menschen beziehen könne.

Eine dritte vertretene Auffassung ist die, dass Jesaja 14,12-17 als doppelter Hinweis zu sehen ist. Gemäß dieser Auslegung würden sich die Verse 4-11 auf einen tatsächlichen babylonischen König beziehen, die Verse 12-17 wären ebenfalls auf diesen König bezogen, seien aber ebenso eine typologische Beschreibung Satans.

Jesaja 51,6 – *In welcher Weise wird der Himmel „zerfetzt werden"?*

Dieser Vers spricht davon, dass der Himmel „wie Rauch zerfetzt werden" wird. „Himmel" bezieht sich hier nicht auf den Aufenthaltsort Gottes. In der Bibel wird im dreifachen Sinn von „Himmel" gesprochen: zunächst im Sinne der Erdatmosphäre (vgl. Hiob 35,5), dann in Bezug auf den Weltraum (vgl. 1. Mose 1,17; 5. Mose 17,3) und schließlich im Hinblick auf den unbeschreiblichen und herrlichen Wohnort Gottes (vgl. 2. Korinther 12,2), auch „Himmel der Himmel" genannt (vgl. 1. Könige 8,27; 2. Chronik 2,6). Hier in Jesaja 51,6 bezieht sich „Himmel" nur auf die Erdatmosphäre und den Weltraum.

Genauso sagt Jesus: „Der Himmel und die Erde werden vergehen, meine Worte aber sollen nicht vergehen" (Matthäus 24,35; Markus 13,31; Lukas 21,33). Paulus spricht den Grund an, warum Himmel und Erde vergehen werden: „Denn die Schöpfung ist der

Nichtigkeit unterworfen worden – nicht freiwillig, sondern durch den, der sie unterworfen hat – auf Hoffnung hin, dass auch selbst die Schöpfung von der Knechtschaft der Vergänglichkeit frei gemacht werden wird zur Freiheit der Herrlichkeit der Kinder Gottes. Denn wir wissen, dass die ganze Schöpfung zusammen seufzt und zusammen in Geburtswehen liegt bis jetzt" (Römer 8,20-22).

Eines Tages wird diese Versklavung aufhören, und Gott wird die Welt neu machen. Bevor das ewige Reich Gottes erscheinen kann, muss die Erde (mit der Atmosphäre und dem Weltraum) erneuert werden.

So ist im Buch der Offenbarung zu lesen: „Und ich sah einen neuen Himmel und eine neue Erde; denn der erste Himmel und die erste Erde waren vergangen, und das Meer ist nicht mehr … Und der, welcher auf dem Thron saß, sprach: Siehe, ich mache alles neu" (Offenbarung 21,1-5).

Jesaja 53,4-5 – *Ist im Heil Jesu unsere Heilung garantiert?*

Tatsächlich werden alle, die an Jesus glauben, endgültige Heilung erfahren (an der wir uns in unseren zukünftigen Auferstehungsleibern erfreuen können), aber die Heilung unseres irdischen Körpers im Zustand der Sterblichkeit (vor unserem Tod und unserer Auferstehung) ist von Gott aus nicht vorgesehen. Das hebräische Wort für „Heilung" (*rapha)* kann sich nicht nur auf körperliche, sondern auch auf geistliche Heilung beziehen. Der Kontext von Jesaja 53,4-5 zeigt, dass hier geistliche Heilung im Fokus steht. In Vers 5 wird ausdrücklich gesagt: „Doch er war durchbohrt um unserer Vergehen willen, zerschlagen um unserer Sünden willen … und durch seine Striemen ist uns Heilung geworden." „Vergehen" und „Sünden" bestimmen hier den Kontext, also ist hier die geistliche Heilung vom Elend der menschlichen Sünde im Blickfeld.

Darüber hinaus untermauern zahlreiche Verse der Bibel die Tatsache, dass körperliche Heilung in unserem sterblichen Leben im Erlösungswerk Christi nicht inbegriffen ist und es nicht immer

Gottes Wille ist, zu heilen. Paulus konnte nicht die Magenprobleme des Timotheus heilen (vgl. 1. Timotheus 5,23), auch Trophimus konnte er nicht gesund machen (vgl. 2. Timotheus 4,20), ebenso nicht Epaphroditus (vgl. Philipper 2,25-27). Auch sprach Paulus von einem eigenen körperlichen Leiden (vgl. Galater 4,13-15), einem „Dorn für das Fleisch", den Gott trotz seiner anhaltenden Gebete zuließ (vgl. 2. Korinther 12,7-9; vgl. Anmerkungen zu dieser Bibelstelle). Ebenso ließ Gott zu, dass Hiob durch eine körperliche Leidenszeit gehen musste (vgl. Hiob 1-2).

Weder Paulus noch irgendein anderer Protagonist des Neuen Testaments handelte so, als ob er denken würde, es gäbe durch das Erlösungswerk eine garantierte Heilung hier auf Erden. Sie akzeptierten die Situationen und vertrauten auf Gott, dass er sie versorgte.

Schließlich zeigen zahlreiche Bibelstellen, dass unsere physischen Leiber unaufhörlich ermüden und sich abnutzen und einiges an Krankheiten durchmachen müssen. Unsere gegenwärtigen Körper sind vergänglich und schwach (vgl. 1. Korinther 15,42-44). Paulus sagt, dass „unser äußerer Mensch aufgerieben wird" (2. Korinther 4,16). Tod und Krankheit werden zum Leben des Menschen gehören, bis wir unsere Auferstehungsleiber empfangen, die gegenüber solchen Schwächen immun sein werden (vgl. 1. Korinther 15,5-55).

Jesaja 65,17 – *Was ist mit dem „neuen Himmel" und der „neuen Erde" gemeint?*

Die Rede vom neuen Himmel und von der neuen Erde bezieht sich nicht auf einen Kosmos, der völlig anders als die gegenwärtige Welt wäre. Vielmehr wird der neue Kosmos in Kontinuität zum gegenwärtigen Kosmos stehen, aber er wird völlig erneuert werden. Matthäus 19,28 (vgl. die Anmerkungen dort) benutzt für den gleichen Sachverhalt den Begriff „Wiedergeburt", Apostelgeschichte 3,21 spricht von der „Wiederherstellung aller Dinge". Unser Planet wird verändert und völlig neu gemacht werden, um dann ewig zu bestehen.

Die neue Erde, die eine erneuerte und ewige Erde sein wird, wird den gewaltigen moralischen und physischen Veränderungen angepasst sein, die der Zustand der Ewigkeit erfordert. Alles wird dort ganz neu sein und Gottes herrlichem Wesen entsprechen. Der neue Himmel und die neue Erde werden in gesegneter Übereinstimmung mit dem Wesen Gottes sein, in einem Zustand beständigen Glücks und absoluter Vollkommenheit. Es wird auf der neuen Erde auch biologische Veränderungen geben. So wird man dort etwa kein Meer vorfinden (vgl. Offenbarung 21,1). Auf der neuen Erde wird es daher eine immense Zunahme an Landoberfläche geben, da die Ozeane verschwunden sind. Eine verherrlichte Menschheit wird eine verherrlichte Erde bewohnen.

Es kann einen schwindlig machen, darüber nachzudenken, dass im nächsten Leben Himmel und Erde keine getrennten Bereiche mehr sein werden, wie sie es jetzt sind, sondern ineinander übergehen. Also werden Gläubige gleichzeitig im Himmel und auf der Erde sein. Die neue Erde wird ganz und gar sündlos sein, durchflutet vom Licht und vom Glanz Gottes und nicht durch das Böse verfinstert und durch Übeltäter aller Sorten beeinträchtigt. Der Himmel wird also den neuen Himmel *und* die neue Erde umschließen. Und das neue Jerusalem – die ewige Stadt, die über 13 Milliarden Kubikkilometer groß sein wird – wird auf dieser erneuerten Erde sein (vgl. Offenbarung 21,2). Sie ist der ewige Wohnort für die Gläubigen aller Zeitalter.

Jeremia

Jeremia 1,5 – *Spricht dieser Vers von Reinkarnation?*

In diesem Vers spricht Gott zu Jeremia: „Ehe ich dich im Mutterleib bildete, habe ich dich erkannt, und ehe du aus dem Mutterschoß hervorkamst, habe ich dich geheiligt; zum Propheten für die Nationen habe ich dich eingesetzt." Hier ist nicht von Reinkarnation die Rede, also der fernöstlichen bzw. esoterischen Vorstellung, dass man in einem anderen irdischen Leben wiedergeboren wird. Es geht vielmehr um die Berufung Jeremias und um seine Aussonderung für den Dienst, lange bevor Jeremia geboren wurde. „Ich habe dich erkannt" bezieht sich nicht auf eine vorher schon existente Seele, sondern auf die Vorsehung Gottes. Er hat schon lange geplant, Jeremia auszuwählen, und ihn geheiligt (ausgesondert), als er sich noch im Mutterleib befand (vgl. Jeremia 1,5 mit Psalm 51,6 und 139,13-16). Das hebräische Wort für „kennen" beinhaltet hier eine verpflichtende Beziehung (vgl. Amos 3,2) und Einsetzung für den Dienst, die anzeigt, dass Gott Jeremia schon vor der Geburt für etwas Besonderes bestimmt hat.

Jeremia 2,13 – *Was ist das „lebendige Wasser", von dem hier die Rede ist?*

„Lebendiges Wasser" bedeutet wörtlich „fließendes Wasser". Dieser Vers redet davon, dass Israel Gott verlassen hat – die einzige wahre, fließende Quelle, die Leben spendet, geistliche Nahrung bietet und Kraft verleiht. Stattdessen haben die Israeliten Zuflucht zu götzendienerischen heidnischen (und somit von Menschen gemachten) Religionen genommen, dürftige „Zisternen ausgehauen". Was für ein törichter Tausch!

Jeremia 31,31 – *Was ist der neue Bund?*

Der neue Bund ist ein bedingungsloser Bund, den Gott mit der Menschheit gemacht hat und in welchem er verspricht, für die Vergebung der Sünden zu sorgen. Er gründet einzig und allein auf dem Opfertod und der Auferstehung Jesu Christi (vgl. Jeremia 31,31-34). Im alten Bund haben die Israeliten nie völlige Vergebung erfahren können. Im neuen Bund aber hält Jesus Christus, unser Hoher Priester, diese Vergebung für uns bereit. Als Jesus mit seinen Jüngern im Obergemach das Passahmahl feierte, sprach er vom Kelch als neuem „Bund in meinem Blut" (vgl. Lukas 22,20; 1. Korinther 11,25). Jesus hat durch sein endgültiges Opfer am Kreuz alles Notwendige für die Vergebung unserer Sünden getan. Dieser neue Bund ist im Neuen Testament („Testament" = lateinisch für „Bund") die Grundlage für unsere Beziehung zu Gott.

Klagelieder

Klagelieder 3,22 – *Ist Gott gnädig oder ist er zornig?*

In diesem Vers lesen wir, dass die „Gnadenerweise des HERRN" „kein Ende" haben. Andere Bibelverse indessen sprechen von seinem Zorn (vgl. 5. Mose 7,16; 1. Samuel 6,19). In der Bibel begegnet uns Gott als liebend und barmherzig, aber er reagiert auch mit Zorn, wenn seine Heiligkeit durch menschliche Sünde verletzt wird. Gott ist ganz und gar getrennt von allem Bösen und absolut gerecht (vgl. 3. Mose 19,2). Er ist in jeder Hinsicht rein (vgl. 2. Mose 15,11; Psalm 71,22; Jesaja 6,3; Offenbarung 15,4). Wenn man seine Heiligkeit missachtet, reagiert er darauf angemessenerweise mit Zorn. Als Christen können wir dankbar sein, dass Jesus am Kreuz den Zorn Gottes für unsere Sünden auf sich genommen hat (vgl. Römer 5,9).

Hesekiel

Hesekiel 1,5-28 – *Hat Hesekiel ein UFO gesehen, wie manche behaupten?*

Hesekiel spricht hier von Lebewesen, deren Gesichter menschlich waren und „hin und her“ liefen, „sodass es aussah wie Blitze“ (Vers 14). Sie erschienen aus der Mitte eines Feuers, und sie hatten „Räder“, die „neben ihnen her“ gingen und die sich mitbewegten, als die Wesen sich bewegten. Hier geht es aber nicht um ein UFO, was etwa Erich von Däniken behauptet hat, sondern um eine Vision der Herrlichkeit Gottes. Der Text sagt klar: „Das war das Aussehen des Abbildes der Herrlichkeit des HERRN“ (Vers 28). Bereits im ersten Vers dieses Kapitels ist von „Gotteserscheinungen“ die Rede. Solche Visionen finden wir öfter in der Bibel, und sie haben gewöhnlich einen hohen Symbolgehalt (vgl. Offenbarung 1,9-20). Man sollte also auch diesen Abschnitt symbolisch verstehen.

Die Gestalten werden wohl Cherubim, engelartige Wesen, gewesen sein, denn sie hatten Flügel und kamen aus dem Himmel (vgl. eine ähnliche Schilderung in Hesekiel 10). Man kann sie mit den Serafim aus der Berufungsgeschichte Jesajas vergleichen (vgl. Jesaja 6,2) und den Wesen, die sich in Offenbarung 4,6 um Gottes Thron herum befinden.

Und schließlich brachten diese Wesen dem Hesekiel eine Botschaft des HERRN, des Gottes Israels (vgl. 2,1-4), nicht von irgendwelchen angeblichen UFO-Wesen. Die Botschaft war an sein widerspenstiges Volk gerichtet und sollte durch den Propheten Hesekiel übermittelt werden (vgl. 2,3-4; 3,4).

Hesekiel 18,4 – *Was heißt in diesem Zusammenhang: „Die Seele, die sündigt, sie allein soll sterben"?*

Zunächst einmal ist im Hebräischen mit „Seele" die ganze Person gemeint; die Person, die sündigt, wird sterben.

Es war hier die Absicht Hesekiels, eine falsche Vorstellung in Bezug auf die Vererbung von Schuld zu korrigieren. Manche waren damals der Meinung, dass Kinder wegen der Sünden ihrer Väter leiden und sterben müssten. In 2. Mose 20,5-6 ist tatsächlich davon die Rede, dass Gott die Schuld der Väter noch an den Nachkommen der dritten und vierten Generation heimsucht. Hesekiel indes betont hier, dass dies nicht als Grund für Leid vorgebracht werden kann. Jeder Einzelne ist verantwortlich für seine persönliche Sünde. Darum sagt er, dass die Seele (die Person) sterben wird, die sündigt. Es ist in diesem Zusammenhang nicht angebracht, alles auf die Vorfahren zu schieben.

Hesekiel 28,11-19 – *Bezieht sich dieser Abschnitt auf den Fall eines mächtigen menschlichen Herrschers oder auf Satan?*

Der Kontext von Hesekiel 28 scheint darauf hinzuweisen, dass es in den ersten zehn Versen dieses Kapitels um den Fürsten von Tyrus geht (der verurteilt wird, da er behauptet hat, er sei ein Gott, obwohl er bloß ein Mensch war). Dann aber ist ab Vers 11 vom „König von Tyrus" die Rede. Der Wechsel von „Fürst" zu „König" und die Anspielungen auf den Garten Eden scheinen anzudeuten, dass das hier beschriebene Individuum mehr als nur ein Mensch war. Viele Ausleger glauben, dass – obwohl es tatsächlich einen menschlichen Fürsten von Tyrus gab – der wirkliche König von Tyrus Satan war, da er letztlich in dieser antigöttlichen Stadt am Werk war. Er tat dies durch den menschlichen Fürsten der Stadt.

Manche vermuten, dass diese Verse sich tatsächlich auf einen menschlichen König von Tyrus beziehen, der von Satan ermächtigt worden sei. Satan habe von diesem Führer Besitz ergriffen. Wenn

Hesekiel nun diesen Menschen beschreibt, gewährt er uns auch flüchtige Blicke auf Satan, der diesen Menschen beeinflusst hat.

In der Bibel wird Satan manchmal durch die Person hindurch angesprochen, die von ihm beeinflusst wird. Man entsinne sich an das, was Jesus sagte, als er Petrus zurechtwies: „Geh hinter mich, Satan!" (Matthäus 16,23). Als Gott in 1. Mose 3,14-15 einen Fluch über Satan aussprach, redete er diesen indirekt durch die Schlange an. So könnte, obwohl sich Hesekiel 28,11-19 auf einen menschlichen König bezieht, die eigentliche Zielperson dieser Verse Satan sein.

Mit Sicherheit gelten für den hier genannten König einige Dinge, die – zumindest in letzter Konsequenz – nicht für Menschen gelten können. Zum Beispiel wird er so dargestellt, als habe er eine andere Natur als der Mensch. Er ist ein Cherub, von dem angenommen wird, dass er sich im inneren Kreis der Engel befindet, mit einer unmittelbaren Zugangsmöglichkeit zu Gott (vgl. Vers 14). Er hat einen anderen Status als die Menschen (er war vollkommen – vgl. Vers 15). Er befand sich in einem anderen Bereich als die Menschen (auf Gottes heiligem Berg – vgl. Verse 13-14; vgl. auch 1. Mose 3,1-7). Er empfing ein anderes Urteil als die Menschen (vgl. Vers 16 – er wurde vom Berg Gottes geworfen, was eine Parallelbeschreibung zum Fall Satans in Offenbarung 12 zu sein scheint). Auch scheinen die Superlative, mit denen er beschrieben wird, nicht zu einem normalen Menschen zu passen („voller Weisheit", „vollkommen an Schönheit" – vgl. Vers 12).

Unser Text sagt uns, dass dieser König ein geschaffenes Wesen war, dass er in einem vollkommenen Zustand die schöpferische Hand Gottes verlassen hat und dass er in seinem Wandel vollkommen war, bis an ihm Frevelhaftes gefunden wurde (vgl. Verse 12 und 15). Was war das? In Vers 17 steht: „Dein Herz wollte hoch hinaus wegen deiner Schönheit, du hast deine Weisheit zunichtegemacht um deines Glanzes willen." Offenbar war Satan so beeindruckt von seiner eigenen Schönheit, Brillanz, Intelligenz, Macht und Stellung, dass er die Ehre und Herrlichkeit, die Gott allein zusteht, für sich selbst zu haben wünschte. Die Sünde, die Satan verdorben hat, war Stolz.

Satan, das mächtige Engelwesen, wurde gerechterweise von Gott verurteilt: „Ich habe dich zu Boden geworfen“ (Vers 17). Das bedeutet nicht, dass Satan von nun an keinen Zugang zum Himmel mehr hatte, da andere biblische Belege klar darauf hindeuten, dass er sogar nach seinem Fall Gott begegnen konnte (zum Beispiel Hiob 1,6-12; Sacharja 3,1-2). Indessen zeigt Hesekiel 28,17, dass Satan absolut und vollständig aus der himmlischen Regierung hinausgeworfen wurde und seine Vollmacht verlor (Lukas 10,18).

Hesekiel 37 – *Beschreibt die Vision von den Knochen die Wiederherstellung Israels als eine Nation?*

In Hesekiels Vision des Tales mit den verdorrten Gebeinen wird dargestellt, wie Gott auf wundersame Weise die Knochen wieder zu Skeletten zusammenfügt. Die Skelette werden von Muskeln und Sehnen und Fleisch umhüllt, und dann haucht Gott den Körpern Leben ein. Dies ist ganz klar auf Israel bezogen, da man in Vers 11 lesen kann: „Menschensohn, diese Gebeine, sie sind das ganze Haus Israel.“ So schildert dieses Kapitel, wie Israel zu einer lebendigen, atmenden Nation wird, von den Toten zurückgebracht. Zwar wird dies als stufenweiser Prozess dargestellt (von Knochen zu Muskeln zu Sehnen zu Fleisch), aber die Weissagung wird schließlich auf jeden Fall erfüllt.

Im Jahr 70 n.Chr. marschierten Titus und seine römischen Krieger in Jerusalem ein und zerstörten es. Damit endete die Existenz Israels als politisches Gebilde (vgl. Lukas 21,20) und die Juden haben sich weltweit zerstreut. Noch im Jahr 1940 konnte sich niemand vorstellen, dass Israel innerhalb eines Jahrzehnts wieder zu einer Nation würde. Und doch geschah es so. Israel erlangte im Jahr 1948 staatliche Souveränität, und seitdem kehrten und kehren Juden in ihr Stammland zurück. Die Vision in Hesekiel 37 ist tatsächlich Wirklichkeit geworden.

Hesekiel 37,15-28 – *Was ist mit den zehn Stämmen des Nordstaates Israel geschehen? Sollten sie nicht mit den beiden anderen Stämmen vereinigt werden?*

Hier ist davon die Rede, dass die beiden Reiche Juda und Israel unter der Herrschaft eines Messias wiederhergestellt werden: Aus dem babylonischen Exil sind jedoch nur die Stämme Juda und Benjamin in ihr Heimatland zurückgekehrt, die Stämme des Nordreichs sind nach der Verschleppung durch die Assyrer nie wieder zurückgekommen. Das wirft die Frage nach dem Verbleib der übrigen Stämme auf.

Relativ verbreitet ist die Ansicht, dass die Stämme unerkannt, aber als Stämme dennoch existent unter den Völkern der Welt leben. In der Endzeit würden diese Stämme sich dann wieder in Israel vereinen. Doch hat diese Ansicht etwas Spekulatives und wenig Fassbares.

Andere sind der Ansicht, dass die „zehn Stämme" auf die Gemeinde hin auszulegen seien, in Anlehnung an 1. Petrus 2,9-10, wo davon die Rede ist, dass die Gemeinde nun „Gottes Volk" ist. Diese Auslegung geht aber in einem wenig buchstäblichen Sinn mit dem Text in Hesekiel 37 um.

Die am nächsten liegende Lösung scheint die zu sein, dass sich im Lauf der Jahrhunderte die Volksgruppe der Israeliten mit den Assyrern oder anderen Völkern aus dieser Region mischte und so ihre nationale Identität verlor. Auf der anderen Seite stammten nicht alle, die nach dem Exil in Babylon wieder in Israel lebten, ausschließlich aus den Stämmen Juda und Benjamin. Es gab vor der babylonischen Invasion eine rege Durchlässigkeit zwischen Israel und Juda, sodass davon auszugehen ist, dass Vertreter aller Stämme im Südreich wohnten. Demzufolge wären diese mit den Stämmen Juda und Benjamin auch nach Israel zurückgekehrt, die Verheißung erfüllt und eine weitere Rückführung nicht vonnöten.

Daniel

Daniel 4,13 – *Wer ist hier mit den „Wächtern" gemeint?*

Anscheinend sind dies Engel, die von Gott speziell dafür geschickt wurden, zu beobachten, was sich auf der Erde ereignet. Das hebräische Wort für „Wächter" vermittelt die Vorstellung aufmerksamer und wachsamer Beobachtung. Man könnte vielleicht sagen, dass die „Wächter" Gottes Kundschafter sind.

Manche Bibelausleger haben diese „Wächter" mit Bibelabschnitten in Beziehung gesetzt, die die Vielzahl der Augen bestimmter Engel erwähnen. Die Cherubim etwa werden so beschrieben (vgl. Hesekiel 1,18). Ähnlich werden die Engel in Offenbarung 4,6 dargestellt als „voller Augen vorn und hinten".

Daniel 4,36-37 – *Kam Nebukadnezar zum Glauben an Jahwe?*

In Daniel 4,34 sagt Nebukadnezar: „Nun rühme ich, Nebukadnezar, und erhebe und verherrliche den König des Himmels, dessen Werke allesamt Wahrheit und dessen Wege Recht sind und der die erniedrigen kann, die in Stolz einhergehen." Es ist schwierig zu sagen, ob Nebukadnezar wirklich zum Glauben kam. Jedoch lässt die Tatsache, dass er Gott als „König des Himmels" rühmte, ihn erhob und verherrlichte, es durchaus möglich scheinen, dass er zum Glauben kam. Denn würde ein Ungläubiger solche Worte hervorbringen?

Daniel 7,10 – *Wie viele Engel gibt es?*

In diesem Vers ist von „zehntausend mal Zehntausenden“ Engeln die Rede – das wären 100 Millionen. Die Bibel benutzt auch an anderen Stellen eine Ausdrucksweise, die anzeigt, dass die Anzahl der Engel gewaltig ist. In Lukas 2,13 ist von der „Menge der himmlischen Heerscharen“ die Rede, und in Psalm 68,18 wird berichtet, dass sie „zehntausend mal Tausende“ sind. In Offenbarung 5,11 wird gesagt: „... und ihre Zahl war Zehntausende mal Zehntausende und Tausende mal Tausende.“ Das entspricht den 100 Millionen in Daniel. Diese Zahl ist beinahe zu groß, um sie zu begreifen. So fragt Hiob verständlicherweise: „Gibt es eine Zahl für seine Scharen?“ (Hiob 25,3).

Die Bibel sagt nicht genau, wie viele Engel es gibt. Die Zahl wird ungeheuer groß sein. Aber eins ist sicher: Wie viele Engel es auch geben mag, ihre Anzahl wird nicht zu-, aber auch nicht abnehmen. Weder sterben Engel, noch pflanzen sie sich fort und bringen „Baby-Engel“ zu Welt. Daher bleibt die Anzahl der Engel immer konstant.

Daniel 9,25-27 – *Wie können wir die von Daniel beschriebenen 70 Wochen interpretieren?*

In Daniel 9 liefert Gott einen prophetischen Zeitplan für das Volk Israel. Er begann, als der Befehl erlassen wurde, das von den Babyloniern zerstörte Jerusalem wiederherzustellen und neu aufzubauen (vgl. Vers 25). Laut diesem Vers wird der Zeitplan Israels in 70 Gruppen zu je 7 Jahren eingeteilt, insgesamt sind es also 490 Jahre. (Mit dem Begriff „Woche“ ist an dieser Stelle eine „Jahrwoche“ gemeint, die eine Gruppe aus jeweils 7 Jahren bezeichnet.) Die ersten 69 Gruppen zu je 7 Jahren – also 483 Jahre – begannen, „als das Wort erging, Jerusalem wiederherzustellen und zu bauen“, und gingen „bis zu einem Gesalbten, einem Fürsten“ (Vers 25).

„Gesalbter“ ist die Übersetzung des Wortes „Messias“ und bezieht sich natürlich auf Jesus Christus. An diesem Punkt macht Gottes „prophetische Uhr“ eine Pause. Daniel beschreibt eine zeitliche Lücke zwischen diesen 483 Jahren und den letzten sieben Jahren. In dieser Zwischenzeit müssen nach Daniel 9,26 verschiedene Ereignisse stattfinden:

1. Der Messias würde getötet werden.
2. Die Stadt Jerusalem würde mit ihrem Tempel zerstört werden (wie es 70 n.Chr. geschah).
3. Von dieser Zeit an würden die Juden vielen Schwierigkeiten und Nöten entgegensehen.

Die letzte „Woche“ von sieben Jahren fängt für Israel an, wenn der Antichrist einen auf sieben Jahre angelegten Bund mit Israel schließen wird (vgl. Daniel 9,27). Anzumerken ist allerdings, dass es im Hinblick auf den Ablauf endzeitlicher Ereignisse durchaus unterschiedliche Sichtweisen gibt, die hier aber nicht weiter erörtert werden können.

Daniel 11,31 – *Was ist der „verwüstende Gräuel“?*

Der „verwüstende Gräuel“ wird in der zukünftigen Bedrängniszeit (Trübsalszeit) stattfinden, wenn der Antichrist ein Bild von sich selbst in den jüdischen Tempel stellen wird (vgl. Matthäus 24,15). Dies wird den Tempel entweihen. Ein solcher Gräuel hat bereits einmal stattgefunden, als im Jahre 168 v.Chr. Antiochus IV. Epiphanes im Jerusalemer Tempel einen Zeusaltar errichtete und dort ein Schwein opferte, also ein für die Juden unreines Tier.

Daniel 12,2 – *Wird die Auferstehung alle Menschen einschließen oder nur einige?*

Hier lesen wir: „Und viele von denen, die im Land des Staubes schlafen, werden aufwachen; die einen zu ewigem Leben und die anderen zur Schande, zu ewigem Abscheu." Es gibt tatsächlich zwei Auferstehungen – die Auferstehung der Christen und die Auferstehung der Ungläubigen (vgl. Johannes 5,28-29; Apostelgeschichte 24,15). Zwischen diesen Auferstehungen werden tausend Jahre liegen (vgl. Offenbarung 20,6). Dies heißt, dass die erste Auferstehung quasi unvollständig ist, da sie nur gerettete Menschen betrifft. Vervollständigt wird das Bild durch die zweite Auferstehung, und zwar derer, die nicht gerettet sind und die den Feuersee bevölkern werden.

Hosea

Hosea 1,2 – *Wie kann ein heiliger Gott Hosea anweisen, eine Hure zu heiraten?*

Das Buch Hosea ist ein anschauliches, metaphorisches Bild der Liebe Gottes für das hurerische Volk Israel. Hosea tat nichts Unmoralisches, als er seine Frau Gomer heiratete und ihr auch treu blieb. Gott hatte es als Zeichen so angeordnet. Und wie Hosea tut auch Gott nichts Unmoralisches, wenn er Israel liebt und seiner „Braut", dem untreuen Israel, die Treue hält. Israel indes ist eine Hure, die immer wieder anderen Männern (bzw. Göttern oder Völkern) hinterherläuft.

Hosea hätte den Rechtsanspruch gehabt, Gomer für ihr Verbrechen der Hurerei steinigen zu lassen, dennoch blieb er ihr treu. Genauso hätte Gott das Recht, Israel für seine hurerische Untreue auszulöschen, doch er liebt sein Volk weiterhin. Es musste allerdings die Konsequenzen für seine Handlungen tragen (in Form der Invasion und der Vorherrschaft der Assyrer).

Joel

Joel 1,15 – *Was ist der „Tag des HERRN“?*

Der „Tag des HERRN“ (es ist nicht wörtlich ein Tag gemeint) bezieht sich auf eine Zeit massiven göttlichen Gerichts und Zorns, die eines Tages auf alle Völker und auf Israel kommen wird (vgl. Jesaja 2,12-21; 13,9-16; 34,1-8; Joel 1,15 – 2,11.28-32; 4,1-2; Amos 5,18-20; Obadja 15-17; Zefanja 1,17-18). An diesem Tag findet der Sturz der Feinde Israels statt, eine Art „Säuberungsaktion“ Gottes gegen diese Völker. Der Tag des HERRN wird zur Rückkehr Israels zu Gott führen (vgl. Hesekiel 20,33-39). Diese Zeit wird mit dem Gericht zur Vernichtung der Feinde Israels beginnen (der Bedrängnis- oder Trübsalszeit) und in eine Zeit gewaltigen Segens im Tausendjährigen Reich münden, in dem Christus mit der Gemeinde, dem Leib Christi, regieren wird (vgl. Zefanja 1,7-18; 3,14-17).

Joel 2,18-32 – *Wurde diese Prophetie von der Ausgießung des Geistes Gottes vollständig zu Pfingsten (vgl. Apostelgeschichte 2,16) erfüllt?*

Die meisten Ausleger gehen nicht davon aus. Was wir in Apostelgeschichte 2 vorfinden, ist eine Art prophetische Vorahnung. Petrus, der hier Joel 2,18-32 zitierte, sagte nicht, dass sich an diesem Tag die Prophetie vollständig erfüllt hat. Er meinte stattdessen, dass die Vorkommnisse an Pfingsten, die in Zusammenhang mit dem Heiligen Geist stehen, nicht das Ergebnis eines Alkoholrausches sind, sondern sich in Übereinstimmung mit alttestamentlicher Offenbarung und Prophetie befinden. Eine solche teilweise Erfüllung ist bei Prophetien nichts Ungewöhnliches. Die letzte und vollständige Erfüllung der Prophetie des Joel ist für die Zukunft zu erwarten.

Amos

Amos 5,21 – *Warum hat Gott gesagt: „Ich hasse, ich verwerfe eure Feste, und eure Festversammlungen kann ich nicht mehr riechen"?*

Gott hasste sie, weil sein Volk, die Israeliten, bloß äußerliche Rituale vollzog – ohne aufrichtigen Gehorsam. Sie machten bei den religiösen Festen mit, trampelten aber gleichzeitig auf den Armen herum, nahmen Bestechungsgelder an oder bestachen selber und entzogen Menschen ihre Rechte. Das religiöse Establishment war ganz und gar korrupt geworden.

Jona

Jona 1,17 – *Wie konnte Jona überhaupt von einem großen Fisch verschluckt werden?*

Es gibt durchaus einige Fische, die groß genug sind, um Menschen zu verschlucken. So etwas ist also definitiv möglich. Abgesehen davon sind hier nicht unsere heutigen biologischen Klassifizierungen heranzuziehen: Ein Wal hat zur damaligen Zeit sicherlich als Fisch gegolten. Dass Jona drei Tage im Fisch überlebte, war allerdings unzweifelhaft ein Wunder Gottes.

Jona 3,4-10; 4,1-2 – *Haben die biblischen Propheten zuweilen falsche Prophetien ausgesprochen?*

Jona hat prophezeit, dass Ninive nach 40 Tagen aufgrund seiner Sünde zerstört werden würde. Das geschah schließlich nicht – hat Jona also etwas Falsches angekündigt?

Nein, Jona hat keinen Fehler gemacht. Er hat den Menschen in Ninive exakt das gesagt, was Gott ihm aufgetragen hatte (vgl. Jona 3,1). Prophetien können – ausgesprochen oder unausgesprochen – eine Art „Reueklausel" beinhalten. So wird etwa in Jeremia 18,7-8 erwähnt, dass man durch Umkehr durchaus verhindern kann, dass Gerichtsankündigungen Gottes auch wirklich umgesetzt werden. Obwohl diese Möglichkeit hier nicht erwähnt wurde, verstanden die Niniviten die Prophetie wohl so, denn sie handelten demnach. Sie wussten, dass das, was geschähe, abhängig von ihrer Reaktion sein würde: Ninive würde fallen, es sei denn, die Niniviten kehrten um (vgl. Jona 3,5-9), und zwar in einer Art nationaler Buße. Daraufhin zog Gott die drohende Bestrafung zurück – in Übereinstimmung mit dem, was Gott etwa in Jeremia 18,7-8 verspricht.

Micha

Micha 3,4 - *Hält Gott manchmal seinen Segen zurück, selbst wenn Menschen verzweifelt nach ihm rufen?*

Den Gerechten und Umkehrwilligen gegenüber und denen, die in ihren Herzen aufrichtig sind, hält Gott seinen Segen nicht zurück. Doch er segnet nicht die Bösen, Unbußfertigen und in ihrem Herzen Unaufrichtigen. Die Bibel erwähnt auch, dass Mangel an Glauben (vgl. Jakobus 1,6), selbstsüchtige Bitten (vgl. Jakobus 4,3) oder der Wunsch nach Dingen, die Gott nicht will (vgl. 2. Korinther 12,8-9), Blockaden für den Segen Gottes sein können.

Nahum

Nahum 1,2-3 – *Wie können wir diesen Text, in dem Gott als eifersüchtiger und rächender Gott beschrieben wird, mit der Botschaft von Gottes Liebe in Einklang bringen?*

Gott ist beides: Auf der einen Seite ist er ein Gott der Liebe, der für alle seine Geschöpfe das Bestmögliche will. Auf der anderen Seite ist er aber auch ein eifersüchtiger Gott. Eifersucht ist hier jedoch nicht im Sinne einer negativen gefühlsmäßigen Reaktion gemeint, wie wir sie von Menschen kennen. Gott möchte aber, dass sein Volk ihm ganz und gar treu und gehorsam ist. Und er ist ein rächender Gott in dem Sinn, dass der Mensch die Konsequenzen seines Umgangs mit ihm zu tragen hat, besonders wenn er ihn zurückweist.

Die Plagen, die gegen den Pharao und die Ägypter gerichtet waren, zeigen, dass Gott ein rächender Gott ist. Dies stimmt übrigens mit der Botschaft des Neuen Testaments überein. Zum Beispiel schreibt Paulus in 1. Thessalonicher 4,6, dass der Herr ein „Rächer“ ist. Tröstlicherweise sagt die Bibel auch, dass Gott „langsam zum Zorn“ ist (Nehemia 9,17). Wenn Gott also zornig wird, gibt es dafür sehr gute Gründe.

Man beachte auch, dass Jesus, der selbst Gott ist und uns als die Liebe in Person vorgestellt wird, gerechten Zorn zeigen konnte, etwa gegen die heuchlerischen religiösen Führer Israels, mit denen er nicht zimperlich umging (vgl. Matthäus 23,15-16).

Habakuk

Habakuk 3,3 - *Wenn Gott allgegenwärtig ist, wie kann er dann „von Teman her"-kommen?*

Dieser Vers behauptet, dass Gott „von Teman" bzw. „vom Gebirge Paran" kommt. Das irritiert, sagen andere Verse doch, dass Gott allgegenwärtig ist (vgl. Psalm 139,8-9; Jeremia 23,23-24; Apostelgeschichte 17,27-28). Allerdings widerspricht sich dies nicht. Gott ist in der Tat allgegenwärtig. Habakuk 3,3 bezieht sich auf eine Theophanie, eine sichtbare Erscheinung Gottes vor seinem Volk. Diese – wie auch immer geartete – Erscheinung Gottes kommt von Teman, obwohl Gott selbst in seinem ganzen Wesen zur gleichen Zeit allgegenwärtig ist.

Maleachi

Maleachi 2,11 - *Was ist hier mit der „Tochter eines ausländischen Gottes“ gemeint?*

Diese Aussage bezieht sich auf eine heidnische Frau. Sie ist im übertragenen Sinne „Tochter“ eines fremden Gottes, weil sie einen heidnischen Gott und nicht den Gott Israels anbetet. Das Alte Testament verbot den israelitischen Männern, solche Frauen zu heiraten, wegen der Wahrscheinlichkeit, dass dies zum Abfall von Jahwe, dem Gott Israels, führen würde.

Maleachi 3,8-10 - *Ist der „Zehnte“, also die Abgabe von zehn Prozent der eigenen Einkünfte an Gott, auch für Christen vorgeschrieben?*

In alttestamentlicher Zeit wurde der „Zehnte“ von Gott angeordnet, denn: „Des HERRN ist die Erde und ihre Fülle, die Welt und die darauf wohnen“ (vgl. Psalm 24,1). Durch den Zehnten erkannten die Israeliten an, dass Gott Eigentümer aller Dinge ist und über alles herrscht. Sie bekräftigten, dass alles Gute, das sie im Leben erfuhren, letztlich von Gott kam. Das alttestamentliche Gottesvolk sollte den Zehnten von ganz unterschiedlichen Dingen geben: vom Land und seinem Ertrag (vgl. 3. Mose 27,30), von den Tieren (vgl. 3. Mose 27,32), von Wein, Öl und Honig (vgl. 2. Chronik 31,5). Der Zehnte diente damit auch der Versorgung der Leviten, die keinen eigenen Landbesitz hatten (vgl. 4. Mose 18,21.24). Von diesen Abgaben bekamen die Priester wiederum den zehnten Teil. Maleachi 3,8-10 konstatiert: Wer den Zehnten oder auch Opfer zurückhält, der beraubt Gott.

Trotz der starken Betonung des Zehnten im Alten Testament glauben viele Bibelausleger nicht, dass diese Vorschrift auch für die neutestamentliche Gemeinde gilt – mindestens nicht als Gesetz. In der Tat wird nirgends im Neuen Testament gefordert, dass Menschen zehn Prozent ihres Einkommens an Gott abgeben sollen. Jedoch sollte dies nicht zu der Annahme verführen, dass Gott nicht will, dass Gemeindemitglieder ihre Kirche bzw. Gemeinde finanziell unterstützen. Aber das Neue Testament legt den Fokus auf ein Opfer aus Dankbarkeit. Wir haben etwas frei empfangen, also sind wir frei, zu geben, und dies nach unseren Möglichkeiten (vgl. 2. Korinther 8,12). Für manche mag das weniger als zehn Prozent sein, für andere, etwa Wohlhabende, kann dies wesentlich mehr bedeuten.

Ausgangspunkt für alle Überlegungen in Bezug auf eine richtige Einstellung zum Spenden ist, dass wir uns selbst Gott hingeben. „Sie gaben sich selbst zuerst dem Herrn und dann uns durch Gottes Willen“, so schreibt Paulus in 2. Korinther 8,5 von den mazedonischen Gemeinden. Nur wenn wir uns selbst Gott hingegeben haben, werden wir zum Geld eine angemessene Einstellung bekommen können.

Auch lesen wir in Römer 12,1: „Ich ermahne euch nun, Brüder, durch die Erbarmungen Gottes, eure Leiber darzustellen als ein lebendiges, heiliges, Gott wohlgefälliges Opfer, was euer vernünftiger Gottesdienst ist.“ Das größte Opfer, das wir Gott bringen können, ist kein finanzielles. Unser größtes Opfer ist unser eigenes Leben. Wenn wir uns bedingungslos in den Dienst des Herrn stellen, wird unsere Einstellung zum Geld so sein, wie sie sein sollte. Gott ist nicht an unserem Geld interessiert, wenn ihm nicht zuerst unsere Herzen gehören.

Schwerte schlagen; und ein Drittel
sollst du in den Wind streuen, denn
ich werde das Schwert ziehen hinter
3 ihnen her. Und du sollst davon eine
kleine Zahl nehmen und in deine
4 *Rock*zipfel binden. Und von diesen
sollst du abermals nehmen und sie mit-
ten ins Feuer werfen und sie mit Feu-
er verbrennen; davon wird ein Feuer
ausgehen wider das ganze Haus Israel.
5 So spricht der Herr, Jehova: Die-
ses Jerusalem, inmitten der Nationen
habe ich es gesetzt, und Länder rings
6 um dasselbe her. Und es war wider-
spenstig gegen meine Rechte in Ge-
setzlosigkeit, mehr als die Nationen,
und gegen meine Satzungen, mehr als
die Länder, welche rings um dasselbe
her sind; denn meine Rechte haben
sie verworfen, und in meinen Satzun-
7 gen haben sie nicht gewandelt. Darum
spricht der Herr, Jehova, also: Weil
ihr getobt habt, mehr als die Natio-
nen, die rings um euch her sind, in
meinen Satzungen nicht gewandelt und
meine Rechte nicht getan habt, ja, *selbst*
nach den Rechten der Nationen, die
rings um euch her sind, nicht getan
8 habt — darum spricht der Herr, Jeho-
va, also: Siehe, auch ich will wider
dich sein, und will Gerichte in deiner
Mitte üben vor den Augen der Natio-
9 nen. Und ich will an dir tun, was
ich nicht getan habe und desgleichen
ich nicht wieder tun werde, um all dei-
10 ner Greuel willen. Darum werden Vä-
ter *ihre* Kinder essen in deiner Mitte,
und Kinder werden ihre Väter essen;
und ich will Gerichte an dir üben, und
will deinen ganzen Ueberrest in alle
11 Winde zerstreuen. Darum, *so wahr*
ich lebe, spricht der Herr, Jehova *a*:
Wahrlich, weil du mein Heiligtum
verunreinigt hast durch alle deine
Scheusale und durch alle deine Greuel,
so will auch ich mein Auge abziehen
ohne Mitleid *b*, und auch ich will mich
12 nicht erbarmen. Ein Drittel von dir
soll an der Pest sterben und durch Hun-
ger umkommen in deiner Mitte; und
ein Drittel soll durchs Schwert fallen
rings um dich her; und ein Drittel
werde ich in alle Winde zerstreuen,
und ich werde das Schwert ziehen hin-
13 ter ihnen her. — Und mein Zorn soll
sich vollenden, und meinen Grimm
werde ich an ihnen stillen und Rache
nehmen. Und wenn ich meinen Grimm
an ihnen vollende, so werden sie wis-
sen *c*, daß ich, Jehova, in meinem Ei-
14 fer geredet habe. Und ich werde dich
zur Einöde machen und zum Hohne
unter den Nationen, die rings um dich
her sind, vor den Augen jedes Vor-
15 übergehenden. Und es soll ein Hohn
und ein Spott *d* sein, eine Warnung
und ein Entsetzen für die Nationen,
die rings um dich her sind, wenn ich
Gerichte an dir üben werde im Zorn

und im Grimm und in Züchtigu
des Grimmes. Ich, Jehova, habe
det. Wenn ich die bösen Pfeile
Hungers wider sie sende, welche
Verderben sein werden, die ich
den werde, um euch zu verderbe
werde ich den Hunger über euch
fen und euch den Stab *e* des Brote
brechen. Und ich werde Hu
über euch senden und böse Tiere
sie dich der Kinder berauben; und
und Blut sollen über dich erge
und das Schwert werde ich über
bringen. Ich, Jehova, habe ger
Und das Wort Jehovas gesch
mir also: Menschensohn, richte
Angesicht gegen die Berge Israels
weissage über sie und sprich: I
Israels, höret das Wort des Herr
hovas! So spricht der Herr, Je
zu den Bergen und zu den Hüge
den Tälern und zu den Gründen: S
ich, ich bringe das Schwert über
und werde eure Höhen zerstören
eure Altäre sollen verwüstet und
Sonnensäulen zerbrochen werden
ich werde eure Erschlagenen
machen vor euren Götzen *g*; un
Leichname der Kinder Israel v
ich vor ihre Götzen hinlegen und
Gebeine rings um eure Altäre
en. In allen euren Wohnsitzen
die Städte verödet und die Höhen
wüstet werden, auf daß eure A
verödet und wüst, und eure G
zerbrochen und vernichtet *h*, und
Sonnensäulen umgehauen und
Machwerke vertilgt seien; und
schlagene sollen in eurer Mitte f
Und ihr werdet wissen *c*, daß ic
hova bin. — Doch will ich einen U
rest lassen, indem ihr unter de
tionen solche haben werdet, die
Schwert entronnen sind, wenn
die Länder zerstreut seid. Und
Entronnenen werden meiner ged
unter den Nationen, wohin sie
gen weggeführt sind, wenn ich m
hurerisches Herz, das von mir
wichen ist, und ihre Augen, die
Götzen nachhurten, zerschlagen
werde; und sie werden an sich
Ekel empfinden wegen der Uebel
die sie begangen haben nach allen
Greueln. Und sie werden wissen
ich Jehova bin. Nicht umsonst
ich geredet, daß ich ihnen dieses
tun würde.
So spricht der Herr, Jehova:
ge in deine Hand und stampfe m
nem Fuße und sprich: Wehe üb
bösen Greuel des Hauses Israel!
sie müssen fallen durch das Sc
durch den Hunger und durch die
Wer fern ist, wird an der Pest
ben, und wer nahe ist, wird dur
Schwert fallen, und wer übrigg
ben und bewahrt worden ist, wi
Hunger sterben; und ich werde

a Eig. ist der Spruch des Herrn, Jehovas; so auch später. — *b* Eig. ohne mitleidig blicke. — *c* O. erkennen, erfahren; so auch nachher. — *d* Eig. eine V nung. — *e* d. i. die Stütze. — *f* Eig. durch dich ziehen. — *g* Eig. Klötzen (ei ächtliche Bezeichnung der Götzen); so fast immer in Hesekiel. — *h* Eig. zerb seien und ein Ende nehmen.

Das Neue Testament

Matthäus

Matthäus 1,19; Lukas 3,23-38 - *Wie können wir die unterschiedlichen Stammbäume von Jesus Christus erklären?*

Bis zu David sind die beiden Stammbäume faktisch so gut wie identisch. 18 bzw. 19 Namen sind gleich (je nachdem ob man Matthäus und Matthat als eine oder zwei Personen ansieht). Doch von David an sind beide sehr unterschiedlich. Fast keine Namen stimmen mehr überein (lediglich zwei: Schealtiel und Serubbabel). Trotzdem: Die beiden Ahnenreihen sind nicht unvereinbar.

Der Stammbaum des Matthäus geht der Linie Josefs nach und zeigt damit den Anspruch Jesu auf den Thron Davids. Als Adoptivsohn Josefs wurde er dessen gesetzmäßiger Erbe. Matthäus 1,16 betont mit den Worten: „Josef, den Mann Marias, von welcher Jesus geboren wurde", dass Jesus das leibliche Kind der Maria war, aber Josef nicht der leibliche Vater.

Matthäus verfolgt die Linie von Abraham zu Josef in 41 Schritten. (Dabei wird nicht jede Einzelperson aufgezählt, was durchaus konform mit der allgemeinen jüdischen Vorgehensweise ist, bei der an einen Stammbaum nicht der Anspruch gestellt wird, jeden einzelnen Namen aufzuzählen.)

Mit Abraham und David setzte Gott bedingungslose Bundesschlüsse in Kraft, die sich auf das Kommen des Messias bezogen. Das Matthäusevangelium war an Juden adressiert, denen Matthäus beweisen wollte, dass Jesus wirklich der verheißene Messias ist. Dies erforderte die Erfüllung der Bundesschlüsse mit Abraham (vgl. 1. Mose 12,1-3) und David (vgl. 2. Samuel 7,12-14). Matthäus lenkte die Aufmerksamkeit daher auf die Tatsache, dass Jesus gekommen war, um die Bundesschlüsse zu erfüllen, die Gott mit den Vorvätern Israels vollzogen hatte.

Im Gegensatz dazu geht Lukas der Abstammungslinie der Maria nach und führt seine Leser über Abraham hinaus bis zu Adam und damit dem Beginn der Menschheit. Jesus, so die Perspektive des Lukas, ist der „Menschensohn“, eine Bezeichnung, die im Lukasevangelium öfter zu finden ist. Der Matthäus-Stammbaum zeigt daher den Juden, dass Jesus der Messias ist, der Lukas-Stammbaum zeigt Nichtjuden, dass er der Menschensohn ist.

Matthäus 2,1-12 – *Die Weisen folgten dem Stern. Heißt das, dass Astrologie hilfreich sein kann?*

Zunächst: Der Stern zeigte die Geburt Jesu an – er sagte sie nicht voraus. Gott gab den Weisen den Stern, um zu verkünden, dass das göttliche Kind schon geboren war. Wir wissen, dass Jesus schon geboren war, denn Herodes gab den Befehl, alle Jungen in Bethlehem und Umgebung zu töten, die zwei Jahre alt oder jünger waren, gemäß „der Zeit, die er von den Weisen genau erforscht hatte“ (Matthäus 2,16).

Ferner muss man beachten, dass Astrologie und Astronomie erst seit jüngerer Zeit unterschiedliche „Wissenschaften“ sind. Für die Menschen der damaligen Zeit war es selbstverständlich, die Sterne zu befragen. Wissenschaftler, in diesem Sinne „Weise“, ohne astrologisch-astronomische Kenntnisse wird es kaum gegeben haben. Und Gott wusste offenbar, wie er diese Menschengruppe erreichen konnte.

Der Stern von Bethlehem offenbart also keine verborgenen Dinge, sondern lediglich in allgemeiner Weise Gottes Existenz. Psalm 19,1-6 bestätigt, dass die Himmel die Herrlichkeit Gottes erzählen, und Römer 1,18-20 verweist darauf, dass die Schöpfung Gott offenbart. Wenn es später auf apokalyptische Ereignisse zugeht, werden im Zusammenhang mit der Wiederkunft Jesu wiederum kosmische Zeichen zu sehen sein (Matthäus 24,29-30).

Matthäus 3,11 - *Was ist mit der „Feuertaufe" gemeint?*

Hier sagt Johannes der Täufer in Bezug auf Jesus, dass dieser „mit Heiligem Geist und Feuer taufen wird". Was aber bedeutet „mit Feuer taufen"?

Zwei Denkrichtungen drängen sich hier auf: Das Feuer könnte zum einen auf das Feuer des Gerichts anspielen, ein Bild, das in der Bibel immer wieder verwendet wird (vgl. 2. Petrus 3,7; Judas 7). Dann würde diese Stelle besagen, dass Jesus sowohl zum Heil als auch zum Gericht kommen wird.

Zum anderen könnte dies als Voraussage des Geschehens an Pfingsten angesehen werden, wo der Heilige Geist in Gestalt von Feuerzungen auf die Jünger herabkam (vgl. Apostelgeschichte 2, 3-4).

Matthäus 4,7 - *War es überhaupt möglich, dass Jesus (als Sohn Gottes) den Versuchungen des Teufels nicht standhält?*

Dazu gibt es verschiedene Denkansätze: Die einen sagen, dass Jesus ein Mensch war wie wir und demzufolge auch offen für Versuchungen. Andere meinen aber, dass Jesus diesen Versuchungen gar nicht erliegen hätte können, weil er Gott war.

Manches spricht für letztere Annahme: Jesus ist unwandelbar und ändert sich nicht, auch ist er allwissend und sich der Konsequenz der Sünde stets voll bewusst. Zudem ist er allmächtig, was ihn dazu befähigt, der Sünde zu widerstehen.

Waren also die Versuchungen des Teufels ein Scheinkampf? Nein, Jesus ist wirklich versucht worden, aber der Teufel hatte von vornherein keine Chance. Wir finden hier eine Demonstration der Macht Jesu: Der Teufel gegen Jesus, das ist, als würde ein Ruderboot gegen ein Kriegsschiff kämpfen. Der Angriff des Teufels war real, aber er hatte keine Aussicht auf Erfolg.

Matthäus 5,8 – *„Glückselig, die reinen Herzens sind, denn sie werden Gott schauen.“ Heißt das, dass nur Menschen ohne Sünde in den Himmel kommen?*

Niemand ist von selbst „rein“ genug (oder „heilig“ genug), um sich den Himmel zu verdienen. Wer aber Jesus Christus vertraut, ist rein gemacht, weil ihm die Gerechtigkeit Christi angerechnet wird. Solche Menschen werden dadurch als reinen Herzens vor Gott angesehen (vgl. Römer 4,5; Hebräer 10,14). Das geschieht aus freier Gnade (vgl. Römer 3,24). „Gnade“ bedeutet wörtlich: „unverdiente Gunst“. Menschen können von sich aus nicht in den Himmel kommen, es sei denn, dass Gott sie (unverdienterweise!) rein macht. Dies darf man im Glauben annehmen.

Matthäus 5,13 – *Was meint Jesus, wenn er sagt: „Ihr seid das Salz der Erde“?*

Den Menschen der damaligen Zeit war bewusst, dass Salz als Konservierungsmittel sehr effektiv ist. Salz, das seinen Geschmack verliert – vielleicht, weil es mit Erde vermischt ist und daher verdirbt –, verliert seine konservierenden Fähigkeiten. Jesus sagt hier, dass er will, dass seine Nachfolger diese Funktion des Bewahrens für die Gesellschaft haben. Dies haben sie allerdings nur dann, wenn sie ihm folgen und von den „Verschmutzungen“ der Welt Abstand nehmen.

Matthäus 5,17-18 – *Stehen Christen noch unter dem Gesetz des Mose?*

Es mag zunächst erstaunlich klingen, aber Christen stehen heute nicht mehr unter den Zehn Geboten, die Gott dem Mose für Israel gegeben hat. Das Gleiche gilt, und das mag einleuchtender sein, auch für andere Forderungen des Gesetzes, wie etwa die Beschneidung (vgl. Apostelgeschichte 15; Galater 3) oder die Anordnung, im Jerusalemer Tempel ein Lamm zu opfern – um nur einige Beispiele zu erwähnen.

Hebräer 7 erklärt: „Denn wenn das Priestertum geändert wird, so findet notwendig auch eine Änderung des Gesetzes statt." Heute ist Jesus unser Hoher Priester, das alte Priestertum (und damit das Gesetz) ist nun vergangen: „[…] denn aufgehoben wird […] das vorhergehende Gebot seiner Schwachheit und Nutzlosigkeit wegen" (vgl. Hebräer 7,18). Das Gesetz war nur ein Schatten; der „Körper" (Kolosser 2,17), der diesen Schatten geworfen hat, ist Christus selbst.

Sicherlich lehnten die Jünger Jesu viele der alttestamentlichen Gesetze ab, einschließlich der Beschneidung (vgl. Apostelgeschichte 15; Galater 5,6; 6,15). Und Paulus erklärt: „Ihr seid nicht unter Gesetz, sondern unter Gnade" (Römer 6,14).

Natürlich spiegeln die Gebote des Gesetzes das Wesen eines unveränderlichen Gottes wider; daher behalten etliche Gebote – wenn wir sie nicht „gesetzlich", sondern als Lebensmuster verstehen – ihren Stellenwert. Zum Beispiel werden im Neuen Testament neun der Zehn Gebote wieder aufgegriffen und konkret angewandt. Die Ausnahme ist das Sabbatgebot, also die Anweisung, den Feiertag (und das war bei den Juden der Sabbat, der Samstag) als Tag der Ruhe und Begegnung mit Gott einzuhalten. Dieses Gesetz wird von Jesus und den Aposteln im Neuen Testament nicht mehr aufgegriffen. Das alttestamentliche Gesetz ist also für uns nicht mehr bindend, der Geist des Gesetzes mit all seinen auch ethischen Konsequenzen nimmt uns aber auch heute noch in die Pflicht.

Matthäus 5,17-19 – *Was meint Jesus damit, dass er nicht gekommen sei, um das Gesetz aufzulösen, sondern um es zu erfüllen?*

Manche mögen gehofft haben, dass Jesus ein jüdischer Rabbi ist, dessen Lehre leichter zu ertragen wäre, weil sie liberaler ist als die der Pharisäer. Die Bergpredigt belehrt die Zuhörer aber eines Besseren. Jesus befreit nicht von den einengenden ethischen Normen des Gesetzes, wenigstens vordergründig nicht.

Der Schlüssel zum Verständnis dieser Zeilen liegt im Wort „erfüllen". Es ist nicht ganz klar, wie dieses Wort hier konkret gemeint ist, aber die Fülle der Deutungsmöglichkeiten lässt spannende Schlüsse zu:

Einmal kann gemeint sein, dass Jesus das Gesetz insofern erfüllte, als er dessen Vorschriften einhielt. Jesus wird in der Bibel als „ohne Sünde" bezeichnet (Hebräer 4,15), also hat er die Vorschriften des Gesetzes tatsächlich erfüllt.

„Erfüllen" kann aber auch im Sinne der Erfüllung einer Verheißung gemeint sein. Das Gesetz (mit „Gesetz" wurde auch das komplette Alte Testament bezeichnet) hat Jesus als Messias angekündigt, und er ist nun die Erfüllung dieser Verheißung. Römer 10,4 sagt, dass Christus das „Endziel" des Gesetzes sei, Schluss- und Höhepunkt zugleich. Auf dieses Endziel könnte das Wort „erfüllen" hier deuten.

Ferner ist es möglich, das griechische Wort auch mit „auffüllen" wiederzugeben. Dann hätte Jesus das Gesetz nicht abgeschafft, sondern, im Gegenteil, noch „aufgefüllt", auf die Spitze getrieben. Diese Auslegung passt zum Kontext der Bergpredigt, denn genau das macht Jesus hier: Er füllt die Vorschriften des alttestamentlichen Gesetzes auf, er treibt sie auf die Spitze – bis klar wird, dass niemand vor Gott gerecht sein kann.

Alle drei möglichen Bedeutungen sind daher aus theologischer Sicht denkbar.

Matthäus 5,22 – *Wenn wir zu jemandem „Du Narr!" sagen, landen wir dann im Höllenfeuer?*

Das, was Jesus hier sagt, steht in einem größeren Zusammenhang, in welchem er das Gebot „Du sollst nicht töten" auslegt (vgl. Matthäus 5,22-26). Die Pharisäer meinten, dass „töten" bedeute, dass man buchstäblich einem anderen Menschen das Leben nimmt. Sie machten sich nur über den Akt des physischen „Mordens" Gedanken. Solange man niemanden umbringt, so meinten die Pharisäer, habe man also dieses Gesetz nicht gebrochen.

Demgegenüber stellt Jesus klar, dass Schuld sich nicht nur auf äußerliche Handlungen bezieht, sondern zunächst eine innere Haltung ist, die dann in eine Tat mündet. Ja, Mord ist Sünde, aber genauso ist es der Zorn, der schließlich zum Mord führen kann. So betrachtet fühlten sich die Pharisäer sicherlich „verdammt", denn sie (und nicht nur sie!) waren voller sündiger Gedanken.

Jesus sagt nun: Wer zu einer anderen Person „Raka" (heute vielleicht „Trottel" oder „Dummkopf") sagt oder „Du Narr", zeigt damit, dass er Zorn in seinem Herzen hat, der auch zum Mord führen kann. Diese sündige innere Haltung reicht schon, um von Gott verdammt zu werden. Sünde steckt immer in unseren Herzen – da muss rein äußerlich noch gar nichts geschehen sein. Ein Mensch voll innerem Hass ist in der Tat ein Sünder und auf dem Weg in die Hölle (wo er auch landen wird, wenn er nicht sein Vertrauen auf Jesus Christus setzt).

Matthäus 5,29 – *Befürwortet Jesus Selbstverstümmelung (zum Beispiel das Herausreißen eines Auges), damit man gerettet wird?*

Natürlich lehrt Jesus keine Selbstverstümmelung. Auch ein Blinder kann lüsterne Gedanken haben, und auch ein Mensch ohne Hände kann den Wunsch haben, zu stehlen. Sünde beginnt im Herzen (vgl. Jeremia 17,9). Jesus benutzt hier mit Absicht drastische und bildhafte Sprache, um nachdrücklich zu zeigen, wie absolut gefährlich Sünde ist und wie diese in die ewige Verdammnis führt.

Jesus verwendet hier, wie auch öfter an anderer Stelle, die rhetorische Figur der Hyperbel, eine gezielte Übertreibung. Jesus meint also: Sünde erfordert drastische Maßnahmen, oft sind radikale Veränderungen vonnöten. Jeder Gelegenheit, die zur Sünde führen könnte, sollte man entschieden und vehement entgegentreten.

Matthäus 5,47 – *Darf man nicht schwören?*

Sowohl im Alten (vgl. 2. Mose 20,7; 3. Mose 5,1; 19,12; 4. Mose 30,2-15; 5. Mose 23,21-23) als auch im Neuen Testament (vgl. Apostelgeschichte 2,30; Hebräer 6,16-18; 7,20-22) werden einige legitime Schwüre erwähnt. Sogar der Apostel Paulus konnte sagen: „Ich rufe Gott zum Zeugen an" (vgl. 2. Korinther 1,23), ebenso: „Was ich euch aber schreibe – siehe, vor Gott! –, ich lüge nicht" (Galater 1,20). Also sind Schwüre manchmal durchaus akzeptabel.

Was Jesus hier anspricht, ist das inflationäre Anwenden von Schwüren zur Zeit des Neuen Testaments. Ohne Schwur lief beinahe nichts. Wenn einer nicht schwor, war er vielleicht gar nicht vertrauenswürdig. Und offenbar gab es auch Schwurformeln, die mehr galten als andere. Um hier der Entwertung der Worte zu begegnen, sagte Jesus seinen Nachfolgern, dass sie (ob Schwur oder nicht) in ihren Worten nicht doppelzüngig sein sollen, das „Ja" auch wirklich ein „Ja", das „Nein" ein „Nein" sein soll und dass ein Schwur der lauteren Wahrheit nichts Entscheidendes hinzufügen darf.

Matthäus 5,38-42 - *Müssen wir unter praktisch allen Umständen die andere Wange hinhalten?*

Vermutlich nicht. Das hat Jesus selbst nicht immer gemacht. Als ihn ein Mitglied des Hohen Rates ins Gesicht schlug, hat er protestiert und nicht etwa die andere Wange hingehalten (vgl. Johannes 18,22-23).

Hintergrund dieser Aussage ist, dass die Juden einen Schlag ins Gesicht als Ehrenkränkung ansahen, so wie wir heute etwa das Spucken ins Gesicht. Die Bergpredigt legt hier nahe, dass Christen, wenn sie gekränkt oder verleumdet werden (vgl. Römer 12,17-21), nicht Rache nehmen sollen. Hier geht es also nicht um die persönliche Sicherheit eines Christen und um ein etwaiges Verbot der Notwehr.

Matthäus 5,44 - *Wie ist es möglich, seine Feinde aufrichtig zu lieben und für seine Verfolger zu beten?*

Die jüdischen Führer zur Zeit Jesu lehrten, dass man diejenigen lieben soll, die einem lieb und teuer sind (vgl. 3. Mose 19,18). Seine Feinde indes sollte man hassen. Die Pharisäer glaubten, dass der reine Akt des Hassens der Feinde eine Art Gottesgericht über diese darstelle. Diese Vorstellung widerlegt Jesus und fordert stattdessen seine Nachfolger auf, seine Feinde zu lieben. Schließlich liebt Gott, der Vater, alle Menschen, und wir als Christen sollten es ihm gleichtun, da wir zu seiner Familie gehören (vgl. Matthäus 5,48).

Mit eigener Kraft die Feinde zu lieben, ist allerdings ein hoffnungsloses Unterfangen. Wenn wir aber in der Kraft des Heiligen Geistes leben, in Abhängigkeit von Gott und seiner Macht, kann solch eine Liebe in unserem Leben tatsächlich Gestalt annehmen (vgl. Galater 5,22-23; Kolosser 3,12-15).

Matthäus 5,48 – *Auf welche Weise können wir dem Gebot Jesu gerecht werden, vollkommen wie unser himmlischer Vater zu sein?*

Diese Bibelstelle meint nicht, dass Menschen sündlose Perfektion erreichen könnten. Solch eine Idee ist nicht nur dem Matthäusevangelium fremd, sondern der ganzen Bibel.

Im Gegenteil: Jesus lehrte, dass Menschen ganz und gar sündig sind – ohne Ausnahme. Alle Menschen haben ein schweres Sündenproblem, dessen Lösung jenseits unserer Möglichkeiten liegt. Der Mensch ist böse (vgl. Matthäus 12,34) und zu jeder Schlechtigkeit imstande (vgl. Markus 7,20-23). Mehr noch: Jesus sagt, dass der Mensch ganz und gar verloren ist (vgl. Lukas 19,10), ein Sünder (vgl. Lukas 15,10), der es nötig hat, vor einem heiligen Gott Buße zu tun (vgl. Markus 1,15), ja, sogar von Neuem geboren werden muss (vgl. Johannes 3,3.5.7).

Wie können wir angesichts all dessen nun mit Matthäus 5,48 umgehen? Dieser Vers befindet sich in einem Abschnitt der Bibel, der vom Gesetz der Liebe handelt. Die jüdischen religiösen Führer beschränkten diese Liebe auf die, die einem sowieso nahestehen (vgl. 3. Mose 19,18); Feinde aber sollte man hassen. Jesus sagt demgegenüber, dass wir sogar unsere Feinde lieben sollen. Schließlich bekräftigt er, dass auch die Liebe Gottes sich auf alle Menschen ausdehnt (vgl. Matthäus 5,48). Da Gott unser Maßstab ist, sollten wir in dieser Hinsicht auch so handeln wie er. Wir sollten danach streben, diese Liebe so vollkommen zu üben wie Gott selbst.

Matthäus 6,3-4 – *Warum sagte Jesus, dass unsere linke Hand nicht wissen soll, was unsere rechte Hand tut, wenn wir Almosen geben?*

Jesus spielt in der Bergpredigt weitestgehend auf die jüdischen Gewohnheiten der damaligen Zeit an, namentlich auf die Auffassungen der Pharisäer. Diese nahmen gerne Gelegenheiten wahr, öffentlich Geld zu geben, um damit ihre Frömmigkeit aller Welt unter Beweis zu stellen. Sie machten daraus eine regelrechte Show. Permanent versuchten sie, mit ihrer Freigebigkeit Eindruck bei anderen zu schinden. Daher stellten sich auch die Bettler am Eingang des Tempels auf, damit vielleicht sie selbst „Opfer" einer öffentlichen Almosenprozedur würden.

Anders Jesus: Im Gegensatz zu den Pharisäern fordert er uns auf, im Stillen und ohne großes Getöse zu geben. Nicht einmal unsere rechte Hand soll wissen, was die linke tut – das ist übertreibende Rede und meint, dass alles schweigend und eher heimlich geschehen sollte. Wer mit richtiger Motivation gibt, wird vom Vater eine reiche Belohnung empfangen. Wenn auch die Spende im Geheimen geschieht: Der Vater im Himmel sieht sie und wird eine solche Tat entsprechend würdigen.

Matthäus 6,7 – *Lehrt Jesus, dass wir uns beim Gebet kurz fassen sollten?*

Jesus lehrt über das Beten: „Wenn ihr aber betet, sollt ihr nicht plappern wie die von den Nationen (Luther: die Heiden); denn sie meinen, dass sie um ihres vielen Redens willen erhört werden." Diese Worte bezogen sich auf die Pharisäer, die aus ihren Gebeten regelmäßig eine öffentliche Show machten. Sie beteten oft an allgemein zugänglichen Orten – etwa an belebten Straßenecken –, um die Leute mit ihrer Frömmigkeit zu beeindrucken. Auch beteten sie exzessiv lang, was sie möglicherweise den Heiden abgeguck hatten, von denen manche ihre Gebete endlos wiederholten oder mit Formeln versahen (vgl. 1. Könige 18,26). Sie glaubten, dass man sich mit der endlosen Wiederholung spezieller Gebetsanliegen bei Gott lieb Kind machen kann bzw. Gott so verpflichten kann, zu antworten.

Es geht Jesus nicht so sehr darum, dass unsere Gebete unbedingt kurz sein müssten (ob lang oder kurz, die Herzenshaltung entscheidet). Was Jesus meint, ist, dass wir nicht endlos plappern oder unsere Gebete mit tausend Wiederholungen für ein einziges Anliegen anreichern, als ob das Gott zum Handeln zwingen könnte. Gott antwortet auf Gebet, aber nicht, weil wir ihn dazu nötigen könnten, sondern weil er als unser himmlischer Vater es gerne so möchte.

Matthäus 6,9 – *Ist der Glaube an einen himmlischen Vater sexistisch?*

Gott bewertet Männer und Frauen gleich, beide sind im Bilde Gottes geschaffen (vgl. 1. Mose 1,26), und beide sind auch in ihrer Stellung vor Gott gleich (vgl. Galater 3,28). Die vier Evangelien zeigen, dass Jesus Frauen verteidigte und besonders würdigte – und dies in der außerordentlich patriarchalischen jüdischen Kultur (vgl. Johannes 4). So kann man vom Christentum wirklich nicht behaupten, dass es sexistisch sei. Im Gegenteil: Jesus ist dem Sexismus seiner Zeit vehement entgegengetreten.

Obwohl Gott in der Bibel stets „Vater" und nie „Mutter" genannt wird, werden seine Handlungen auch mit „weiblichen" Begriffen umschrieben: Zum Beispiel verglich Jesus Gott mit einer Glucke, einer Mutterhenne, die ihre Kinder unter ihren Flügeln sammelt (vgl. Matthäus 23,37-39). Von Gott wird auch gesagt, dass er Israel „geboren" hat (vgl. 5. Mose 32,18).

Natürlich ist Gott kein geschlechtliches Wesen, wie es Menschen sind. Er ist auch nicht schlechthin männlich. Wenn Gott Vater genannt wird, stehen damit vor allem zwei seiner Eigenschaften im Vordergrund: Er ist eine Person, und er ist vor allem stark – eine starke, persönliche Vaterfigur für seine Kinder. Anders als die toten und unpersönlichen Götzen des Heidentums ist der wahre Gott ein personales Wesen, mit dem wir in Beziehung treten können. Ja, wir können ihn sogar „Abba" nennen (vgl. Römer 8,15), ein aramäisches Wort, das man etwa mit „Papa" übersetzen könnte. So vertraut kann unsere Beziehung zu Gott sein.

Matthäus 6,13 – *„Und führe uns nicht in Versuchung" – meint Jesus damit, dass Gott uns in Versuchung führt?*

In Jakobus 1,13 finden wir eine direkte Antwort auf diese Frage: „Niemand sage, wenn er versucht wird: Ich werde von Gott versucht. Denn Gott kann nicht versucht werden vom Bösen, er selbst aber versucht niemand." Gott ist also nicht der Ursprung unserer Versuchungen. Einen Vers später sagt Jakobus, dass wir von unserer „eigenen Begierde fortgezogen und gelockt" werden. Die Wurzel unserer Versuchungen liegt daher in unserem sündigen Wesen.

Mit diesem Gedanken im Hinterkopf schlagen Ausleger zwei mögliche Erklärungen für diese Bitte des Vaterunsers vor. Manche meinen, dass wir damit sagen, dass Gott unser Leben so ordnen und unsere Schritte so lenken möge, dass wir gar nicht erst in Situationen kommen, in denen wir versucht werden, Böses zu tun. Wir bitten Gott, dass er unsere geistlichen „Radarschirme" aktiviert, damit wir Umstände umschiffen, die uns in Versuchung bringen könnten.

Andere gehen davon aus, dass Jesus hier eher wünscht, dass wir Gott bitten sollten, dass wir nicht der Versuchung *erliegen.* In diesem Fall bezeichnet dieser Teil des Vaterunsers den Wunsch an Gott, dass, wann immer wir Versuchungen in unserem täglichen Leben begegnen, Gott uns daraus erlöst (vgl. 1. Korinther 10,13).

Matthäus 6,14-15 – *Wird Jesus sich weigern, uns zu vergeben, wenn wir nicht anderen vergeben, die an uns schuldig geworden sind?*

Eine ganze Reihe zentraler Passagen der Bibel macht die Unbedingtheit der Vergebung deutlich, die Gott uns in Bezug auf unsere ewige Rettung schenkt. Zum Beispiel spricht Gott in Hebräer 10,17: „Ihrer Sünden und ihrer Gesetzlosigkeiten werde ich nicht mehr gedenken." Psalm 103,11-12 sagt uns: „Denn so hoch der Himmel über der Erde ist, so übermächtig ist seine Gnade über denen, die ihn fürchten. So fern der Osten ist vom Westen, hat er von uns entfernt unsere Vergehen."

Wenn das der Fall ist, wie haben wir dann Matthäus 6,14-15 zu verstehen, wo Jesus sagt: „Denn wenn ihr den Menschen ihre Vergehungen vergebt, so wird euer himmlischer Vater auch euch vergeben; wenn ihr aber den Menschen nicht vergebt, so wird euer Vater eure Vergehungen auch nicht vergeben"?

Manche Theologen schlagen vor, dass der Begriff „Vergebung" unterschiedlich verwendet wird: einmal bezogen auf das ewige Heil, im anderen Fall auf die tägliche Gemeinschaft mit Gott. In Matthäus 6,14-15 wäre damit Letzteres angesprochen. Dann ist unsere Passage wie folgt zu verstehen: Wenn wir anderen nicht vergeben, ist unsere Gemeinschaft mit Gott gestört, da unsere Gemeinschaft mit Gott davon abhängt, dass wir anderen vergeben. Dennoch sieht Gott uns noch als in Bezug auf die Ewigkeit gerettet an, doch in zeitlicher Perspektive betrachtet ist unsere Beziehung mit Gott so lange nicht in Ordnung, bis wir bereuen und anderen vergeben.

Matthäus 7,6 – *„Gebt nicht das Heilige den Hunden; werft auch nicht eure Perlen vor die Schweine" – was meint Jesus damit?*

Jesus spricht hier zu seinen Nachfolgern und meint, dass sie im Hinblick auf die Feinde des Evangeliums sehr vorsichtig sein sollten und sich dessen bewusst, dass diese Feinde sich möglicherweise gegen sie wenden oder sie sogar töten können. Daher sollte das, was man andere lehrt, dem jeweiligen geistlichen Aufnahmevermögen angepasst sein.

Im Hinblick auf diejenigen, die geistliche Dinge nur wenig oder gar nicht aufnehmen wollen (Feinde des Evangeliums), müssen wir vorsichtig sein und sollten nicht „Perlen vor die Säue werfen". Heilige, geistliche Dinge sollten wir nicht den Menschen weitergeben, die für die Sache Jesu Christi nur Geringschätzung übrig haben.

Matthäus 7,7-8 – *Obwohl Jesus verspricht: „Bittet, und es wird euch gegeben werden", werden Gebete nicht immer beantwortet. Warum?*

Dazu gibt es eine Menge Antworten aus der Bibel, schon in diesem Bibelvers selbst. Er zeigt an, dass wir in unseren Gebeten ausdauernd sein sollten, denn die hier gewählte griechische Zeitform legt nahe, dass wir beständig bitten sollen, damit uns gegeben wird. Auch müssen wir uns daran erinnern, dass unsere Gebete immer dem souveränen Willen Gottes unterworfen sind. Wenn wir um etwas bitten, was Gott für uns nicht will, wird er uns diesen Wunsch verweigern (vgl. 1. Johannes 5,14). Auch Sünde kann ein Hindernis für Gebetserhörung sein (vgl. Psalm 66,18). Auf der anderen Seite wird in Sprüche 15,29 gesagt, dass Gott das Gebet eines „Gerechten", also eines Menschen, der nach Gottes Willen lebt, erhört.

Matthäus 7,21-23 – *Lehrt Jesus, dass wir erfolgreich und beständig Gottes Willen gehorchen müssen, um gerettet zu werden?*

In Matthäus 7,21 sagt Jesus: „Nicht jeder, der zu mir sagt: Herr, Herr!, wird in das Reich der Himmel hineinkommen, sondern wer den Willen meines Vaters tut, der in den Himmeln ist." Jesus bezog sich hier auf die Pharisäer, die er als falsche Propheten einstufte (vgl. Matthäus 7,15). Diese Menschen mochten zwar behaupten, Gottes Beauftragte zu sein und eine Botschaft von ihm zu haben, doch in Wirklichkeit waren sie nicht das, was sie zu sein schienen. Sie waren bösartige Wölfe, die gekommen waren, um die Herde Gottes zu vernichten (vgl. Matthäus 23,1-36) – voller Heuchelei und Ungerechtigkeit. Sie mochten noch so sehr darauf pochen, gerecht zu sein: Jesus gibt daher in Matthäus 7,21-23 zu verstehen, dass bloße Lippenbekenntnisse nicht ausreichen.

Matthäus 8,11-12 – *Auf welches zukünftige Fest bezieht sich Jesus hier?*

In Matthäus 8,11-12 sagt Jesus, dass „viele von Osten und Westen kommen und mit Abraham und Isaak und Jakob zu Tisch liegen werden in dem Reich der Himmel". In Gottes zukünftigem Reich zu sein, wird in der Bibel häufiger mit dem Bild eines Festessens dargestellt (so etwa in Jesaja 25,6; Matthäus 22,1-14). Viele Juden dachten, sie würden einzig aufgrund ihrer Herkunft, der Abstammung von Abraham, in den Himmel kommen. Doch zeigt Jesus hier, dass vielen, die meinen, aufgrund dieser Verbindung mit Abraham Gäste des Festessens sein zu dürfen, der Eintritt verweigert werden wird. Viele aber, die nicht von Abraham abstammen (die Nationen), werden – durch den Glauben an Jesus Christus – zu diesem Festbankett zugelassen werden.

Matthäus 8,12 – *Ist die Hölle ein Ort ewiger Dunkelheit, oder gibt es dort Licht – und sei es aufgrund von Feuerflammen?*

„Feuer" und „Finsternis" sind als eindringliche Bildworte zu verstehen, die auf angemessene Weise die unvorstellbare Wirklichkeit der Hölle beschreiben. Die Hölle ist wie Feuer, weil sie ein Ort der Qual ist. So wird sie als feuriger Schwefelsee dargestellt (vgl. Offenbarung 19,20; 20,14-15), als ewiges Feuer (vgl. Matthäus 25,41) und Feuerofen (vgl. Matthäus 13,42). Das Bild äußerster Finsternis wird gebraucht, weil das Licht Gottes dort nicht scheinen wird. In der Hölle halten sich nur Menschen mit verfinsterten Seelen (sündige Menschen) auf, zusammen mit dem Herrn der Finsternis, dem Satan.

Matthäus 8,20 – *Jesus ist doch der Sohn Gottes – warum nennt er sich dann „Menschensohn"?*

„Menschensohn" ist eindeutig ein messianischer Titel. Er weist auf Daniel 7,13, wo von dem zukünftigen Kommen eines Menschensohns die Rede ist. Mit dem Begriff „Menschensohn" verneint Jesus also nicht seine Gottheit. Im Gegenteil: Auch dieser Begriff charakterisiert sein göttliches Wesen. Die Bibel sagt, dass nur Gott Sünden vergeben kann (vgl. Jesaja 43,25; Markus 2,7). Aber als Menschensohn hat Jesus die Macht, Sünden zu vergeben (vgl. Markus 2,10). Auch wird Jesus als Menschensohn auf die Erde zurückkommen – in Wolken der Herrlichkeit, um auf der Erde zu regieren (vgl. Matthäus 26,63-64). Dies deutet darauf hin, dass Jesus den Begriff „Menschensohn" benutzte, um auf seine Gottheit als Sohn Gottes hinzuweisen.

Matthäus 9,33 – *Verursacht der Teufel alle Krankheiten?*

Der Teufel und die Dämonen können Stummheit (vgl. Matthäus 9,33), Blindheit (vgl. Matthäus 12,22) und Epilepsie (vgl. Matthäus 17,15-18) verursachen. Darüber hinaus peinigen sie Menschen mit seelischen Störungen (vgl. Markus 5,4-5; Lukas 8,27-29; 9,37-42), lösen selbstzerstörerische Handlungen aus (vgl. Markus 5,5; Lukas 9,42) und sind sogar in manchen Fällen für den Tod von Menschen verantwortlich (vgl. Offenbarung 9,14-19). Doch obwohl Dämonen körperliche Krankheiten auslösen können, unterscheidet die Bibel diese von solchen Krankheiten, die natürliche Ursachen haben (vgl. Matthäus 54,24; Markus 1,32; Lukas 7,21; 9,1; Apostelgeschichte 5,16). Die Bibel nennt eine ganze Reihe von Krankheitsfällen ohne jeglichen Bezug auf Satan oder die Dämonen (vgl. Matthäus 8,5-13; 9,19-20.27-30; 12,9-14; 14,35-36). Nach dem, was wir aus der Bibel wissen, ist eine dämonische Ursache von Krankheiten zwar möglich, aber nicht unbedingt der am nächsten liegende Gedanke.

Matthäus 10,5-6 – *Warum hat Jesus seinen Jüngern zunächst gesagt, dass sie nicht zu den Nationen gehen sollen? Liebt er die Nationen nicht auch?*

Jesus sandte die Jünger mit folgenden Anweisungen aus: „Geht nicht auf einen Weg der Nationen, und geht nicht in eine Stadt der Samariter; geht aber vielmehr zu den verlorenen Schafen des Hauses Israel!" (Matthäus 10,5-6). In der Umsetzung des göttlichen Heilsplans war es offensichtlich vorgesehen, die gute Nachricht vom Reich Gottes zuerst den Juden zu predigen – dem Bundesvolk Gottes (vgl. 2. Samuel 7,12-14).

Doch sicherlich sollten die Nationen nicht ausgeschlossen werden (vgl. Römer 9,25). Gottes Angebot ist letztendlich an die ganze Menschheit gerichtet, wie es ja auch beim Abrahamsbund in 1. Mose 12,3 klar formuliert wird. Dort wird verheißen, dass „alle Geschlechter der Erde" durch die Nachkommen Abrahams gesegnet werden sollen. Im sogenannten Missionsbefehl (Matthäus 28, 19-20) gebietet Jesus seinen Jüngern ebenfalls, das Evangelium überall zu verbreiten.

Matthäus 10,5-6 – *Warum mahnt Jesus, dass wir „klug wie die Schlangen und einfältig wie die Tauben" sein sollen?*

Diese Ermahnung muss als Teil eines längeren Vortrags verstanden werden, in welchem Jesus seine Jünger vor den möglichen Gefahren warnt, denen diese in den kommenden Tagen entgegensehen werden, weil sie in seinem Namen handeln (vgl. Matthäus 10,16-23). Er sprach darüber, dass sie von den religiösen wie auch den politischen Führern verfolgt (vgl. Verse 17-18) und sogar von ihren eigenen Familien verraten werden würden (vgl. Verse 21-22). In diesem Kontext ist also die Ermahnung, klug wie die Schlangen und einfältig wie die Tauben zu sein, als grundsätzliche Verhaltensregel im Hinblick auf das zu sehen, was den Jüngern begegnen wird.

Im Nahen Osten der Antike galt die Schlange als ein besonders listiges Geschöpf. Wenn also Jesus seine Nachfolger auffordert, klug wie die Schlangen zu sein, löste das bei seinen Zuhörern die Assoziation aus, besonders schlau zu sein und mit einer gesunden Portion List vorzugehen. Im griechischen Grundtext hat das Wort „klug" aber auch den Beiklang von Umsicht oder Vorsicht. Die Jünger sollten also besonnen, diskret, überlegt und feinfühlig im Umgang mit anderen sein.

Die Einfalt der Tauben hat wiederum nichts mit Dummheit zu tun. Das griechische Wort heißt auch: „ohne Falschheit und Betrug", „ungetrübt" und „rein".

Zusammengefasst lässt sich sagen, dass Jesus möchte, dass seine Jünger klug, aber ohne falsche Hintergedanken für ihn wirken sollten.

Matthäus 10,21-22 - *Wenn wir Jesus nachfolgen – was könnte dann unsere Familien gegen uns aufbringen, wie Jesus hier sagt?*

Die Äußerungen, dass Familien auseinanderfallen werden, finden sich in einem größeren Zusammenhang. Jesus warnt die zwölf Jünger hier vor den möglichen Gefahren, denen sie in ihrem Dienst begegnen werden. Zunächst nimmt er die religiösen und politischen Führer in den Fokus (vgl. Verse 16-18). Dann warnt er davor, dass die Jünger von ihren eigenen Familien gehasst werden, weil sie ihm nachfolgen (vgl. Verse 21-22). Die persönliche Verpflichtung, Jesus nachzufolgen, wird in allen bedeutenden Lebensbereichen auf die Probe gestellt – im Staat, im religiösen Bereich und in der Familie.

Die Bindung an Jesus führt zur Lösung von anderen Autoritäten und Bindungen und damit zu einer inneren Unabhängigkeit, die Menschen im persönlichen Umfeld häufig als Entfremdung und als Ärgernis ansehen.

Matthäus 10,32-33 – *Verlieren wir unser Heil, wenn wir anderen nicht von Jesus erzählen?*

Zum Verständnis des Textes müssen beide Verse im Zusammenhang betrachtet werden! Der Kontext bezieht sich hier auf die Pharisäer, die Jesus durchgehend ablehnten, während die Jünger ihm nachfolgten und in jeder Stadt, die sie besuchten, über ihn sprachen. Betrachtet man diesen Hintergrund, haben Jesu Worte eine besondere Bedeutung. Vielleicht kann man seine Aussage so umschreiben: „Wer mich vor den Menschen anerkennt (wie ihr Jünger es getan habt), den werde ich vor meinem Vater im Himmel auch anerkennen. Wer mich aber ablehnt (wie die Pharisäer es bei jeder Gelegenheit tun), den werde ich auch vor meinem Vater im Himmel ablehnen."

Wenn wir den griechischen Grundtext betrachten, kann man noch ergänzen, dass der Gebrauch des Wortes „verleugnen" andeutet, dass es hier nicht um punktuelle Fälle von Verleugnung geht (wie die des Petrus, der Jesus sogar dreimal verleugnete – vgl. Lukas 22,34), sondern dass eine Grundhaltung gemeint ist, also eine völlige Ablehnung der Person Jesu. Für solche Menschen wird sich Jesus vor dem Vater nicht einsetzen.

Matthäus 11,12 – *Was meint Jesus mit der Aussage, dass „dem Reich der Himmel Gewalt angetan" wird und es „Gewalttuende" an sich reißen?*

Hinsichtlich der Übersetzung und Deutung dieser Bibelstelle gibt es extrem unterschiedliche Ansichten, wie zum Beispiel an der Übersetzungsvariante der Neuen Genfer Übersetzung deutlich wird: „Von der Zeit an, als Johannes der Täufer auftrat, bis zum heutigen Tag bricht sich das Himmelreich mit Gewalt Bahn, und Menschen versuchen mit aller Gewalt, es an sich zu reißen."

Wie sind diese Jesusworte also zu verstehen? Manche glauben, dass Jesus damit meinte, dass die Ablehnung von Johannes dem

Täufer und von Jesus selbst ständig zunehmen würde. Das Reich Gottes war angegriffen worden, und „Gewalttuende“ – besonders die religiösen Führer Israels – würden es jetzt immer offensiver angreifen. Dennoch würde auch das Reich Gottes weiter voranschreiten.

Andere meinen, dass sich die Aussage auf Jesu Jünger bezieht. In diesem Fall wären die Jünger die „Gewalttuenden“ – Männer voller Elan und Kraft, die sich mutig und kraftvoll der Aufgabe widmen, die Botschaft vom Reich Gottes zu verbreiten, trotz aller Verfolgung, der sie entgegensehen müssen.

Ferner wird die Meinung vertreten, dass die kraftvolle Predigt Johannes' des Täufers eine Volksbewegung auslöste, in welcher Menschen das Reich Gottes förmlich bestürmten. Die Menschen verlangten mit einem solch ungestümen Eifer nach dem Reich Gottes, dass man meinen konnte, sie wollten mit Gewalt hineinkommen.

Wieder andere meinen, dass die Worte Jesu sich auf die Zeloten oder ähnliche Gruppen beziehen, auf Eiferer für das Reich Gottes im nationalen bzw. politischen Sinn, die in der Tat mit physischer Gewalt vorgingen.

Schließlich gibt es die Auslegung, dass die „Gewalt“ sich auf die gewaltigen Wunder bezieht, die die Ausbreitung des Reiches Gottes durch das Wirken Jesu begleiten. Diese Wunder greifen die Mächte der Finsternis gleichsam an.

Matthäus 11,14 – *Jesus sagt, dass Johannes der Täufer der wiedergekommene Elia sei. Vertritt er damit eine Reinkarnationslehre?*

Man kann Lukas 1,17 als Kommentar zu dieser Stelle heranziehen, um etwaige Verwirrungen aufzulösen. Johannes wird hier charakterisiert mit den Worten: „in dem Geist und der Kraft des Elia“. Nirgendwo wird in der Bibel gesagt, dass Johannes eine Reinkarnation des Elia sei. Wer dies behauptet, vergisst, dass Johannes der

Täufer selbst, als er darauf angesprochen wurde, geantwortet hat, dass dem nicht so sei (vgl. Johannes 1,21).

Die Worte Jesu beziehen sich vielmehr darauf, dass Johannes die Funktion des in Maleachi 3,23 beschriebenen Bußpredigers ausübte. Damit stellte er das Kommen des Johannes wie auch sein eigenes Wirken für die, die sich in den Schriften des Alten Testaments auskannten, in einen endzeitlichen Zusammenhang.

Matthäus 12,32 – *Was hat es mit der Sünde gegen den Heiligen Geist auf sich, die nicht vergeben werden kann?*

Diese Bibelstelle gehört zu den Passagen, derentwegen manche Christen besonders besorgt sind. In diesem Vers lesen wir: „Und wenn jemand ein Wort reden wird gegen den Sohn des Menschen, dem wird vergeben werden; wenn aber jemand gegen den Heiligen Geist reden wird, dem wird nicht vergeben werden, weder in diesem Zeitalter noch in dem zukünftigen." Der Parallelbericht in Markus 3,29 hat den Wortlaut: „[…] wer aber gegen den Heiligen Geist lästern wird, hat keine Vergebung in Ewigkeit, sondern ist ewiger Sünde schuldig."

Die Bedeutung dieser Aussage wird klarer, wenn wir den Kontext von Matthäus 12,32 betrachten. Die jüdischen religiösen Führer sind gerade Zeuge eines mächtigen Wunders Jesu geworden. Sie sollten eigentlich erkannt haben, dass Jesus dieses Wunder in der Kraft des Heiligen Geistes vollbracht hat. Immerhin prophezeiten die heiligen Schriften der Juden das Kommen eines Messias mit besonderen Zeichen und Wundern – und mit diesen Schriften waren die Pharisäer bestens vertraut. So wird etwa in Jesaja vorausgesagt, dass Blinde wieder sehen, Taube wieder hören und Lahme wieder gehen können werden (vgl. Jesaja 35,5-6). Doch was tun die Pharisäer? Sie behaupten, dass Jesus diese Wunder in der Macht des Teufels, des „*un*heiligen Geistes", tue. *Das* ist die Sünde gegen den Heiligen Geist! Hier wird deutlich, dass sich die jüdischen Führer gegenüber Gott und seinen Taten völlig verhärtet haben.

Bibelausleger haben immer wieder herausgestellt, dass das „Lästern des Heiligen Geistes“ beinhaltet, dass man die Wunder des Heiligen Geistes, die den Messiasanspruch Jesu bestätigen, so nachdrücklich und endgültig ablehnt, dass man lieber von Zauberei spricht. Nur so meint man, sich gegen die Wirkung des Heiligen Geistes wehren zu können, der aber Jesus als Messias ausweist.

Das ist tatsächlich eine Sünde, die verdammt. Denn Gott hat es vorgesehen, dass der wahre Messias kommt und vom Heiligen Geist beglaubigt wird.

Mehr noch: Der Heilige Geist überführt die Menschen von Sünde und führt ihre Herzen zur Umkehr; er macht die Menschen offen und aufnahmebereit für das Heil in Jesus Christus. Wer in dieser Weise den Heiligen Geist lästert, sondert sich tatsächlich von dem ab, der ihm den Weg zum Heil in Jesus Christus zeigen könnte. Genau das taten aber die jüdischen Führer.

Seelsorgerlich bleibt als eine bewährte Hilfe zu ergänzen, dass jemand, der darüber besorgt ist, die Sünde des Heiligen Geistes begangen zu haben, sie mit Sicherheit *nicht* begangen hat.

Matthäus 12,40 – *War Jesus wirklich drei Tage und drei Nächte im Grab, wie hier angedeutet wird?*

An welchem Tag Jesus starb und wann er auferstand, ist bei näherer Betrachtung kein leicht zu lösendes Problem. Hier kann man durchaus zu unterschiedlichen Schlüssen kommen, auf die wir hier leider nicht im Einzelnen eingehen können. Die meisten Bibelausleger sind indes der traditionellen Auffassung, dass Jesus an einem Freitag gekreuzigt und begraben wurde, irgendwann vor Sonnenuntergang. Also war Jesus einen Teil des Freitags, den ganzen Sabbat (Samstag) und einen Teil des Sonntags begraben. Anders gesagt: Er war zwei volle Nächte, einen vollen Tag und an zwei Tagen zumindest teilweise im Grab. Wie ist das mit den drei Tagen und drei Nächten in Matthäus 12,40 zu harmonisieren, von denen gesagt wird, dass er sie im „Herzen der Erde“ verbringen würde?

Zwei Lösungsansätze seien hier genannt, die beide mit dem speziellen jüdischen Hintergrund zu tun haben:

Nach jüdischer Vorstellung wurde jeder Teil des Tages als kompletter Tag angesehen, das besagt z.B. der Babylonische Talmud (eine jüdische Kommentarzusammenstellung). Gemäß dieser Verstehensweise hat Jesus insgesamt drei Tage und drei Nächte im Grab zugebracht.

Demgegenüber sehen andere die „drei Tage und drei Nächte“ als eine stehende hebräische Redewendung an, die keine exakte zeitliche Angabe beinhaltet, auf jeden Fall keine 72 Stunden meint, sondern eher so viel wie „ein paar Tage“ bedeutet.

Matthäus 12,43-45 – *Was meint Jesus damit, wenn er sagt, dass sieben unreine Geister möglicherweise zu einem Menschen zurückkehren, der zuvor von einem Dämon besessen war?*

Für diesen geheimnisvollen Bibeltext seien zwei Verstehensmöglichkeiten genannt: Jesus spricht hier mit Pharisäern, die gerade von Jesus ein Zeichen verlangt haben (vgl. Matthäus 12,38). Jesus entgegnet zunächst, dass die Pharisäer ein solches Zeichen mit falschen Motiven suchen (vgl. Verse 39-45). Dann nimmt er das wirkliche Problem der Pharisäer aufs Korn: Sie wollen sich äußerlich erneuern, das aber ohne gleichzeitige innere geistliche Umkehr. In ihrem Leben ist die Kraft Gottes nicht festzustellen.

Jesus vergleicht die Pharisäer mit einem Mann, der von einem Dämon befreit wurde. *Nun* versucht der Mann alles, um sein Haus auf Hochglanz zu bringen – mit eigenen Mitteln. Offenbar vertraut er Gott nicht wirklich, denn er wird nur äußerlich reli giös tätig. Daraufhin kommen sieben andere Geister und besetzen den Mann. Es ist also nun mit ihm schlimmer bestellt als zuvor.

Jesus wollte den Pharisäern damit sagen, dass ihnen Ähnliches droht. Ihre eigenen menschlichen Erneuerungsversuche – ohne persönliche Umkehr, ohne Jesus zu vertrauen, ohne die wirkliche Kraft des Heiligen Geistes zu erfahren – würden dazu führen, dass es mit ihnen schlimmer würde als in jenem Moment.

Andere Ausleger beziehen die unzureichende Reinigung auf die Menschen, die zuvor Johannes dem Täufer zugehört, eine gewisse Offenheit und durchaus Reue gezeigt hatten, aber in Oberflächlichkeiten stecken geblieben waren. Mit ihnen würde es demnach schlimmer als zuvor, wenn sie sich nicht mit dem Geist Gottes erfüllen ließen.

Matthäus 13,10-11 – *Warum erzählt Jesus nur einigen wenigen die Geheimnisse des Reiches Gottes?*

In Matthäus 13 wird beschrieben, dass Jesus einer Menschenmenge gegenüberstand, die sowohl Gläubige als auch Ungläubige umfasste. Dabei versuchte er nicht, die beiden Gruppen voneinander zu trennen, um dann etwa nur die Gläubigen zu lehren. Vielmehr baute er seine Lehre so auf, dass Gläubige verstehen würden, was er sagte, Ungläubige indessen nicht, und dies tat er, indem er Gleichnisse erzählte.

Nachdem er solch ein Gleichnis erzählt hatte, fragte ihn ein Jünger: „Warum redest du in Gleichnissen zu ihnen?“ (Matthäus 13,10). Jesus antwortete: „Weil euch [den Gläubigen] gegeben ist, die Geheimnisse des Reiches der Himmel zu wissen, jenen [den Ungläubigen] aber ist es nicht gegeben“ (Vers 11).

Ein Geheimnis im biblischen Sinn ist eine Wahrheit, die nicht durch menschliche Nachforschungen entdeckt werden kann, weil es einer besonderen Offenbarung von Gott bedarf. Im Allgemeinen bezieht es sich auf eine Wahrheit, die den Menschen in alttestamentlicher Zeit unbekannt war, nun aber der Menschheit offenbart wird (vgl. Matthäus 13,17; Kolosser 1,26). In Matthäus 13 liefert Jesus den Gläubigen Informationen über das Himmelreich, die nie zuvor offenbart worden waren.

Warum aber vermittelte Jesus seine gleichnishaften Lehren so, dass Gläubige sie verstehen konnten, Ungläubige nicht? Der Hintergrund ist, dass die Jünger, nachdem sie bereits wohlwollend auf die Lehre Jesu reagiert und ihr Vertrauen in ihn gesetzt hatten, bereits viel von der Wahrheit über den Messias wussten. Sorgfältiges Nachdenken über die Gleichnisse würde ihnen noch mehr Einsichten bringen. Verhärtete Ungläubige aber, die zuvor willentlich und anhaltend die Lehren Jesu abgelehnt hatten, waren durch diese Einstellung daran gehindert, die Gleichnisse zu verstehen. Hier folgte Jesus offensichtlich einer Anweisung, die er selbst zuvor in der Bergpredigt gegeben hatte: „Gebt nicht das Heilige den Hunden; werft auch nicht eure Perlen vor die Schweine" (Matthäus 7,6).

Doch auch dieser Umstand mag noch ein Zeichen von Gnade sein: Möglicherweise hat Jesus die Ungläubigen deswegen an einem Verständnis der Gleichnisse gehindert, um ihnen dadurch nicht noch mehr Verantwortung aufzubürden: Er vermied es, ihnen neue Wahrheiten mitzuteilen, für die sie am Ende zur Rechenschaft gezogen werden könnten.

Matthäus 13,31-32 – *Was meint Jesus, wenn er das Himmelreich mit einem Senfkorn vergleicht?*

Jesus lehrte, dass das Himmelreich einen nahezu unmerklichen, fast unsichtbaren Anfang hat. Doch wie aus dem kleinen Senfkorn eine große Pflanze werden kann – die mehr als vier Meter hoch ist –, würde das Reich Gottes klein beginnen, aber gewaltig wachsen.

Matthäus 13,33 - *Sauerteig wird in der Bibel häufig als Bild für das Böse verwendet. Warum sagt Jesus dann, dass das Reich Gottes wie Sauerteig sei?*

Über das, was Jesus hier meint, gibt es sehr unterschiedliche Auffassungen. Sauerteig repräsentiert an anderen Stellen in der Bibel eindeutig das Böse (vgl. Matthäus 16,12; Markus 8,15; Lukas 12,1; 1. Korinther 5,6-8; Galater 5,9). Manche meinen daher, dass Jesus hier sage, dass das Böse in irgendeiner Form auch immer im Christentum präsent sein würde, bis Jesus wiederkäme (vgl. 1. Timotheus 4,1-5). Vielleicht seien hiermit diejenigen gemeint, die vorgeben, zu glauben, es aber nicht wirklich tun.

Andere sind der Meinung, dass das Bild vom Sauerteig, nur weil es an anderen Stellen das Böse meint, nicht unbedingt in *allen* Zusammenhängen so verstanden werden muss. Vielleicht ist Sauerteig, analog zum Senfkorn-Gleichnis, in diesem Zusammenhang positiv gemeint. Es wäre dann ein Bild für das mächtige Wachsen des Reiches Gottes als Ergebnis der durchdringenden Kraft des Evangeliums von Jesus Christus und des übernatürlichen Wirkens des Heiligen Geistes.

Matthäus 13,44-46 - *Was meint Jesus, wenn er das Reich Gottes mit einem verborgenen Schatz und einer Perle vergleicht?*

Mit diesen Bildreden stellt Jesus den unglaublichen Wert des Himmelreichs heraus. Die, die wahrhaft seine Wichtigkeit erkennen, werden alles tun, was in ihrer Macht steht, um es in ihren Besitz zu bringen. Sie erinnern uns auch daran, dass wir willens sein sollten, alles aufzugeben, um das Reich Gottes zu erhalten.

Natürlich ist mit diesen Gleichnissen nicht gemeint, dass Menschen sich durch materielles Vermögen einen Weg ins Himmelreich erkaufen könnten. Solch eine Schlussfolgerung würde der Absicht der Gleichnisse völlig zuwiderlaufen.

Matthäus 13,47-50 – *Im Fischernetz, von dem Jesus im Gleichnis erzählt, sind gute und schlechte Fische zu finden. Zeigt das, dass auch Ungläubige gegenwärtig Teil des Reiches Gottes sind?*

Jesus lehrte, dass bis zu seiner Wiederkunft, wenn das Gericht kommen wird, echte und falsche (vorgebliche) Christen gemeinsam im Reich Gottes existieren werden. Am Ende dieses Zeitalters wird es eine Trennung der Gerechten von den Ungerechten, den Bösen, geben. Die Gerechten, also die echten Gläubigen, werden in das Reich Christi eingeladen, die Ungerechten (falsche Bekenner oder offen Ungläubige) werden von seinem Reich ausgeschlossen werden und an einen Ort voller Leid geschickt.

Fischer machen die Erfahrung, dass man in einem großen Fischernetz alle möglichen Fischarten findet – einige sind gut und können weiterverwertet werden, andere sind zu nichts zu gebrauchen. Fischer trennen dann die guten von den schlechten Fischen und werfen die schlechten weg. Am Ende des Zeitalters wird Christus die Guten von den Schlechten trennen, die wahren Christen von den Scheinchristen, die Gerechten von den Ungerechten.

Matthäus 15,24 – *Legt dieser Text nahe, dass Gott im Hinblick auf Gebetserhörungen Günstlingswirtschaft betreibt?*

In diesem Abschnitt weist Jesus darauf hin, dass er besonders dazu gekommen ist, dem Volk Israel das Reich Gottes anzubieten, das ihnen im Bund mit David viele Jahrhunderte zuvor versprochen worden war (vgl. 2. Samuel 7,12-14). Es wäre für ihn nicht angemessen gewesen, seine Segnungen einer heidnischen Frau zuteilwerden zu lassen – indem er ihre Tochter von dämonischer Besessenheit befreite –, bevor er diese Segnungen zunächst Israel erwies. Aber die Frau hörte mit ihren Bitten nicht auf. Und Jesus antwortete: „Es ist nicht schön, das Brot der Kinder zu nehmen und den Hunden hinzuwerfen“ (Matthäus 15,26). Es ist hinlänglich bekannt, dass die Juden in damaliger Zeit Heiden (Nationen) so ansahen, als wären diese Hunde. Sie selbst hielten sich für Kinder Gottes.

Das Bild, das Jesus hier seinen Zuhörern vor Augen malt, ist das einer Familie, die zu Tisch sitzt. Analog dazu sind die Juden die Kinder, die am Tisch sitzen und das essen, was der Hausvorstand ihnen zuteilt. Die heidnische Frau findet sich in dieser Geschichte als der Haushund wieder. Die Leckerbissen waren für die Kinder am Tisch bestimmt, doch als „Hund" sah sie sich als berechtigt an, die Krümel zu essen, die möglicherweise vom Tisch fallen (vgl. Vers 27).

Die Frau wollte sich damit nicht zwischen Gott und seinen Segen für Israel stellen. Vielmehr hoffte sie, dass ein klein wenig des überfließenden Segens auch auf sie in ihrer Zeit der Not fiele. Dies zu Jesus zu sagen, erforderte großes Vertrauen, und weil sie so vertraute, kam Jesus ihrer Bitte nach. Wie ironisch es anmutet, dass der Glaube dieser heidnischen Frau in so deutlichem Kontrast steht zu dem Mangel an Glauben bei den heuchlerischen Führern Israels.

Vielleicht zeigt aber auch Jesus in dem, was er zu der Frau sagt, ein wenig ironischen Humor. Sicherlich sieht Jesus, der Schöpfer aller Menschen (vgl. Johannes 1,3; Kolosser 1,16; Hebräer 1,2), nicht ernsthaft irgendeine Person als Hund an. Es könnte also sein, dass Jesus mit seiner Frage an die Frau augenzwinkernd auf die damalige Geisteshaltung der meisten Juden anspielte. Dann wäre diese Bemerkung also gar nicht ausgrenzend gemeint, sondern im Gegenteil: Jesus hätte sich mit der Frau solidarisiert.

Matthäus 15,24 – *Wer sind die verlorenen Schafe des Hauses Israel?*

Dieser Ausdruck bezieht sich auf die Israeliten, denen Jesus in Juda und Galiläa predigte und die in den Augen Gottes verloren waren. Wir lesen zuvor im Matthäusevangelium, dass Jesus im Hinblick auf diese Gruppe seine Jünger anwies: „[…] geht aber vielmehr zu den verlorenen Schafen des Hauses Israel! Wenn ihr aber hingeht, predigt und sprecht: Das Reich der Himmel ist nahe gekommen" (Matthäus 10,6-7). Hier sehen wir einen deutlichen Kontrast zwischen den Heiden und den verlorenen Schafen des Hauses Israel, den Juden. Ursprünglich wurden die Jünger ausgesandt, um sich um die Juden zu kümmern.

In der Umsetzung des göttlichen Heilsplans sollte also die gute Nachricht vom Reich Gottes zuerst den Juden – Gottes Bundesvolk – gepredigt werden. Aber die Heiden sollten nicht ausgeschlossen sein. Gottes Angebot richtet sich letztlich an die gesamte Menschheit. Dies wird auch im Missionsbefehl (Matthäus 28,19-20) deutlich, in dem Jesus Christus uns dazu verpflichtet, das Evangelium allen Menschen an allen Orten zu bringen.

Matthäus 16,18 – *Ist Petrus der Fels, auf den die Kirche, die Gemeinde, gebaut ist?*

In diesem Vers sagt Jesus zu Petrus: „Aber auch ich sage dir: Du bist Petrus, und auf diesem Felsen werde ich meine Gemeinde bauen, und des Hades Pforten werden sie nicht überwältigen." Der überwiegende Teil der Ausleger bezieht diesen Vers darauf, dass Petrus hier als Fels der Gemeinde Jesu bezeichnet wird. In der Tat hat Petrus bei der Entstehung der ersten Gemeinde eine tragende Rolle gespielt. Da die römisch-katholische Kirche jedoch aus dieser Stelle eine Vorrangstellung des Papstes als Nachfolger des Petrus ableitet, hat man in Abwehr dieser durch die Bibel nicht begründbaren Auffassung gemeint, Jesus könnte Petrus nicht als Fels bezeichnet haben. Jedoch legt die schlichte Lektüre des Textes dies nahe.

Andererseits werden einige Hinweise im griechischen Text als Argumente *gegen* die Behauptung herangezogen, dass Petrus hier der Fels sein soll: Bei der ersten Erwähnung des Petrus wird er in der zweiten Person angesprochen („du"), „dieser Felsen" ist aber in der dritten Person formuliert. Außerdem ist Petrus (griechisch:

petros) ein maskuliner, Felsen (*petra*) hingegen ein femininer Begriff. Darum beziehen sie sich womöglich auch nicht auf dasselbe. *Petra* könnte in diesem Zusammenhang das *Glaubensbekenntnis* des Petrus meinen, in dem er Jesus als Christus bezeichnet (vgl. Matthäus 16,16). Dann könnte man diesen Vers folgendermaßen paraphrasieren: „Du bist Petrus, und auf Glaubensbekenntnissen wie deinem werde ich meine Gemeinde bauen."

Sieht man genauer hin, stellt man ohnehin fest, dass es im ganzen Text von Matthäus 16,13-20 zentral um Jesus geht und wer dieser eigentlich ist, nicht aber um Petrus. Jesus fragt seine Jünger nach dem, was die Leute von ihm sagen (vgl. Vers 13), daraufhin erklärt Petrus, dass Jesus der Christus ist (vgl. Vers 20). In Vers 20 warnt Jesus die Jünger und bittet sie, niemandem zu erzählen, dass er der Christus sei, damit seine Identität nicht vorzeitig bekannt würde. Überall im ganzen Abschnitt ist Jesus das Leitthema, nicht Petrus (vgl. Römer 9,33; 1. Korinther 3,11; 10,4; Epheser 2,20; Kolosser 1,17-18; 1. Petrus 2,7). Es geht um die herausragende Rolle Jesu, nicht um die Vorrangstellung des Petrus.

Matthäus 16,19 - *Zeigt die Tatsache, dass Petrus die Schlüssel des Himmelreichs gegeben wurden, seine Vorrangstellung an?*

Nein. Nirgendwo im Neuen Testament wird der Begriff „Schlüssel" auf die Befugnis bezogen, eine Tür zu öffnen und jemandem zu einem Ort oder einem Bereich Eintritt zu gewähren (vgl. Lukas 11,52; Offenbarung 1,18; 3,7; 9,1; 20,1). Mit den Schlüsseln des Himmelreichs ist vielmehr die Vollmacht gemeint, das Evangelium des Christus zu predigen und damit die Türen des Himmelreichs zu öffnen, sodass es Menschen möglich wird, einzutreten.

Von dieser Autorität zum Predigen des Evangeliums hat Petrus zum ersten Mal an Pfingsten Gebrauch gemacht (vgl. Apostelgeschichte 2,14-42). Aber auch den anderen Aposteln wurde diese Autorität im engeren Sinn verliehen, denn sie schrieben das

Evangelium in einer Form auf, die die Zeiten überdauerte. Und alle Glaubenden haben diesen Schlüssel im abgeleiteten Sinn ebenfalls, da auch sie das Evangelium anderen mitteilen und damit denen das Himmelreich öffnen können, die eintreten wollen.

Matthäus 16,20 – *Warum sagte Jesus seinen Jüngern, dass sie niemandem sagen sollen, dass er der Christus ist?*

Jesus hat dies gesagt, weil in jener Zeit einige verbreitete Missverständnisse über den Messias (oder: Christus) kursierten. Es gab eine sehr gespannte messianische Erwartungshaltung: Wenn der Messias käme, würde er die Juden von der römischen Herrschaft befreien. Das Volk erwartete einen politischen Befreier-Messias. Wenn nun schon zu so einem frühen Zeitpunkt seines Wirkens das Gerücht kursiert hätte, Jesus sei der Messias, hätte dies die vorgefassten Vorstellungen des Volkes im Blick auf die Dinge beflügelt, die diese Messiasfigur ihrer Meinung nach tun sollte. Infolgedessen hätten ihn die Römer wahrscheinlich als Rebellenführer bezeichnet. Um diese falsche Reaktion des Volkes auf seine Worte und Taten zu vermeiden, erteilte Jesus Anweisungen, niemandem zu erzählen, dass er der Christus ist. Er wollte nicht, dass jemand von seiner tatsächlichen Identität spricht, solange er nicht ausreichend Gelegenheit gehabt hätte, den Massen zu vermitteln, warum er wirklich gekommen war. Mit der Zeit wurde die Identität Jesu denen, die mit ihm in Kontakt kamen, immer deutlicher.

Matthäus 16,25-26 – *Müssen wir wirklich unser Leben verlieren, um gerettet zu werden?*

Jesus als Jünger nachfolgen – das kostet etwas, und darauf will Jesus hier hinaus. Jeder Jünger, der Jesus Christus folgt, wird Leiden erfahren und Opfer bringen müssen. Aber dadurch, dass man sein Leben verliert (nämlich dadurch, dass man Nein zu sich selbst sagt, sich nicht mehr um sich selbst dreht und in seinem Herzen Christus an die erste Stelle setzt), wird man in Wirklichkeit das Leben finden. Niemand ist geistlich lebendiger und dynamischer in seiner Beziehung zu Gott als der, der sich ganz und gar Jesus Christus hingegeben hat.

Wir müssen hier unterscheiden zwischen dem Gerettetsein und der Nachfolge als Jünger Jesu. Die Bibel macht deutlich, dass wir nur durch den Glauben an Jesus Christus gerettet werden können (vgl. Johannes 3,16; 5,24; 11,25; 12,46). Aber ein Leben in der Jüngerschaft geht über ein anfängliches Bekehrungserlebnis hinaus – es ist ein beständiges, verbindliches Leben mit Christus, das sich im Dienst für ihn aufopfert. Der Jünger muss sich selbst und seinen eigensüchtigen Interessen den Rücken kehren. Jesus Christus muss über alles in seinem Leben regieren.

Matthäus 16,28 - *Wie ist es möglich, dass Jesus an dieser Stelle seinen Nachfolgern sagt, dass einige von ihnen den Tod nicht schmecken werden, bis sie den Menschensohn (= ihn selbst) in seinem Reich haben kommen sehen?*

Würde dieser Text sich auf die Wiederkunft Jesu am Ende der Zeiten beziehen, stünde hier eine krasse Falschaussage. Wie also lässt sich dieses Wort Jesu sonst erklären?

Das Kommen „in sein Reich“ könnte auf die Auferstehung Jesu oder auf die Himmelfahrt bezogen sein, weil Jesus Christus dort in der Tat seine Herrschaft angetreten hat (vgl. Römer 1,4; Epheser 1, 20). Dies wäre die am nächsten liegende Erklärung.

Tatsächlich haben Jesu Zeitgenossen den Menschensohn aber auch noch in einem anderen Sinn in sein Reich kommen sehen: Die Aussage Jesu könnte sich auch auf die Verklärung beziehen, die ein Kapitel später beschrieben wird (vgl. Matthäus 17,1-13). Sollte diese Auslegung richtig sein, dann ist die Verklärung als Vorausschau oder Vorgeschmack auf das Reich Gottes anzusehen, in dem der göttliche Messias in verherrlichter Weise wiederkommen wird. Genauer gesagt bricht in der Verklärung die Macht und Herrlichkeit Gottes durch die Verhüllung, die seine Menschlichkeit ja letztendlich war. Die Herrlichkeit Gottes leuchtet so stark, dass sogar seine Kleidung in deren blendendem Glanz entflammt zu sein scheint. Dieselbe Herrlichkeit wird der Welt offenbart werden, wenn Jesus wieder auf die Erde kommen wird, um sein Reich zu errichten (vgl. Matthäus 24,30; 25,31).

Matthäus 18,18 – *Können Christen den Teufel binden?*

Gott hat uns alles gegeben, was wir brauchen, um den Teufel zu besiegen (vgl. Epheser 6,11-18). Jedoch haben die neutestamentlichen Verse, die von „binden" und „lösen" sprechen, nichts mit dem zu tun, was hin und wieder mit „geistlicher Kampfführung" bezeichnet wird. Die Worte „binden" und „lösen" waren jüdische Redewendungen, die anzeigten, dass das, was auf der Erde verkündet wird, schon im Himmel festgelegt ist. Binden bedeutet: verbieten, zurückweisen oder unterbinden; lösen heißt: genehmigen oder erlauben. Wir können im Hinblick auf bestimmte Dinge auf der Erde Verbote oder Erlaubnisse aussprechen, weil der Himmel (also Gott) in diesen Dingen bereits etwas verkündet hat.

Im Kontext von Matthäus 18 spricht Jesus nur über das, was man heute als „Gemeindezucht" bezeichnet. Er zeigte an, dass Glieder der Gemeinde, die sündigen, aber dann wieder umkehren, „gelöst" (was hier bedeutet: in die Gemeinschaft aufgenommen) werden sollten, diejenigen, die keine Reue zeigen, sollten „gebunden", also aus der Gemeinschaft entfernt werden.

Matthäus 18,21-22 – *Was meint Jesus, wenn er sagt, dass wir bis „siebzig mal sieben(mal)" vergeben sollen?*

Die Pharisäer waren der Auffassung, dass es die Gerechtigkeit erfordere, dass einer Person zweimal vergeben werde. Die jüdischen Rabbiner lehrten, dass man dreimal vergeben sollte, wenn man besonders großherzig sein wollte. Als Petrus Jesus anfragte, ob man einem solchen Menschen siebenmal vergeben solle, dachte er ohne Zweifel, dass dieser Ansatz schon sehr großzügig sei. Aber Jesus ging weit über die Vorstellung des Petrus hinaus, indem er sagte, wir sollen „siebzig mal sieben(mal)" vergeben (für Juden bedeutete diese Zahl: unendlich oft). In Anbetracht der unendlichen Vergebung Gottes (vgl. Matthäus 18,23-35) ist dies nur angemessen.

Matthäus 18,32-35 – *Wird Gott uns hart anfassen, wenn wir uns weigern, anderen zu vergeben?*

In Matthäus 18,23-34 erzählt Jesus ein Gleichnis, um Petrus die Frage zu beantworten: „Herr, wie oft soll ich meinem Bruder, der gegen mich sündigt, vergeben?" (Vers 21). Jesus spricht hier von einem König, der befiehlt, dass ein Diener mitsamt seiner Familie verkauft wird, um für das zu bezahlen, was er dem König schuldete (das waren 10 000 Talente, heute wären dies viele Millionen Euro). Aber der Knecht bat ihn um Vergebung, und so vergab der König dem Knecht und erließ ihm die Schuld (vgl. Verse 23-27).

Dieser Knecht traf nun auf einen anderen Knecht, der ihm einen weit kleineren Betrag schuldete (100 Denare, das wären vielleicht zehn Euro). Diesem wollte er die Schuld aber nicht erlassen, sondern ließ ihn stattdessen ins Gefängnis werfen (vgl. Verse 28-30). Als die anderen Knechte das sahen, berichteten sie es dem König (vgl. Vers 31). Dieser befahl daraufhin, dass man den bösen Sklaven folterte, bis er all das zurückgezahlt hatte, was er dem König schuldete (vgl. Verse 32-34).

Das ist der Kontext, in welchem Jesus sagt: „So wird auch mein himmlischer Vater euch tun, wenn ihr nicht ein jeder seinem Bruder von Herzen vergebt" (Matthäus 18,35).

Jesus erklärt hier dem Petrus einen wichtigen und ernsten Sachverhalt. Petrus musste verstehen, dass er als Mensch völlig unfähig ist, Gott das zu bezahlen, was er ihm schuldet. Im Gleichnis konnte sich Petrus in dem Mann wiederfinden, dem der König eine über alle Maßen hohe Schuld vergeben hat. Auch Petrus' immense Schuld hat Gott vergeben. Also sagt das Gleichnis, dass nun auch Petrus verpflichtet ist, anderen zu vergeben, die ihm Unrecht getan haben. Deren Verfehlungen sind nur eine Bagatelle im Vergleich zu dem, was Petrus Gott angetan hat und wofür ihm Gott vergeben hat. Wer aber angesichts dieser Tatsachen anderen nicht vergibt, fordert Gottes Gericht heraus.

Matthäus 19,12 – *Plädiert Jesus hier dafür, dass Menschen um des Reiches Gottes willen Eunuchen (Verschnittene) sein sollten?*

Dieser Vers steht im Kontext einer Auseinandersetzung über Ehe und Ehescheidung (vgl. Matthäus 19,3-12). Einige Pharisäer hatten Jesus hinsichtlich der Ursachen einer Scheidung befragt (vgl. Vers 3), und Jesus hatte geantwortet, dass die Ehe von Gott als dauerhafte Beziehung eingerichtet worden war (vgl. Verse 4-6). Daraufhin fragten die Pharisäer, warum Mose geboten habe, einen Scheidebrief auszustellen (vgl. Vers 7). Jesus antwortete, dass Gott das nicht von vornherein so beabsichtigt habe. Er habe aber schließlich Scheidung wegen der „Herzenshärtigkeit" der Menschen erlaubt (vgl. Vers 8). Jesus stellt daraufhin fest, dass Scheidung und Wiederheirat einem Ehebruch gleichkämen, es sei denn, dass die Scheidung wegen Hurerei vollzogen worden ist (vgl. Vers 9).

Die Jünger reagierten auf Jesu strikte Worte über Ehescheidung, dass Heirat dann eigentlich überhaupt nicht ratsam sei (vgl. Matthäus 19,10). Daraufhin meinte Jesus, dass in der Tat eine „Eunuchen-Lösung" für manche Leute eine Alternative sein mag – aber eben auch nur für manche. Für diejenigen, die „geborene Eunuchen" waren, nämlich Menschen ohne Sexualtrieb oder solche mit einer angeborenen Missbildung, war dies sicherlich eine Lösung. Das Gleiche galt für andere, die aufgrund einer Operation zu Eunuchen geworden waren (was damals bei Haussklaven oder Leibeigenen nicht unüblich war) oder die um des Reiches Gottes willen auf die Ehe verzichteten. Jesus sagt hier: Wer das so akzeptieren kann, soll dies so akzeptieren. Er wusste aber sicherlich, dass das für die meisten Menschen keine echte Alternative darstellt.

Matthäus 19,28 – *Was ist in diesem Vers mit der „Wiedergeburt" gemeint?*

Die Verwendung des Begriffs „Wiedergeburt" weicht an dieser Stelle von dem allgemeinen Gebrauch dieses Wortes im Neuen Testament ab (vgl. dazu die Anmerkungen zu Johannes 1,3-5).

Hier ist ein endzeitliches Geschehen gemeint. Viele Ausleger beziehen den Begriff „Wiedergeburt" in diesem Zusammenhang darauf, dass Gott einen neuen Himmel und eine neue Erde schaffen wird (vgl. Offenbarung 21,1-5). Dementsprechend verweist Apostelgeschichte 3,21 auf die „Wiederherstellung aller Dinge". Die neue Erde, die eine erneuerte und ewige Erde sein wird, wird den gewaltigen moralischen und physischen Veränderungen entsprechen, die der Zustand der Ewigkeit erfordert. Alles wird neu und dem herrlichen Wesen Gottes gemäß sein – ein Zustand ewigen Glücks und absoluter Vollkommenheit. Kein Verderben mehr, kein Verfall und keine Unordnung!

Matthäus 20,18 – *Wenn Jesus der Sohn Gottes ist, warum wird er manchmal Menschensohn genannt?*

Vgl. dazu die Anmerkungen zu Matthäus 8,20.

Matthäus 20,29-34 – *In diesem Abschnitt wird berichtet, dass Jesus zwei blinde Männer heilte, als er Jericho verließ. Markus 10,46-52 und Lukas 18,35-43 berichten demgegenüber, dass Jesus einen Mann heilte, als er nach Jericho hineinging. Wie kann man diese beiden Stellen in Einklang bringen?*

Verschiedene Erklärungen sind möglich. Eine davon ist, dass die Heilung stattfand, als er Alt-Jericho verließ und sich Neu-Jericho näherte (Jericho war damals in diese Gebiete aufgeteilt). Wenn Jesus sich nun quasi in der Mitte befindet, hängt es von der Perspektive des Betrachters ab, ob er aus der einen Stadt herauskommt oder in die andere Stadt hineingeht.

Das andere Problem ist, dass es offenbar zwei blinde Männer gab, die Heilung begehrten, Markus und Lukas aber nur einen erwähnen. Möglicherweise war Bartimäus derjenige, der sich durch energischeres Verhalten in den Vordergrund schob, sodass sie ausschließlich ihn erwähnen. Dies könnte die Erklärung für den offenkundigen Gegensatz in den Berichten der Evangelien sein.

Eine andere Erklärung wäre, dass die blinden Männer Jesus anflehten, als er nach Jericho hineinging, aber geheilt wurden, als Jesus Jericho wieder verließ. Auch könnte es sein, dass Jesus einen Blinden heilte, als er nach Jericho hineinging, und zwei andere blinde Männer, als er es verließ.

Matthäus 21,19 – *Warum verfluchte Jesus den Feigenbaum und ließ ihn auf wundersame Weise verdorren?*

Dem Betrachter mag Jesus hier als jemand erscheinen, der zornig auf den Baum ist und ihn in einer Art Wutanfall verflucht. Aber dies ist nicht der Fall. Die Lehrmethoden Jesu schlossen oft Gleichnisse und Bildworte ein. Ausleger sind sich darin weitgehend einig, dass Jesus hier ein „lebendes“ oder „gespieltes“ Gleichnis vorführt, um seinen Jüngern eine wichtige Wahrheit verständlich zu machen. Die Verfluchung des Feigenbaums war dazu eine eindrückliche visuelle Hilfe.

Manche Theologen legen nahe, dass Jesus hier das Prinzip des Glaubens illustriert. Wenn die Jünger einen solchen Glauben hätten, könnten sie auch solche Wunder vollbringen, wie Feigenbäume verdorren zu lassen oder Berge zu versetzen (vgl. Matthäus 17,20). Sie würden diesen Glauben in den kommenden schweren Zeiten benötigen.

Andere beziehen sich auf das Aussehen des Feigenbaums. Dieser hatte Blätter (Matthäus 21,19) und sah daher aus der Ferne so aus, als sei er fruchtbar. Doch bei näherer Betrachtung wurde klar, dass er gar keine Früchte trug. Demzufolge wäre die Verfluchung des Feigenbaums durch Jesus ein gespieltes Gleichnis, das den Jüngern vermitteln sollte, dass Gott die richten wird, die nach außen hin den Anschein erwecken, Früchte zu tragen, dies in Wirklichkeit aber gar nicht tun (wie die Pharisäer).

Wieder andere sehen den Feigenbaum als Stellvertreter für das ungläubige Israel. Israel gab vor, Gott treu zu sein und als Volk Frucht zu bringen, doch in Wirklichkeit war Israel glaubens- und fruchtlos. Und tatsächlich hat es den Messias Jesus abgelehnt und war daher reif für das Gericht. Vielleicht warf das Verdorren des Feigenbaums schon seine Schatten voraus auf das Verdorren bzw. die Vernichtung Israels im Jahr 70 n.Chr., als Titus mit seinen römischen Kriegern in Jerusalem einmarschierte und es zerstörte, womit Israels Existenz als politische Einheit beendet war (vgl. Lukas 21,20).

Zuletzt sei erwähnt, dass manche Ausleger betonen, dass der Bericht von der Tempelreinigung im Markusevangelium (vgl. Markus 11,15-19) zwischen den beiden Berichten eingebaut ist, die mit dem Feigenbaum zu tun haben (vgl. Verse 12-14 und 20-25). Möglicherweise hat Jesus gemeint, dass der Tempel und die damit verbundenen Opferaktivitäten von Weitem gut aussahen. Doch bei näherer Betrachtung war das religiöse System substanzlos, voller Heuchelei, trug keine geistlichen Früchte und war daher reif fürs Gericht.

Matthäus 22,14 – *Was meinte Jesus mit den Worten: „Denn viele sind Berufene, wenige aber Auserwählte"?*

In Matthäus 22,1-14 erzählt Jesus seinen Nachfolgern das Gleichnis vom Hochzeitsmahl. Es soll zum Ausdruck bringen, dass dem Volk Israel der König (Jesus) und sein Reich angeboten wurden, Israel sich diesem Angebot gegenüber aber nahezu desinteressiert verhalten hat. Mehr noch: Die Juden haben diejenigen, die diese Botschaft verkündet haben – die Propheten –, ermordet. Die Einladung wurde daraufhin auf alle ausgeweitet, die gerne kommen wollen, einschließlich derer aus den Nationen. Und schließlich lehrt das Gleichnis, dass die Einladung zum Heil zu vielen Menschen ausgesandt ist, Juden wie Heiden, aber vergleichsweise wenige sie annehmen.

Manche Theologen stellen heraus, dass die Aussage „Denn viele sind Berufene, wenige aber Auserwählte" anzeigt, dass Gott Sünder auf zweierlei Weise auffordert, sein Heil in Empfang zu nehmen: mit einem allgemeinen Aufruf an alle und einem besonderen Aufruf (oder einer Berufung) an Einzelne. Gleichzeitig macht das Gleichnis deutlich, dass Menschen für ihre Entscheidung, ob sie Jesus Christus annehmen oder ablehnen, verantwortlich sind, egal, ob eine Ablehnung aus Gleichgültigkeit (vgl. Vers 5), Auflehnung (vgl. Vers 6) oder Selbstgerechtigkeit (vgl. Vers 12) geschieht.

Matthäus 22,30 – *Lehrte Jesus, dass Menschen nach dem Tod nicht mehr verheiratet sind?*

Matthäus 22,30 macht deutlich, dass, wenn Glaubende ihren verherrlichten Auferstehungsleib empfangen, keine Notwendigkeit mehr zur Fortpflanzung (einer der wesentlichen Zwecke der Ehe) besteht. Wir werden wie Engel sein, und zwar in dem Sinn, dass wir nicht verheiratet sein und uns nicht weiterhin fortpflanzen werden. Wir sollten nun nicht denken, dass die Auflösung der Ehe im Himmel ein Verlust sei. Es ist wichtig, zu verstehen, dass die

Freuden des Himmels alles übertreffen werden, was Menschen auf Erden jemals kennengelernt haben. Der Himmel wird oft als „Paradies“ beschrieben (vgl. 2. Korinther 12,4), ein Begriff, der wörtlich bedeutet: „Garten der Freude“ oder „des Genusses“. In 1. Korinther 2,9 sagt Paulus uns: „Was kein Auge gesehen und kein Ohr gehört hat und in keines Menschen Herz gekommen ist, was Gott denen bereitet hat, die ihn lieben.“

Matthäus 23,9 – *Sollten wir den Begriff „Vater“ für unsere irdischen Väter nicht verwenden?*

In Matthäus 23,9 sagt Jesus: „Ihr sollt auch nicht jemanden auf der Erde euren Vater nennen; denn einer ist euer Vater, nämlich der im Himmel.“ Das ist zugegebenermaßen eine rätselhafte Aussage, doch der Kontext, der mit den Pharisäern zu tun hat, zeigt, dass Jesus hier nicht von biologischen Vätern spricht. Er spricht allerdings auch nicht von geistlichen Vätern, so wie etwa Paulus den Korinthern ein geistlicher Vater war (vgl. 1. Korinther 4,15-17) und er Timotheus oder Onesimus als seine (geistlichen) Söhne ansieht.

Unter den Juden des Altertums, besonders den Pharisäern, wurden die Rabbiner der damaligen Zeit oft respekt- und liebevoll als „Abba“ – „Vater“ – bezeichnet. Dies wurde als großer Ehrentitel verstanden. Von den verstorbenen Rabbinern sprach man als „den Vätern“. Sie wurden unter den Juden als Quelle der Weisheit angesehen. Umgekehrt sprachen die Rabbiner ihre Schüler als Kinder an. Das Wort „Vater“ bezeichnete im Judentum der damaligen Zeit eine Person mit Autorität, Ansehen, Überlegenheit und Weisungsrecht. Ein „Vater“ war es wert, respektiert zu werden.

Demgegenüber stellt Jesus in Matthäus 23,9 heraus, dass nur Gott verehrt und man nur ihm gegenüber unbedingt gehorsam sein sollte. Nur er verdient den Titel „Vater“ in diesem hohen Sinn. Nur er ist der Weise, der für uns als seine geliebten Kinder sorgt – im Gegensatz zu den Pharisäern, die ihre Nachfolger oft in die geistliche Versklavung führten.

Matthäus 23,13-36 – *Warum spricht Jesus in solch harter, liebloser Weise über die Pharisäer?*

In Matthäus 23,1-36 spricht Jesus Weherufe über das Volk Israel aus und beklagt den traurigen geistlichen Zustand der Menschen. In den Versen 1-12 fordert er die Menschenmenge und die Jünger auf, zwar dem Gesetz zu gehorchen, aber nicht dem Beispiel und den Taten der Pharisäer zu folgen. Dann verkündet Jesus in den Versen 13-36 besondere Weherufe gegen die religiösen Führer des Volkes. Dafür gab es Gründe:

- Sie hielten andere davon ab, das Himmelreich zu betreten (vgl. Vers 13).
- Ihre Taten passten nicht zu ihren fromm klingenden Worten (vgl. Vers 14).
- Sie versklavten Menschen in einer bloßen Religiosität (vgl. Vers 15).
- Sie waren mehr an materiellem Wohlstand interessiert als an der wahren Anbetung des lebendigen Gottes (vgl. Verse 16-22).
- Sie waren im Hinblick auf Kleinigkeiten des Gesetzes pingelig, ließen aber die wesentlichen Dinge außer Acht (vgl. Verse 23-24).
- Sie waren in einem äußerlichen Sinn rituell rein, innerlich aber völlig verdreckt (vgl. Verse 25-26).
- Sie erweckten den Anschein von Rechtschaffenheit, waren aber innerlich voller Heuchelei (vgl. Verse 27-28).
- Sie behaupteten selbstgerechterweise, dass sie den Propheten beigestanden hätten, die zu Märtyrern geworden waren, gleichzeitig aber hatten sie versucht, Männer Gottes zu töten (vgl. Verse 29-36).

Matthäus 24,34 – *Was für ein „Geschlecht“ wird nicht vergehen, „bis dies alles geschehen ist“?*

Als Antwort auf diese Frage werden hauptsächlich zwei Lösungen vorgeschlagen: Eine Auslegung geht davon aus, dass Jesus sagt, dass die Menschen, die die Zeichen erleben werden, die zuvor in Matthäus 24 beschrieben worden sind (der „verwüstende Gräuel“ [vgl. Vers 15], die Bedrängnis, die so groß sein wird wie nie zuvor [vgl. Vers 15], und das Zeichen des Menschensohns am Himmel [vgl. Vers 30]), auch das zweite Kommen Christi erleben werden. Es war im Judentum bekannt, dass diese zukünftige Bedrängniszeit nur sieben Jahre andauern würde (vgl. Daniel 9,24-27). So ist es also offensichtlich, dass die, die zu Beginn dieser Zeit leben, wahrscheinlich auch die Wiederkunft Christi sieben Jahre später erleben werden – mit Ausnahme derer, die in dieser stürmischen Zeit ihr Leben verlieren. In diesem Fall bezögen sich die Worte Jesu auf eine endzeitliche Zukunft.

Andere sind der Ansicht, dass das Wort „Geschlecht“ hier nicht Generation bedeutet, sondern einen allgemeineren Sinn hat, den man etwa mit Ethnie, Verwandtschaft, Familie, Stamm oder Art wiedergeben könnte. Sollte das gemeint sein, verspricht Jesus hier, dass das Volk Israel – trotz furchtbarer Verfolgungen während der Bedrängniszeit – bis zur Vollendung des Plans Gottes bei seiner Wiederkunft bewahrt werden wird.

Gott hat dem Volk Israel viele Dinge versprochen – so etwa das Land (vgl. 1. Mose 12; 14-15; 17) und ein zukünftiges, von David abstammendes Königreich (vgl. 2. Samuel 7). Jesus könnte sich also darauf bezogen haben, dass Israel bewahrt werden würde, damit Gott seine Verheißungen erfüllen könnte (vgl. Römer 11,11-26).

Matthäus 25,1-13 – *Was sagt Jesus im Gleichnis von den zehn Jungfrauen über das Reich Gottes aus?*

Die Kernaussage dieses Gleichnisses ist, dass nur die, die im Hinblick auf das Reich Gottes wachsam und auf das Kommen des Menschensohns eingestellt sind (also die Glaubenden), in das Reich Gottes hineingehen können (vgl. Matthäus 25,13). Die Wiederkunft Jesu wird plötzlich und unerwartet geschehen. Gläubige („weise Jungfrauen") sind die, die das Kommen Jesu erwarten und darauf achten, vorbereitet zu sein, indem sie dementsprechend leben. Wenn Jesus wiederkommt, wird man sich nicht mehr auf das Reich Gottes vorbereiten können. Niemand kann sich dann mehr für ein Leben im Glauben entscheiden. Nur denen, die durch den Glauben gerettet sind, wird es erlaubt sein, einzutreten. Keine unerlösten Menschen („törichte Jungfrauen") werden hineingehen dürfen.

Matthäus 25,35-40 – *Was meint Jesus mit dem Gleichnis von den Schafen und den Böcken?*

Nach seiner Wiederkunft wird Jesus Christus alle Menschen sammeln und sie wie „Schafe" von den (Ziegen-)„Böcken" trennen, abhängig davon, wie sie ihre „Brüder" behandelt haben.

Unklar ist, was Jesus hier mit den „Brüdern" meint. Er könnte sich einerseits auf die Armen, Verfolgten und Unterdrückten im Allgemeinen beziehen. Wenn man sich ihnen gegenüber gut verhält, ist das eine Frucht des Glaubens, und man dient damit nicht nur den Menschen, sondern auch Jesus.

Diese Brüder könnten aber auch die 144 000 Juden sein, die in Offenbarung 7 und 14 erwähnt werden und die während der künftigen Bedrängniszeit auf der ganzen Welt das Evangelium verbreiten werden. Die Schafe wären dann die Gläubigen, die ihren Glauben dadurch erweisen, dass sie diesen 144 000 „Brüdern" Gutes tun, indem sie ihnen zu trinken und zu essen geben, ihnen

Kleidung überlassen etc. Die „Böcke“ dokumentieren demgegenüber ihren Unglauben, da in ihrem Leben keine Auswirkungen des Glaubens zu spüren sind.

Matthäus 25,46 – *Lehrt dieser Vers eine ewige und bewusst erlebte Qual der Unerlösten?*

Nüchtern betrachtet sagt dieser Vers genau das aus. Die Bestrafung, von der Matthäus 25,46 spricht, kann nicht als eine leidensfreie Vernichtung oder als bloße Auslöschung des Bewusstseins missverstanden werden. Wo kein Leiden ist, ist auch keine Bestrafung, denn Strafe ist immer mit Leiden verbunden und Leiden immer mit dem bewussten Erleben des Leids.

Zudem: Wenn etwas ausgelöscht wird, kann es keine Abstufungen geben. Ein bisschen auslöschen kann man nicht. Aber die Bibel sagt, dass es am Gerichtstag *Stufen der Bestrafung* geben wird (vgl. Matthäus 10,15; 11,21-24; 16,27; Lukas 12,47-48; Johannes 15,22; Hebräer 10,29; Offenbarung 20,11-15; 22,12). Die Tatsache, dass Menschen in der Hölle unterschiedliche Grade an Bestrafungen erleiden werden, zeigt, dass der Gedanke einer Vernichtung oder einer Auslöschung des Bewusstseins weder an dieser Stelle noch überhaupt in der Bibel verkündet wird. Qual wird immer bewusst erlebt. Einem Baum, Felsen oder Haus kann man keine Qual zufügen. Leiden und Qualen erfordern zwingend ein Bewusstsein, um diese wahrzunehmen.

Die Bestrafung wird in Matthäus 25,46 als ewig angesehen. Das hier vorliegende griechische Adjektiv „ewig“ (*aionion*) bedeutet: dauerhaft und ohne Ende. Dasselbe Adjektiv wird in Römer 16,26; 1. Timotheus 1,7; Hebräer 9,14; 13,8 und Offenbarung 4,9 verwendet. Die Bestrafung der Bösen ist genauso ewig wie der ewige Gott.

Matthäus 27,5 - *Wie kann dieser Vers, in dem gesagt wird, dass Judas sich erhängte, mit Apostelgeschichte 1,18 zusammengebracht werden, wo gesagt wird, dass Judas kopfüber auf ein Feld stürzte, entzweibrach und dass seine Eingeweide ausgeschüttet worden sind?*

Beide Berichte treffen zu. Offenbar erhängte sich Judas zunächst. Dann riss wahrscheinlich das Seil, oder es löste sich, sodass der Körper aus der Schlinge rutschte und dann auf einen Felsen fiel und zerbarst. Manche vermuten, dass die Schlinge nicht gut befestigt war. Nur beide Berichte zusammen ergeben das komplette Bild dessen, was wohl mit Judas geschehen ist. Dass verschiedene Zeugen nur ausschnittweise Dinge in Erinnerung behalten, ist ein natürlicher Vorgang.

Matthäus 27,52-53 - *Erhalten einige Menschen ihren Auferstehungsleib vor anderen?*

In diesem Abschnitt lesen wir, dass im Anschluss an die Auferstehung Jesu Folgendes geschah: „[...] die Grüfte öffneten sich, und viele Leiber der entschlafenen Heiligen wurden auferweckt, und sie gingen nach seiner Auferweckung aus den Grüften und gingen in die heilige Stadt und erschienen vielen." Die Deutung dieser Passage ist schwierig: Manche meinen, diese Menschen hätten zu diesem Zeitpunkt nicht ihre Auferstehungsleiber erhalten, sondern seien wiederbelebt worden, wie Lazarus in Johannes 11. Sie starben aber dann wieder und kehrten in ihre Gräber zurück.

Andere gehen hier von den „Heiligen", den Gerechten und Propheten des Alten Testaments aus. Diese sind Jesus, dem „Erstgeborenen aus den Toten", sofort und als Zeichen für die damaligen Bewohner Jerusalems nachgefolgt. Dies dürfte aber als ein einmaliges Geschehen zu verstehen sein, da die Bibel den Empfang des Auferstehungsleibes sonst in die Zukunft verlegt (vgl. 1. Korinther 15,50-52; 1. Thessalonicher 4,13-17).

Markus

Markus 1,15 - *Was ist der Unterschied zwischen dem „Reich Gottes" und dem „Reich der Himmel"?*

Die Begriffe „Reich Gottes" und „Reich der Himmel" sind in der Bibel im Wesentlichen austauschbar. In den Evangelien von Markus, Lukas und Johannes wird der Begriff „Reich Gottes" verwendet (z.B. Markus 1,15; Lukas 9,2). Matthäus indessen benutzt „Reich der Himmel" 32-mal und „Reich Gottes" nur viermal. Dies kann man mit der Tatsache begründen, dass er als Jude sein Evangelium an die Juden richtete. Diese vermieden es möglichst, den Namen Gottes auszusprechen. Damit wollten sie sicherstellen, dass sie den Namen Gottes nicht missbrauchten (wie es das zweite Gebot vorschreibt – vgl. 2. Mose 20,7). Matthäus handelte hier also den Juden gegenüber besonders feinfühlig. Die anderen Evangelisten schrieben nicht an eine jüdische Leserschaft, daher benutzten sie den Begriff „Reich Gottes".

Markus 1,34 - *Warum lässt Jesus hier die Dämonen nicht reden, mit der Begründung: „denn sie wussten, wer er war"?*

Dafür gibt es wohl verschiedene Gründe. Zum einen wird Satan auch Vater der Lüge genannt (vgl. Johannes 8,44; vgl. auch 1. Mose 3,4), und da die Dämonen ihm folgen, spiegeln sie ohne Zweifel das Wesen ihres Führers wider. Sicherlich wünschte Jesus kein Bekenntnis hinsichtlich seiner Identität aus einer finsteren, lügenhaften Quelle. Man muss darüber hinaus bedenken, dass einige der jüdischen Führer Jesus mit Beelzebub, dem Obersten der Dämonen, in Verbindung brachten (vgl. Markus 3,22). Wenn Jesus nun Lügengeistern erlaubt hätte, von ihm Zeugnis zu geben, hätte das im Hinblick auf die genannte Anschuldigung Öl ins Feuer gegossen.

Eine zweite mögliche Erklärung ist die, dass Jesus den Dämonen Schweigen gebot, um ihnen deutlich zu machen, dass er Autorität über sie hat. Diese Autorität wird auch an anderen Stellen in den Evangelien offen demonstriert (vgl. Markus 8,33; 9,38; Lukas 10,17).

Ein dritter Grund, die Dämonen hier zum Schweigen zu bringen, mag in den populären Missverständnissen im Hinblick auf den kommenden Messias zu suchen sein, wie sie im Judentum des ersten Jahrhunderts gang und gäbe waren. Die Juden erwarteten den Messias als einen siegreichen Eroberer, der sie von der Herrschaft der Römer befreite. Wenn nun ein Dämon vor der Zeit ausgeplaudert hätte, dass Jesus der Messias ist, hätten die Juden diese Aussage wahrscheinlich missverstanden. Jesus brachte die Dämonen also möglicherweise zum Schweigen, damit seine wahre Identität nicht in dieser frühen Phase seines Wirkens offenbart würde, sondern erst dann, wenn seine Zeit gekommen wäre und er in Wort und Tat demonstriert hätte, dass er der wahre, biblische Messias ist.

Markus 1,44 – *Warum weist Jesus den geheilten Aussätzigen an, niemandem von der Heilung zu erzählen, sondern sich stattdessen dem Priester vorzustellen und Opfer zu bringen?*

Der Grund für die Anweisung, die Heilung geheim zu halten, hat wahrscheinlich dieselbe Ursache, wegen der Jesus nicht wollte, dass die Dämonen von ihm redeten (vgl. die Erklärung zu Markus 1,34): Er wollte nicht, dass vorzeitig bekannt würde, dass er der Messias ist. Daher sollte auch der Aussätzige über das Wunder schweigen.

Der Aussätzige sollte sich dem Priester zeigen, weil dies zur damaligen Zeit gemäß den Geboten des Alten Testaments rituell erforderlich war. Unter den Juden wurde der Aussatz als eine der schlimmsten Formen von Unreinheit angesehen. Nach dem Gesetz des Mose musste sich jeder, der Aussatz hatte oder bei dem das zumindest vermutet wurde, einem Reinigungsritual unterziehen, um in der Gesellschaft wieder akzeptiert zu werden. Wäre dieser Mann in Galiläa geblieben und hätte nicht den Tempel aufgesucht, sondern wäre herumgegangen und hätte erzählt, wie Jesus ihn geheilt hat, wäre er von den anderen Juden in der Stadt immer noch als unrein angesehen worden, und sein Zeugnis für Jesus wäre nichtig gewesen.

Markus 2,12 – *Warum hat Jesus zuerst verkündet, dass dem Gelähmten die Sünden vergeben sind, und ihn erst dann geheilt?*

Auf den ersten Blick mag diese Reihenfolge verwirren. Doch wenn man genauer hinsieht, wird klar, dass Jesus hier etwas Wichtiges zum Ausdruck bringt. Er wusste, dass allen, die vor Ort waren, bewusst war, dass nur Gott behaupten konnte, dass jemandem die Sünden vergeben worden seien. (So sagt Gott etwa in Jesaja 43,25: „Ich, ich bin es, der deine Verbrechen auslöscht um meinetwillen, und deiner Sünden will ich nicht gedenken.“) Als Jesus sagte: „Deine Sünden sind vergeben“, setzte er sich in den Augen der Zuhörer dadurch selbst in die Position Gottes.

Die Schriftgelehrten, die dort waren, verstanden die Worte Jesu jedenfalls so, denn sie überlegten: „Was redet dieser so? Er lästert. Wer kann Sünden vergeben außer einem, Gott?“ (Markus 2,7). Natürlich diente die darauf folgende Heilung des Gelähmten dazu, Jesu Behauptung, er sei Gott, durch ein Wunder zu untermauern (vgl. Verse 10-11).

Indem er dem Gelähmten erst sagt, dass seine Sünden vergeben sind, und ihn erst dann heilt, macht er auch deutlich, dass das größte Bedürfnis des Menschen nicht die körperliche, sondern die geistliche Heilung ist. Das geistliche Gesundwerden hat Vorrang.

Nachdem er dies klargemacht hatte, heilte er den Mann auch körperlich.

Markus 2,17 – *Lehrt Jesus, dass manche Menschen gerecht genug sind und keinen Erlöser brauchen?*

In Markus 2,17 sagt Jesus: „Ich bin nicht gekommen, Gerechte zu rufen, sondern Sünder." Mit dem Wort „Gerechte" bezieht sich Jesus nicht auf die, die aus Gottes Sicht schon gerecht sind, sondern auf die, die dies nach ihrer eigenen Einschätzung bereits sind, wie die Schriftgelehrten und Pharisäer (vgl. Lukas 16,14-15). Jesus ist gekommen, um den Menschen zu dienen, die demütig anerkennen, dass sie Sünder sind und einen Retter nötig haben. Den Selbstgerechten kann Jesus nur sagen, dass sie von Gott verurteilt sind.

Markus 2,21-22 – *Neuer Wein in alten Schläuchen – was will uns Jesus damit sagen?*

In alter Zeit bestand ein Weinschlauch aus der Haut von Ziegen oder anderen Tieren und wurde wie eine Tasche benutzt, um Wein aufzubewahren und auszugießen. Solche Weinschläuche dehnten sich mit der Zeit aus und verloren schließlich ihre Elastizität. Wenn sie durch den vergorenen Wein bis an die Grenze gedehnt waren, würden sie platzen, wenn sie mit neuem, unvergorenem Wein befüllt würden.

Analog dazu illustriert Jesus die Tatsache, dass das alttestamentliche Gesetz – das von den Pharisäern zur Zeit Jesu durch gesetzliche Auslegung auf die Spitze getrieben wurde – unflexibel und überholt war. Der alte Weinschlauch des Judentums konnte den dynamischen neuen Glauben des Christentums nicht mehr fassen. Für Jesu Lehre von der Gnade war in den gesetzlichen Weinschläuchen des Judentums kein Platz.

Was Jesus den Massen anbot, war nichts, was einfach nur auf das Judentum „aufgesetzt" werden konnte. Auch der Versuch, einen neuen Flicken auf ein zerfetztes Kleidungsstück zu setzen, muss scheitern.

Jesus bot keine Reformation des Judentums; vielmehr war sein Angebot etwas völlig Neues: das Christentum. Der lebendige Glaube, von dem er sprach, konnte nicht wie ein Flicken auf ein totes religiöses System gesetzt werden.

Markus 2,27-28 – *Lehrte Jesus, dass das Brechen des Sabbats in Ordnung war?*

Jesus und seine Jünger gingen an einem Sabbattag durch ein Getreidefeld. Die Jünger waren hungrig, also nahmen sie ein paar Ähren und aßen sie. Daraufhin behaupteten die Pharisäer, dass die Jünger das Gesetz brachen, weil am Sabbat jegliche Arbeit unrechtmäßig sei.

Jesus antwortete darauf, indem er den ursprünglichen Zweck des Sabbats herausstellte: „Der Sabbat ist um des Menschen willen geschaffen worden und nicht der Mensch um des Sabbats willen" (Markus 2,27). Jesus meint damit, dass Menschen wichtiger sind als jede Regelung und dass die Einrichtung des Sabbats zum Wohle der Menschen gedacht war. Die Pharisäer hatten jedoch diese Lehre über den Sabbat in eine gesetzliche Last verdreht und Sabbatgebote derart angehäuft, dass sie untragbar waren. Also weist Jesus die Pharisäer zurecht, indem er sagt, dass der Sabbat für den Menschen da ist und ihm geistliche, geistige und körperliche Erfrischung und Erneuerung bringen sollte. Der Sabbat sollte nicht das freudlose Ritual sein, zu dem ihn die Pharisäer gemacht hatten, sondern vielmehr eine Ruhezeit, in der man sich voller Freude die Größe und die Wunder Gottes vergegenwärtigen kann.

Markus 4,25 – *Was meinte Jesus, als er sagte: „Denn wer hat, dem wird gegeben werden; und wer nicht hat, von dem wird auch, was er hat, genommen werden“?*

Jesus meinte wohl, dass diejenigen, die positiv auf die Wahrheit reagieren, noch mehr empfangen werden. Diejenigen aber, die nicht positiv reagieren, werden sogar das verlieren, was sie haben. Dieses Prinzip kann man mit dem Leben des Kornelius illustrieren. Der Heide war gehorsam gemäß dem begrenzten Maß an Wahrheit, das er mitbekommen hatte: Er gehorchte der alttestamentlichen Offenbarung (vgl. Apostelgeschichte 10,2), aber ihm war noch nicht genug offenbart worden, um an Jesus Christus als den Retter zu glauben. Also sandte Gott Petrus zu dem Haus des Kornelius, um ihm das Evangelium zu erklären. Kornelius glaubte an Jesus und war nun gerettet (vgl. Verse 44-48).

Markus 4,26-29 – *Was sagt Jesus im Bild von der wachsenden Saat über das Reich Gottes?*

Jesus meint, dass die Frucht, die durch das Aussäen des Samens entsteht (in diesem Fall ist der Same das Wort Gottes), nicht von dem abhängt, der aussät, sondern von dem Leben, das sich im Samen selbst verbirgt. Da die elf Jünger bald schon die Botschaft von Jesus bis an die Enden der Erde tragen müssten (vgl. Matthäus 28,19-20), könnten sie einem Irrtum erliegen, wenn sie meinten, dass die Ernte (die Seelen, die sie gewinnen) allein von ihren Bemühungen abhänge. Jesus benutzte dieses Gleichnis, um deutlich zu zeigen, dass jede Ernte vom Samen abhängt, der gesät wird. Auch ist es erforderlich, dass man dem Samen erlaubt, sein inneres Leben zu entfalten, durch Wachstum sichtbar zu werden und am Tag der Ernte Frucht zu bringen.

Markus 6,4-5 – *Warum konnte Jesus in seiner Heimatstadt keine Wunder tun?*

Auf den ersten Blick bekommt man hier den Eindruck, dass die wundersame Macht Jesu völlig vom Glauben der Menschen abhängt. Doch dieser Abschnitt hat eine andere Bedeutung. Jesus war nicht etwa unfähig, in Nazareth ein Wunder zu vollbringen. Jesus „konnte" keine Wunder tun, weil er es angesichts des tief greifenden Unglaubens in dieser Stadt nicht wollte.

Wunder dienen aus göttlicher Perspektive einem weit höheren Zweck, als dass sie nur ein bloßes Zur-Schau-Stellen von Macht wären. Die wunderbaren Taten Jesu werden im Neuen Testament auch „Zeichen" genannt, da sie Jesu Identität als Messias zeichenhaft bezeugen. Die Menschen aus Nazareth hatten sich schon gegen Jesus entschieden und mehr als ausreichend Anzeichen für den Mangel an Glauben geliefert. Jesus zog es vor, dort keine Wunder mehr zu vollbringen, außer ein paar kranke Menschen zu heilen. Er weigerte sich, einer Stadt Wundertaten zuteilwerden zu lassen, die den wunderbaren Messias abgelehnt hatte. Der Unglaube schloss die Menschen aus Nazareth von der kraftvollen Offenbarung der Gnade Gottes aus, wie sie andere erfahren durften.

Markus 8,15 – *Was meint Jesus mit dem „Sauerteig der Pharisäer"?*

Sowohl in jüdischen als auch in hellenistischen Kreisen war Sauerteig häufig ein Symbol für das Böse oder das Verderben. Unter den Juden stand Sauerteig oft für einen unsichtbaren, durchdringenden Einfluss. In diesem Kontext ist mit dem Sauerteig der Pharisäer Unglaube und ein Geist der Heuchelei gemeint, welche durch deren Lehren gefördert wurden. Schon eine winzige Menge Sauerteig besitzt die Fähigkeit, eine große Teigmasse zu durchdringen. Pharisäischer Unglaube und Heuchelei – nachdem sie einmal in die jüdische Gesellschaft eingedrungen und akzeptiert worden waren –

verbreiteten sich so durchdringend, dass sie echtes geistliches Leben unmöglich machten. Der Sauerteig der Pharisäer hatte das ganze Volk infiziert, sodass der geistliche Zustand Israels entsetzlich war.

Markus 8,33 – *Deutete Jesus an, dass Petrus vom Teufel besessen war, als er zu ihm sagte: „Geh weg hinter mich, Satan!"?*

Jesus hatte seinen Jüngern eröffnet, dass er getötet werden, aber nach drei Tagen wieder auferstehen würde (vgl. Markus 8,31-38). Daraufhin hat Petrus Jesus dafür zurechtgewiesen, dass er gesagt hatte, er müsse sterben. Vielleicht war auch Petrus dem populären Missverständnis erlegen, dass der Messias ein siegreicher König sein müsse, der Israel von der römischen Herrschaft befreie. Wenn er stürbe, wäre das unmöglich. Daher wandte sich Jesus an Petrus und sagte zu ihm: „Geh weg hinter mich, Satan! Denn du sinnst nicht auf das, was Gottes, sondern auf das, was der Menschen ist."

Jesus erkannte, dass Satan hinter den Worten des Petrus stand. Der Teufel war sich des Plans Gottes bewusst und war darauf erpicht, alles in seiner Macht Stehende zu tun, um Jesus davon abzuhalten, ans Kreuz zu gehen. Daher versuchte Satan, ihn von seiner Bestimmung abzubringen, und zwar durch einen der engsten Mitarbeiter Jesu, seinen Freund und Jünger Petrus.

Die Tatsache, dass Satan durch Petrus sprach, bedeutet nicht, dass Petrus vom Teufel besessen war. Er wurde vielmehr unwissentlich zum Sprachrohr des Teufels, denn dieser hatte ihm Dinge in den Kopf gesetzt, die menschlichen Denkweisen entsprachen, nicht aber dem, was Gott vorhatte. Weil er jedoch auf menschliche Dinge ausgerichtet war, war er leicht durch Satan, den Meister aller Versucher, zu beeinflussen. Schließlich hatte Satan seit Tausenden von Jahren Erfahrung darin, Menschen vom richtigen Weg abzubringen. Jesu Ermahnung betraf nicht nur Petrus, sondern war genauso eine Warnung für die anderen Jünger. Alle sollten auf die Aktivitäten des Gegenspielers achtgeben.

Markus 8,34 – *Was ist damit gemeint, dass wir unser Kreuz aufnehmen und Jesus nachfolgen sollen?*

Wenn zur Zeit der Römer ein Mensch zum Tode verurteilt wurde und der Zeitpunkt der Hinrichtung bevorstand, verlangten die römischen Henker vom Delinquenten, dass er sein eigenes Kreuz zum Hinrichtungsplatz trug. So war es auch bei Jesus, als dessen Hinrichtung gekommen war (vgl. Johannes 19,17).

Was aber bedeutet es, dass wir unser Kreuz aufnehmen und Jesus nachfolgen sollen? In erster Linie scheint sich diese Aussage auf ein Leben der Selbstverleugnung und der Unterwerfung unter Jesus zu beziehen. Jesus ruft sehr offensichtlich zu absoluter Hingabe auf. Dahinter steckt der Gedanke: „Wenn du mir wirklich nachfolgen willst, dann tu das nicht nur mit Worten, dann riskiere dein Leben und folge mir auf dem Weg des Kreuzes – ein Weg, welcher Opfer, Selbstverleugnung und möglicherweise auch Leiden und Tod um meinetwillen beinhalten wird."

Wir dürfen nicht vergessen, dass Jesu Worte über das Aufnehmen des Kreuzes und die Nachfolge an seine (bereits geretteten) Jünger gerichtet sind, wie die Parallele zu Matthäus 16,24 deutlich macht. Es wäre also eine irrige Annahme, daraus zu schließen, dass ein Leben der Selbstverleugnung und das Aufnehmen des Kreuzes eine *Bedingung* für das ewige Heil seien. Einer Person nachzufolgen ist ein kontinuierlicher Prozess – eine Vorwärtsbewegung. Demgegenüber ist das Eintreten in die Familie Gottes ein einzelnes Ereignis, das mit der Wiedergeburt geschieht, die vom Glauben an Jesus Christus abhängt (vgl. Apostelgeschichte 16,31). Das Heil ist gratis, aber Jüngerschaft kostet etwas. Was das Heil angeht, so hat Jesus den Preis am Kreuz bezahlt; in Bezug auf die Jüngerschaft zahlt aber der Glaubende den Preis, indem er sein Kreuz auf sich nimmt und Jesus nachfolgt. Das Heil beinhaltet eine neue Geburt; Jüngerschaft bedeutet lebenslanges Wachstum, das der neuen Geburt folgt.

Man beachte die drei Schlüsselverben in Markus 8,34 – „verleugnen", „aufnehmen" und „nachfolgen". Die ersten beiden Verben stehen im Griechischen im Aorist Imperativ, was eine entschlossene Handlung andeutet. Wir müssen uns entschlossen selbst verleugnen und unser Kreuz auf uns nehmen. Das Wort „nachfolgen" ist indes ein Imperativ, der im Präsens steht. Das Präsens markiert eine andauernde Handlung. Wir sollen dauernd und unaufhörlich Jesus nachfolgen, tagaus, tagein. (Christsein ist also nicht nur eine Sonntagsangelegenheit.) Jesus zu folgen, ist ein Prozess, kein Einzelereignis. Der Imperativ zeigt an, dass es sich hier um einen Befehl handelt, keine bloße Option. Wer ein Jünger Jesu sein will, der muss sein Kreuz auf sich nehmen und Jesus täglich nachfolgen. In diesem Fall kann man mit der ständigen Gegenwart Jesu in seinem Leben rechnen, sogar in den schlimmsten Stürmen.

Markus 9,39-40 – *Was meinte Jesus, als er sagte: „Denn wer nicht gegen uns ist, ist für uns"?*

In diesem Abschnitt wird berichtet, dass die Jünger einem Exorzisten begegneten, der die Dinge nicht so handhabte, wie die Jünger dachten, dass er es sollte. Also untersagten sie ihm, weiterzumachen. „Wehrt ihm nicht", wies sie Jesus daraufhin zurecht, „denn es ist niemand, der ein Wunder in meinem Namen tun und bald darauf schlecht von mir reden kann. Denn wer nicht gegen uns ist, ist für uns" (Markus 9,39-40).

Dieser Vers deutet an, dass zwar viele Menschen Jesus nachfolgen, aber nicht alle in genau der gleichen Weise. Obwohl dieser Mann Jesus nicht so nachfolgte wie die Jünger, stellte er sich doch dem Teufel entgegen, hatte offensichtlich den Schritt des Glaubens gewagt und stand auf der Seite von Jesus.

Es ist interessant, dass Jesus hier in Markus 9,39-40 sagt: „Denn wer nicht gegen uns ist, ist für uns", und demgegenüber in Matthäus 12,30: „Wer nicht mit mir ist, ist gegen mich."

Vordergründig scheint ein Widerspruch in diesen Bibelworten zu stecken, aber dem ist nicht so. Die Passage in Markus 9,39-40 meint, dass auch der zum Kreis der Glaubenden gehört, der seinen Glauben anders lebt als die meisten anderen. Jesus macht klar, dass die Frontlinie nicht zwischen den Jüngern und dem Exorzisten verläuft, sondern zwischen den Jesus-Nachfolgern und denen, die Jesus nicht folgen.

In Matthäus 12,30 ist hingegen gemeint, dass der, der sich nicht willentlich für Jesus entscheidet, ein Gegner Jesu ist. In beiden Versen wird klar, dass Jesus nicht davon ausgeht, dass man in einer „neutralen Zone" bleiben kann, wenn es um seine Person geht. Entweder sind wir bei denen, die Jesus ablehnen, oder bei denen, die Jesus treu sein wollen. Einen Mittelweg gibt es nicht.

Markus 10,17-18 – *Leugnet Jesus, dass er selbst „gut" ist?*

In diesem Abschnitt sagt Jesus: „Was nennst du mich gut? Niemand ist gut als nur einer, Gott" (Vers 18). Damit leugnet er jedoch nicht, dass er ein gutes Wesen habe. Auch streitet er dem jungen Reichen gegenüber nicht ab, dass er Gott ist. Vielmehr fordert Jesus den jungen Mann auf, zu bedenken, was er eigentlich sagt. Im Endeffekt fragt Jesus ihn: „Weißt du eigentlich, was du sagst, wenn du zum Ausdruck bringst, dass ich gut bin? Sagst du damit, dass ich Gott bin?" Jesus hat seine Gottheit damit nicht verleugnet. Im Gegenteil: Eher hat er damit seinen Anspruch, Gott zu sein, auf verhüllte Weise angedeutet.

Markus 10,30 – *Verspricht Jesus hier eine hundertfache Erstattung unserer finanziellen und materiellen Spenden?*

Nein, dieser Vers hat mit Geld und Wohlstand gar nichts zu tun. Er gilt speziell denen, die um Jesus und des Evangeliums willen ihr Zuhause aufgeben und sich von ihren Angehörigen trennen. Diese Personen werden in dem Sinne alles hundertfach erstattet bekommen, dass sie Teil der Gemeinschaft der Gläubigen werden. In dieser neuen Gemeinschaft finden sie eine Vervielfachung der Beziehungen, von denen viele letztlich enger und geistlich bedeutungsvoller sind als Familienbande (vgl. Markus 3,31-35; Apostelgeschichte 2,41-47; 1. Timotheus 5,1-2).

Markus 11,23-34 – *Verspricht Jesus, dass wir alles bekommen, wofür wir bitten?*

Nein, diesen Vers muss man im Lichte anderer klarer Bibelworte interpretieren. Diese anderen Verse setzen dem, was Gott uns geben will, Grenzen. Voraussetzung für die Erhörung von Gebeten ist, dass wir in Gemeinschaft mit Gott bleiben und zulassen, dass sein Wort in uns bleibt (vgl. Johannes 15,7). Wir dürfen auch nicht aus selbstsüchtigen Motiven bitten (vgl. Jakobus 4,3) und müssen unsere Wünsche dem souveränen Willen Gottes unterordnen. Uns wird gesagt: „Und dies ist die Zuversicht, die wir zu ihm haben, dass er uns hört, wenn wir etwas nach seinem Willen bitten. Und wenn wir wissen, dass er uns hört, was wir auch bitten, so wissen wir, dass wir das Erbetene haben, das wir von ihm erbeten haben" (vgl. 1. Johannes 5,14-15). Es kommt also ganz darauf an, ob das, was wir erbitten, dem Willen Gottes entspricht.

Markus 13,31 – *Wie ist es zu verstehen, dass auch der Himmel vergehen soll?*

Vgl. die Erklärung zu Jesaja 51,6.

Markus 13,32 – *Meint Jesus hier, dass er nicht allwissend ist, weil er den Tag oder die Stunde seiner Wiederkunft nicht weiß?*

Jesus spricht hier aus dem Blickwinkel seiner Menschlichkeit, in der er nicht allwissend ist, sondern in seinem Verstehen begrenzt, wie es alle Menschen sind. Hätte Jesus aus der Perspektive seiner Göttlichkeit gesprochen, hätte er nicht dasselbe gesagt. In der Bibel wird an vielen Stellen klar, dass Jesus in seiner göttlichen Natur allwissend ist – ebenso allwissend wie der Vater im Himmel (vgl. Matthäus 10,15; 11,27; 17,25.27; 21,2-4; Lukas 5,4.6; Johannes 2,25; 11,11.14; 16,30; 18,4; 21,6-11.17). Philipper 2,5-11 zeigt, dass Jesus (als Gott), um Mensch zu werden, gelegentlich freiwillig auf einige seiner göttlichen Eigenschaften verzichtete. Dafür ist Markus 13,32 ein Beispiel.

Markus 15,34 – *Warum fragte Jesus am Kreuz seinen Vater, warum dieser ihn verlassen habe?*

Die Aussage Jesu spiegelt wider, dass sein größtes Leiden nicht körperlicher, sondern geistlicher Natur war. Er nahm die Schuld der ganzen Welt auf sich; er wurde für uns zur Sünde (vgl. 2. Korinther 5,21). Dieser Moment verursachte eine beispiellose Seelenqual. Jesus wurde zum Gegenstand von Gottes Zorn, da er der Stellvertreter für uns Sünder war.

Das Gefühl der Verlassenheit, das Jesus verspürte, betraf die gerichtliche Dimension. Jesus fühlte eine Trennung vom Vater, die er nie zuvor kennengelernt hatte: Der Vater wendet sich im Gericht von seinem geliebten Sohn ab (vgl. Römer 3,25-26). Jesus, der

Retter, hat am Kreuz ganz und gar die Bitterkeit der Verlassenheit erfahren.

Markus 16,9-20 – *Gehören diese Verse in die Bibel?*

Die Passage in Markus 16,9-20 ist in den ältesten uns bekannten griechischen Kodizes (Textzusammenstellungen der Bibel) – dem Codex Vaticanus und dem Codex Sinaiticus – nicht zu finden. Auch ist sie nicht in alten lateinischen Handschriften, im Sinai-Syrer, in mehr als hundert armenischen und den beiden ältesten georgischen Handschriften. Darüber hinaus haben die Kirchenväter Clemens von Alexandria und Origenes diese Verse nicht gekannt. Eusebius und Hieronymus bescheinigen ebenfalls, dass dieser Abschnitt in den meisten der ihnen bekannten Abschriften des Markusevangeliums fehlt. Verständlicherweise glauben daher viele Theologen, dass diese Verse ursprünglich nicht zum Textbestand des Neuen Testaments gehörten. Erfreulicherweise berührt dieser Abschnitt keine Hauptlehren des christlichen Glaubens.

Markus 16,12 – *Erschien Jesus nach seiner Auferstehung in verschiedenen Körpern?*

In diesem Vers lesen wir: „Danach aber offenbarte er sich zweien von ihnen in anderer Gestalt unterwegs, als sie aufs Land gingen." Auf die Tatsache, dass dieser Text ursprünglich nicht zur Bibel gehörte, ist oben schon eingegangen worden (siehe Erklärung zu Markus 16,9-20). Zudem konkretisiert dieser Vers Lukas 24,16, wo es schlicht heißt: „[…] aber ihre Augen wurden gehalten, sodass sie ihn nicht erkannten." Das wunderhafte Element ist hier nicht im Körper Jesu zu suchen, sondern in den Augen der Jünger (vgl. Lukas 24,16.31). Sie wurden daran gehindert, Jesus zu erkennen, bis ihnen ihre Augen geöffnet wurden.

Was immer hier „in anderer Gestalt" bedeutet: Es meint sicherlich keine andere Gestalt als seinen realen, physischen, materiellen Körper. Bei dieser Gelegenheit aß Jesus schließlich auch etwas (vgl. Lukas 24,30), was er später als Beweis anführte, dass er wirklich Fleisch und Blut und kein unkörperlicher Geist war (vgl. Verse 38-43).

Markus 16,16 – *Sagt dieser Vers aus, dass die Taufe heilsnotwendig ist?*

Hier lesen wir: „Wer gläubig geworden und getauft worden ist, wird gerettet werden; wer aber ungläubig ist, wird verdammt werden." Es wird klar, dass der *Unglaube* Verdammnis bringt, nicht etwa eine fehlende Taufe. Wenn jemand das Evangelium ablehnt, sich weigert, daran zu glauben, ist er verdammt.

Man beachte die Worte des Paulus in 1. Korinther 1,17: „Denn Christus hat mich nicht ausgesandt zu taufen, sondern das Evangelium zu verkündigen." Paulus macht hier einen klaren Unterschied zwischen Taufe und Evangelium. Da es das Evangelium ist, das rettet (1. Korinther 15,1-2), ist die Taufe nicht notwendig, um das Heil zu bekommen.

Markus 16,17-18 – *Verspricht Jesus hier, dass allen, die glauben, Wunder folgen werden wie etwa Heilungen, Sprachenreden, Dämonenaustreibungen oder Verschonung von Giftschlangen oder tödlichem Gift?*

Vers 18 bezieht sich unter anderem darauf, dass Christen genötigt werden könnten, Schlangen aufzuheben und Gift zu trinken. Hiermit wird versprochen, dass, falls ein heidnischer bzw. nichtchristlicher Verfolger einen Christen zu solchen Taten nötigen sollte (was in der Alten Kirche durchaus möglich war), ihn Gott auf übernatürliche Weise bewahren wird.

In diesem Kontext kann man daher keine Begründung sehen,

dass Christen freiwillig Gift trinken oder (etwa in Gottesdiensten) mit Giftschlangen umgehen sollten. Auch in der Alten Kirche ist davon nicht die Rede. Paulus hatte eine Begegnung mit einer Giftschlange auf der Insel Melite, aber diese war völlig unbeabsichtigt (vgl. Apostelgeschichte 28,3-5).

Was Sprachenrede oder Krankenheilungen angeht, sind Christen darüber uneins, ob solche Phänomene als Wirkungen des Heiligen Geistes auch heute noch vorkommen. Manche sind der Auffassung, dass diese Gaben der Heilung und der Sprachenrede im Lauf des ersten Jahrhunderts verschwunden sind, nachdem die Bibel verfasst und ihre Botschaft durch viele wundersame Phänomene bestätigt worden war. Der überwiegende Teil der Ausleger sieht diese Theorie durch die Bibel indes als nicht gestützt an und geht davon aus, dass diese Gaben auch heute noch präsent sind.

Auf welcher Seite man auch immer steht: Es ist für beide Seiten wichtig zu verstehen, dass Markus 16,17-18 mit Sicherheit nicht lehrt, dass man kein echter Christ ist, wenn man nicht solche Erscheinungen erfährt. Dies wäre eine unberechtigte Schlussfolgerung, die dem Gesamtzusammenhang der Bibel Gewalt antut.

Lukas

Lukas 3,23-38 - *Wie können wir die unterschiedlichen Stammbäume Jesu erklären?*

Siehe dazu die Anmerkungen zu Matthäus 1,1-19.

Lukas 6,24 - *Lehrt Jesus, dass ein reicher Mensch nicht gerettet werden kann?*

Im Hintergrund dieses Verses ist zu sehen, dass die Jünger alles aufgegeben haben, um Jesus zu folgen. Im Gegensatz zu ihnen standen diejenigen, die vor Geld und Wohlstand nur so strotzten und sich über den Ernst ihrer eigenen Lage nicht im Klaren waren. (Sie sahen nicht ihre Sünden und dass sie Erlösung nötig hatten.) Ihre Grundeinstellung war: Persönlicher Wohlstand kann die meisten Probleme lösen. Dies machte sie dafür anfällig, zu denken, dass sie überhaupt nichts brauchten. Sie verließen sich auf den Reichtum, nicht auf Gott.

Über diese blinden, selbstherrlichen Menschen spricht Jesus in Lukas 6,24. Diejenigen, die nicht ihm, sondern ihrem Reichtum und den damit verbundenen Annehmlichkeiten vertrauen, werden eines Tages eine Umkehr der Dinge erleben und einer ewigen Bestrafung entgegensehen. Zu spät werden sie begreifen, dass ihre Annehmlichkeiten sie dazu gebracht haben, im Hinblick auf ihre ewige Zukunft kurzsichtig zu sein.

Extremer Wohlstand kann jemanden blind dafür machen, dass er Gott braucht. Doch gibt es in der Bibel auch Beispiele wohlhabender Männer wie Abraham und Hiob, die materiell reich waren, aber sich trotzdem Gott verpflichtet wussten. Reichtum an sich schließt niemanden aus dem Himmel aus. Die Warnungen

Jesu richten sich hier gegen die Liebe zum Reichtum und die Vergötzung des Geldes.

Lukas 6,29-30 – *Sagt Jesus hier, dass wir unter allen Umständen anderen die andere Wange hinhalten sollen?*

Siehe hierzu die Anmerkungen zu Matthäus 5,38-42.

Lukas 6,37 – *Hängt unser Status vor Gott davon ab, dass wir andere nicht richten, nicht verdammen und dass wir ihnen vergeben?*

Die Pharisäer hatten die Angewohnheit, sich selbst zum Richter aller Menschen zu machen. Sie maßen Menschen an sich selbst – und natürlich sahen sie sich selbst als einen absoluten Ausbund der Gerechtigkeit an. Die Pharisäer richteten dabei nicht nur das äußerliche Verhalten eines Menschen, sondern behaupteten selbstgerechterweise auch, deren Motive zu kennen. Angesichts dessen sagt Jesus: „Und richtet nicht, so werdet ihr nicht gerichtet; verurteilt nicht, so werdet ihr nicht verurteilt; sprecht los, so werdet ihr losgesprochen werden!" Die Pharisäer richteten, sie verdammten und sie vergaben den Menschen nicht wirklich. Jesu Behauptung zielte also auf die innere Einstellung der Pharisäer ab. Er sagte, dass seine Nachfolger ein solches selbstgerechtes und heuchlerisches Urteil vermeiden sollen.

Jesus sagt damit nicht, dass Christen nicht über verschiedene Dinge angemessene Urteile fällen sollten. Paulus sagt: „Der geistliche Mensch aber beurteilt […] alles" (1. Korinther 2,15). Christen sind dazu aufgerufen, zwischen Richtig und Falsch, zwischen echten und falschen Propheten sowie zwischen echter Lehre und Irrlehre zu unterscheiden (vgl. 1. Korinther 5,9; 2. Korinther 11,14; Philipper 3,2; 1. Thessalonicher 5,21; 1. Johannes 4,1), aber sich nicht abfällig über andere zu erheben.

Lukas 6,38 – *Was sagt Jesus an dieser Stelle über das Geben?*

In diesem Vers sagt Jesus: „Gebt, und es wird euch gegeben werden: ein gutes, gedrücktes und gerütteltes und überlaufendes Maß wird man in euren Schoß geben; denn mit demselben Maß, mit dem ihr messt, wird euch wieder gemessen werden."

Hier benutzt Jesus ein Bild, mit dem seine Hörer im ersten Jahrhundert bestens vertraut waren. Es ist das Bild eines großen Behälters, eines Gefäßes voll Getreide, das bis zum Rand gefüllt ist und sogar überfließt. In derselben Weise, wie das Getreide überfließt, sollen wir darin überfließen, anderen etwas zu geben.

Jesus stellt hier die Wechselwirkungen in den Angelegenheiten des Lebens heraus: „Mit demselben Maß, mit dem ihr messt, wird euch wieder gemessen werden." Das bedeutet, dass wir das zurückbekommen, was wir im Leben einsetzen. Menschliche Großzügigkeit wird durch göttlichen Überfluss belohnt werden.

Natürlich bedeutet das nicht, dass Gott uns finanziell reich macht, wenn wir Geld spenden. Der Vers ist keine Formel zur Wohlstandsvermehrung. Hier wird stattdessen dazu ermutigt, anderen gegenüber freigebig zu sein. Gott freut sich darüber und gießt als Folge davon seine Segnungen über uns aus. Man bedenke dabei, dass Gott selbst bestimmt, wie diese Segnungen aussehen.

Lukas 7,22 – *Warum weist Jesus auf seine Wundertaten hin, als Johannes der Täufer ihn nach seiner Identität fragt?*

Die Juden jener Zeit glaubten gemeinhin, dass der Messias, wenn er komme, ein wunderbares Königreich gründen würde. Messianische Erwartungen hatten im ersten Jahrhundert Hochkonjunktur, und möglicherweise erwartete auch Johannes der Täufer das baldige Hervortreten des Reiches, über das er ja selbst gepredigt hatte.

Aber nun war etwas Unerwartetes passiert: Johannes war gefangen genommen worden. Statt des Königreiches, das ja – wie man dachte – durch Freiheit gekennzeichnet sein sollte, sah sich Johannes nun gefangen gesetzt und in der Gefahr, hingerichtet zu werden. Johannes mag erwartet haben, dass Jesus als Israels Erlöser-Messias mehr mit Gewalt durchgreift (und ihn womöglich befreit). Daher schickte er Boten zu Jesus, um zu fragen: „Bist du der Kommende, oder sollen wir auf einen anderen warten?" (Lukas 7,20).

Statt einer bloß verbalen Versicherung, dass er wirklich der Messias ist, weist Jesus auf seine Wundertaten hin, einschließlich der Heilungen der Blinden, Gelähmten und Tauben (vgl. Lukas 7,22). Dies waren exakt die Wunder, von denen Jesaja gesagt hatte, dass der Messias sie vollbringen würde, wenn er kommt (vgl. Jesaja 29,18-21; 35,5-6; 61,1-2). Die wunderbaren Taten alleine waren mehr als genug Beweis, dass Jesus der verheißene Messias ist. Sie dienten zur Beglaubigung der Tatsache, dass Jesus wirklich göttlich ist.

Lukas 7,23 – *Was meinte Jesus mit den Worten: „Und glückselig ist, wer sich nicht an mir ärgert"?*

Es geht in diesem Vers hauptsächlich um Folgendes: Jesus erfüllte alle messianischen Prophezeiungen des Alten Testaments – wie die Heilung der Blinden, Tauben und Gelähmten –, also war Jesus tatsächlich der verheißene Messias. Aber er war kein politischer Erlöser-Messias, wie vom gemeinen Volk erwartet wurde. So besagen die Worte Jesu letztlich: „Glückselig ist der, der mich als verheißenen Messias erkennt und mir weiter vertraut, obwohl ich vielleicht nicht seinen vorgefassten Vorstellungen von einem Messias entspreche. Glückselig ist der, der an mich als Messias glaubt, obwohl ich nicht der politische Erlöser bin, den er erwartet hat."

Lukas 7,28 - *Warum sagt Jesus, dass der Letzte im Reich Gottes größer ist als Johannes der Täufer?*

Jesus sagt hier nicht, dass Johannes faktisch keinen Anteil am Reich Gottes hat – das hat er sicherlich. Er sagt ganz einfach, dass Johannes zum Zeitalter des Alten Bundes gehört – der Epoche des Gesetzes. So bedeutend Johannes im Zeitalter des Alten Bundes war – sogar die geringste Person im Zeitalter des Neuen Bundes ist bedeutender als Johannes kraft der hohen Stellung, die uns „in Christus" seit der Auferstehung und dem Herabkommen des Heiligen Geistes zugeeignet wurde.

Die neutestamentliche Gemeinde ist die wahre Braut Christi (vgl. Epheser 5,25-32), aber Johannes der Täufer ist nur der „Freund des Bräutigams" (vgl. Johannes 3,29). Gläubige im Sinne des Neuen Testaments sind Teilhaber der Wirklichkeit, die Johannes vorausgesagt hat; Johannes war nur ein Vorläufer und hat diese Wirklichkeit nur angekündigt.

Lukas 8,46 - *Als Jesus sagte: „Es hat mich jemand angerührt; denn ich habe gespürt, dass Kraft von mir ausgegangen ist", hat da seine in ihm wohnende Kraft ein Wunder verursacht, ohne dass Jesus selbst dies beabsichtigt hat?*

Auf den ersten Blick mag es so scheinen, dass Jesus die Identität der Frau nicht bewusst war. Und ebenfalls könnte man meinen, dass göttliche Heilungsenergien von seinem Körper „angezapft" worden wären und bewirkt hätten, dass die Frau gesund wurde, ohne dass Jesus das so vorhatte. Doch ist das nicht der Fall.

Die Bibel stellt Jesus stets als jemanden dar, der völlige Kontrolle über seine wundersamen göttlichen Kräfte hatte (vgl. Johannes 2,1-11; 4,50-52; 5,8-9; 11,40-44). Menschen konnten nicht auf Jesus zugehen, ihn berühren und ohne seine Einwilligung seine Wunder wirkende Macht aktivieren. Der Grund, warum die Frau geheilt wurde, nachdem sie sein Gewand berührt hatte, war, dass Jesus sie als Ergebnis ihres Glaubens heilen *wollte*.

Der Kontext deutet darauf hin, dass Jesus wollte, dass diese Frau öffentlich den Glauben bekannte, der zu ihrer Heilung geführt hatte. Ihr Wunsch, sich Jesus in aller Heimlichkeit zu nähern, ist verständlich. Sie litt an Blutungen, die sie rituell unrein machten (vgl. 3. Mose 15,25-30). Auch jeder, der mit ihr in Kontakt kam, wurde dadurch nach jüdischer Vorstellung unrein. Aber Jesus drängte sie dazu, an die Öffentlichkeit zu gehen und zuzugeben, dass sie diejenige gewesen war, die ihn berührt hatte. Er wollte, dass die Frau verstand, dass es in Wirklichkeit ihr Glaube war, der zu ihrer Heilung geführt hatte (Lukas 8,48). Jesu Kleidung hatte keine rätselhaften magischen Eigenschaften, doch das Berühren der Kleidung war ein Ausdruck des Glaubens, der Jesus dazu bewog, sie mit seiner göttlichen Macht zu heilen. Der Glaube der Frau wurde öffentlich, als sie Jesus zu Füßen fiel (vgl. Vers 47).

Lukas 8,51-52 – *Warum sagte Jesus, dass das Kind nicht tot sei, sondern nur schlafe?*

Wir wissen, dass das Mädchen physisch tot war, weil uns Vers 55 sagt, dass nach der Heilung durch Jesus „ihr Geist zurückkehrte". Der Tod bringt es mit sich, dass die Seele oder der Geist den Körper verlässt. Als Jesus sagte, dass sie schliefe, meinte er damit, dass der gegenwärtige Todeszustand nur vorübergehend sei. Er machte somit klar, dass ihre Lage kein Dauerzustand war. Vielleicht hat er damit auch zum Ausdruck gebracht, dass, wenn er selbst mit im Spiel ist, der Tod nur Schlaf und vorübergehend ist. So mühelos wie Eltern ein Kind aus dem Schlaf wecken, so weckte Jesus in wunderbarer Weise das junge Mädchen aus ihrem vorübergehenden Todeszustand (vgl. Johannes 11,11-14). Man könnte die Worte, die Jesus hier benutzt, auch wie folgt umschreiben: „Das Mädchen ist nicht endgültig tot, sondern nur vorübergehend.

Bildlich gesprochen schläft sie nur und wird bald auf übernatürliche Weise zum Leben erweckt."

Lukas 9,60 - *Warum sagt Jesus hier einem Mann: „Lass die Toten ihre Toten begraben"?*

Dies mag man als reichlich merkwürdigen Kommentar ansehen, aber der Kontext hilft uns, zu verstehen, was Jesus damit wirklich meinte. Jesus begegnete einem Mann, den er aufforderte: „Folge mir nach!" (Lukas 9,59). Das war aber keine Einladung zu einer kurzen Dienstwoche, sondern zu einem ständigen und anhaltenden Beziehungsverhältnis mit Jesus, um ihm zu dienen und die Nachricht vom Reich Gottes zu verbreiten. Schnell brachte der Mann eine Entschuldigung vor: „Herr, erlaube mir, vorher hinzugehen und meinen Vater zu begraben" (Lukas 9,59).

Sicherlich ist das Begraben eines Toten – speziell das Begräbnis des Vaters – eine wichtige Angelegenheit. Aber die Anforderungen des Reiches Gottes sind in Jesu Augen wichtiger. Daher sagte Jesus: „Lass die Toten ihre Toten begraben, du aber geh hin und verkündige das Reich Gottes" (Lukas 9,60). Jesu Worte sollten dabei nicht grausam sein. Ihre Bedeutung könnte wie folgt umschrieben werden: „Lass die geistlich Toten die körperlich Toten unter die Erde bringen. Du aber hast vorrangige Aufgaben, da ich dich nun zu der großen Arbeit berufen habe, anderen Menschen das Reich Gottes bekannt zu machen."

Noch eine andere Beobachtung könnte Klarheit in diese Angelegenheit bringen. Einige Ausleger haben vorgeschlagen, dass, wenn der Vater tatsächlich schon gestorben wäre, der Sohn zu diesem Zeitpunkt damit hätte beschäftigt gewesen sein müssen, das Begräbnis auszurichten. Der Gesamtzusammenhang legt aber möglicherweise nahe, dass der Vater noch gar nicht gestorben war. Vielleicht war er ein alter Mann, aber er lebte noch. Sollte dies zutreffen, sagt der Sohn des Mannes im Wesentlichen, dass er mit dem Dienst im Reich Gottes abwarten wolle bis zu dem zukünftigen Zeitpunkt, an dem sein Vater sterben und infolgedessen begraben würde. Das konnte möglicherweise noch Jahre dauern.

Welcher Auslegung auch immer der Vorzug gegeben wird, es wird klar, dass Jesus zu einer radikalen Hingabe aufruft. Den Vater zu begraben ist nicht unwichtig, aber das Reich Gottes ist viel, viel wichtiger.

Lukas 9,62 – *Sagt Jesus hier, dass man für das Reich Gottes nicht würdig ist, wenn man im Hinblick auf die Nachfolge zögert oder Bedenken hat?*

In dieser Stelle sagt Jesus: „Niemand, der seine Hand an den Pflug gelegt hat und zurückblickt, ist tauglich für das Reich Gottes." Das ist zugegebenermaßen eine starke Behauptung. Jesus malt hier ein Bild, mit dem seine Zuhörer im ersten Jahrhundert bestens vertraut waren. Die Pflüge, die damals benutzt wurden, waren sehr primitiv. Sie bestanden aus einem bloßen Holzstück mit einem Griff an einem Ende und einer Metallspitze am anderen Ende, die den Ackerboden aufbrach. Wenn jemand, der mit dem Pflug arbeitete, aufschaute und nach hinten blickte, wurde die Furche, die er zog, krumm und schief. Er richtete damit mehr Schaden als Nutzen an. Die Metallspitze in der richtigen Position zu halten, erforderte konstante Aufmerksamkeit.

Was Jesus hiermit sagen will, ist Folgendes: Jeder, der ihm zu dienen wünscht, muss sein ganzes Herz der Sache Jesu widmen und darf nicht doppelgleisig fahren, also mit einem Fuß im Reich Gottes, mit dem anderen in den Angelegenheiten der Welt stehen. Das Interesse sollte ungeteilt sein. Wenn jemand sowohl der Welt als auch Jesus zur selben Zeit dienen möchte, ist diese Person nicht tauglich für den Dienst im Reich Gottes. Wer Jesus folgt und sich in die Arbeit im Reich Gottes einbringt, muss mit fester Hand und ruhigem Auge den sich vorwärtsbewegenden Pflug bedienen.

Lukas 10,18 – *Was meinte Jesus damit, als er zu seinen Jüngern sagte: „Ich schaute den Satan wie einen Blitz vom Himmel fallen“?*

Es ist schwierig zu sagen, auf was sich Jesus hier bezieht. Manche Theologen haben gemutmaßt, dass dies auf den Fall Satans anspielt, als dieser nach seiner Auflehnung gegen Gott aus dem Himmel verstoßen wurde (vgl. Jesaja 14,12; Hesekiel 28,11-15).

Andere schlagen vor, dass die 70 Jünger die Niederlage des großen Widersachers, des Teufels, bezeugten, als sie von Stadt zu Stadt zogen. Diese Niederlage war für die Jünger so plötzlich und unerwartet wie ein Blitz. So gesehen ist der Begriff „vom Himmel“ nicht mit Satan, sondern mit dem Blitz vom Himmel in Verbindung zu bringen („Ich sah den Satan fallen, und zwar wie einen Blitz vom Himmel“). Dieses Bildwort würde dann anzeigen, dass durch die Predigt des Evangeliums Satan eine schwere Niederlage erlitten hat und diese Niederlage plötzlich und unerwartet war wie ein Blitz vom Himmel. Das Reich Gottes ist mächtig auf dem Vormarsch und drängt das Reich der Dunkelheit zurück.

Andere Ausleger argumentieren ebenfalls in diese Richtung, gehen aber davon aus, dass Jesus an dieser Stelle eine Vision von der geistlichen Niederlage Satans als Auswirkung seiner Auferstehung hatte.

Lukas 11,4 – *Kann Gott uns in Versuchung führen?*

Siehe hierzu die Anmerkungen zu Matthäus 6,13.

Lukas 11,5-10 – *Sagt Jesus, dass Gott für unsere Gebete taube Ohren hat?*

In Lukas 11,5-10 finden wir ein Gleichnis über das Gebet, in welchem jemand um Mitternacht an die Tür eines Freundes klopft, da er drei Laibe Brot benötigt. Der Freund in der Wohnung antwortet darauf: „Mach mir keine Mühe! Die Tür ist schon geschlossen, und meine Kinder sind bei mir im Bett; ich kann nicht aufstehen und dir geben" (Vers 7). (Wahrscheinlich muss man sich das Haus als ein Haus mit nur einem Raum vorstellen, was bedeutet, dass er seine Kinder wecken würde, wenn er aufsteht.) Das Gleichnis endet mit der Schlussfolgerung, dass die Freundschaft allein vielleicht nicht bewirkt, dass die Person im Haus aufsteht, um dem anderen Brot zu geben. Aber die Unerschrockenheit, die darin zum Ausdruck kommt, dass man um Mitternacht noch anklopft, sowie die dazugehörige „Unverschämtheit" (vgl. Vers 8) führen dennoch zum gewünschten Ergebnis.

Da dies ein Gleichnis für das Gebet ist, scheint Jesus auf den ersten Blick zum Ausdruck zu bringen, dass Gott für unsere Gebete taube Ohren hat und gar nicht antworten will. Doch das möchte Jesus mit diesen Worten nicht sagen.

Die ganze Bibel bestätigt, dass der Vater im Himmel bereitwillig auf die Bedürfnisse seiner Kinder antwortet, mindestens genauso, wie ein irdischer Vater auf die Bedürfnisse seiner Kinder reagiert (vgl. Matthäus 7,9-11). Gott ist unseren Gebeten gegenüber nicht resistent. Im Gegenteil: Es ist nicht nur so, dass dieses Gleichnis *nicht* lehrt, dass Gott für unsere Gebete taub ist. Es gibt uns sogar die Versicherung, *dass* Gott auf Gebete antwortet. Der Hauptzweck des Gleichnisses ist, den Nachfolgern Jesu deutlich zu machen, dass sie im Gebet beständig sein müssen, eben deswegen, weil Gott sich danach sehnt, ihnen gute Gaben zu geben.

Diese Nachhaltigkeit in Bezug auf das Gebet wird in den Versen 9 und 10, die dem Gleichnis folgen, noch einmal betont. Hier sagt Jesus: „Bittet, und es wird euch gegeben werden; sucht, und ihr werdet finden; klopft an, und es wird euch geöffnet werden! Denn jeder Bittende empfängt, und der Suchende findet, und dem Anklopfenden wird geöffnet werden." In diesen Versen stehen die Begriffe „fragen", „suchen" und „anklopfen" im Präsens, das eine kontinuierliche Handlung zum Ausdruck bringt. Wir sollen beständig fragen, suchen und anklopfen. Wenn wir dies tun, werden wir unser erwünschtes Ergebnis erhalten, vorausgesetzt, dass unsere Wünsche mit Gottes Willen für unser Leben in Einklang stehen.

Lukas 11,29-30 – *Was meint Jesus, wenn er sagt, dass diesem bösen Geschlecht nur das Zeichen Jonas gegeben werden wird?*

Zum Hintergrund ist zu bedenken, dass die jüdischen Pharisäer aus erster Hand bezeugen konnten, dass Jesus aus einer Position der Autorität heraus handelte und sprach. Sie baten ihn darum, dass er ihnen sein Zeichen liefern möge, um zu zeigen, dass seine Autorität von Gott kommt, was voraussetzt, dass sie anerkannten, dass Jesu Autorität außergewöhnlich war.

Schnell wird aber die Sündhaftigkeit der Pharisäer deutlich. Jesus hatte schon viele mächtige Wunder vollbracht, die Zeichen für seine wahre Identität waren. Der Wunsch der Pharisäer nach einem weiteren Zeichen war in Jesu Augen ein Indikator für ihre Bosheit. Das zentrale Thema für Jesus war der Gehorsam gegenüber dem Wort Gottes und gegenüber dem, den Gott geschickt hat. Also sagte er ihnen, dass ihnen lediglich das Zeichen Jonas gegeben werden würde.

Was nun das Zeichen Jonas ist, darüber haben schon viele Theologen viele unterschiedliche Mutmaßungen vorgelegt, aber der Kontext legt relativ eindeutig nahe, dass es sich auf die Auferstehung Jesus Christi bezieht. Jona hielt sich für drei Tage in einem großen Fisch auf (vgl. Jona 1,17), bevor er wieder ins Leben kam, weil der Fisch ihn hochwürgte und ausspuckte. Anschließend brachte er seine Bußbotschaft vor, und die Leute aus Ninive antworteten unverzüglich. Das Zeichen, das der Generation Jesu gegeben werden wird, wird das Wiedererscheinen des Menschensohnes am dritten Tag nach seinem Tod sein.

In welcher Hinsicht ist die Auferstehung Jesu ein Zeichen? Unter anderem sagt Römer 1,4, dass die Auferstehung zeigt, dass Jesus der Sohn Gottes war. Genauso aber verbürgt die Auferstehung das nahende Gericht über alle Menschen (vgl. Apostelgeschichte 17,31). Also ist Umkehr angemessen, mindestens so sehr, wie es für die Niniviten zur Zeit Jonas angemessen gewesen war, umzukehren.

Lukas 12,49 – *Warum sagt Jesus, dass er gekommen ist, um Feuer auf die Erde zu werfen?*

Hierzu gibt es unterschiedliche Auslegungen der Worte Jesu – und alle stimmen darin überein, dass es schwierig ist, exakt zu bestimmen, was Jesus hier meint. Manche stellen heraus, dass in alttestamentlicher Zeit Feuer oftmals Gericht symbolisiert. Daraus kann man schließen, dass Jesus mit diesen Worten meinte, dass er Gericht bringt. Das würde zu Johannes 9,39 passen, wo Jesus sagt: „Zum Gericht bin ich in diese Welt gekommen."

Andere Ausleger beziehen das Feuer auf den Heiligen Geist. Man vergegenwärtige sich, dass Johannes der Täufer prophezeit hatte, dass Jesus, wenn er komme, „mit Heiligem Geist und Feuer taufen" würde (Lukas 3,16). Später, als die Taufe mit dem Heiligen Geist am Pfingsttag erstmals geschah, sahen die Menschen „zerteilte Zungen wie von Feuer" auf die Jünger herabkommen (vgl. Apostelgeschichte 2,1-4).

Wieder andere meinen, dass sich der Begriff „Feuer" auf die überwältigende Macht Gottes bezieht, mit der er die Erde durch den Wunder wirkenden Dienst Jesu aufwühlte. Dies setzte sich später im Buch der Apostelgeschichte durch den Heiligen Geist fort, den Jesus im Anschluss an seine Himmelfahrt auf die Erde geschickt hat (vgl. Johannes 15,26).

Lukas 12,50 - *Welcher Taufe, vor der er sich so fürchtete, musste Jesus sich unterziehen?*

Bibelausleger stimmen darin überein, dass die Taufe, die Jesus bevorstand, sein Leiden und sein Kreuzestod für die Sünden der Menschheit war. Einen ähnlichen Hinweis finden wir in Markus 10,38, wo Jesus seine Jünger fragt: „Könnt ihr den Kelch trinken, den ich trinke, oder mit der Taufe getauft werden, mit der ich getauft werde?" Wieder bezieht sich Jesus hier auf sein Leiden und seinen Tod am Kreuz.

Lukas 14,26 - *Befürwortet Jesus, dass man seine Mutter, seinen Vater, Ehepartner oder seine Kinder um seinetwillen hasst?*

Die Aussage Jesu mag hier zunächst so erscheinen, als sollten wir unseren Familien um seinetwillen mit Hassgefühlen begegnen. Doch es ist kaum anzunehmen, dass er das mit seinen Worten tatsächlich meint. Ein Schlüssel zum Verständnis dieser Stelle ist, dass die gesamte Lehre Jesu keinen Raum dafür lässt, jemanden wirklich zu hassen. Wir sollen sogar unsere Feinde lieben (vgl. Lukas 6,27). Zudem lehrt uns das vierte Gebot, dass wir unseren Vater und unsere Mutter ehren sollen (vgl. 2. Mose 20,12), ein Gebot, das auch im Neuen Testament wieder aufgegriffen wird (vgl. Epheser 6,1-3; Kolosser 3,20).

Offenbar benutzt Jesus in diesem Vers das Stilmittel der Hyperbel, der gezielten Übertreibung. Um Jesu Aussage zu verstehen, muss man im Hinterkopf haben, dass im hebräischen Denken „hassen" bedeutet: weniger zu lieben (vgl. 1. Mose 29,31-33; 5. Mose 21,15). Jesus vermittelt uns, dass unsere höchste Liebe ihm gelten soll. Alles andere (und jeder andere) muss demgegenüber den zweiten Platz einnehmen.

Das stimmt mit dem überein, was Jesus in Matthäus 10,37 sagt: „Wer Vater oder Mutter mehr liebt als mich, ist meiner nicht würdig; und wer Sohn oder Tochter mehr liebt als mich, ist meiner nicht würdig." Im Vergleich zu unserer Liebe zu Jesus mögen andere, geringere „Lieben" wie Hass erscheinen.

Lukas 16,1-8 – *Spricht Jesus in dem Gleichnis vom ungerechten Verwalter anerkennend von Unehrlichkeit?*

Das scheint auf den ersten Blick so zu sein, doch ist das in Wirklichkeit nicht der Fall. Jesus lobt den Verwalter nicht für seine Unehrlichkeit, sondern für seine Gewitztheit und sein entschlossenes Handeln in einer kritischen Situation. Hierzu müssen wir uns die Details dieser Geschichte ansehen.

Der unehrliche Verwalter regelte die Dinge zu seinen Gunsten und betrog dabei seinen Herrn. Dadurch, dass er den Schuldnern gestattete, auf ihren Schuldscheinen niedrigere Summen einzutragen, als sie tatsächlich schuldeten, mussten diese sich ihm verpflichtet fühlen, wenn er später seinen Arbeitsplatz verlieren würde. Er machte sich Freunde unter ihnen, sodass sie ihn später einstellen würden. Der Verwalter plante für die Zukunft und handelte somit schlau.

Als der reiche Mann hörte, was der Verwalter getan hatte, lobte er ihn, dass er so clever agiert hatte und vorausplante. Wider Erwarten ist der Respekt vor der Raffinesse des Verwalters größer als der Ärger über das verlorene Geld. Aus dem Gleichnis lässt sich somit ableiten: Im Hinblick auf die Rechenschaft, die wir einmal vor Gott ablegen müssen, ist es dringend angezeigt, klug mit den anvertrauten Ressourcen (wie etwa Geld) umzugehen. Es ist sicherlich nicht gemeint, dass wir unehrlich sein sollen, wenn wir uns nur dadurch einen Vorteil verschaffen können. Im Gegenteil: In Vers 10 verheißt Jesus ausdrücklich dem die Belohnung, der im Geringsten treu ist.

Die Aussage: „Die Söhne dieser Welt sind klüger als die Söhne des Lichts gegen ihr eigenes Geschlecht", könnte aber dennoch als Herausforderung an Christen verstanden werden, von den Söhnen der Welt zu lernen, nämlich dahin gehend, dass man dem „Mammon" nicht unbedingt sklavisch dienen muss, sondern ihn durchaus souverän für letztlich „höhere" Zwecke instrumentalisieren kann.

Lukas 16,9 - *Warum sagt Jesus seinen Nachfolgern, sie sollten weltlichen Wohlstand nutzen, um Freunde zu gewinnen?*

In Lukas 16,9 sagt Jesus: „Macht euch Freunde mit dem ungerechten Mammon, damit, wenn er zu Ende geht, man euch aufnehme in die ewigen Zelte!" Wenn weltlicher Reichtum überhaupt zu etwas gut ist, dann sollte man ihn dazu verwenden, dass er Nutzen für die Ewigkeit bringt. Geld und Reichtum sollten klug mit Blick auf die Zukunft eingesetzt werden, nicht in einer selbstsüchtigen Weise, die sich nur auf die Gegenwart bezieht.

Jesus zeigt, dass wir bereit sein sollten, unseren Wohlstand, den Gott uns gegeben hat, zu nutzen, indem wir anderen Menschen helfen. Diejenigen, denen wir helfen können, während wir auf der Erde sind, werden uns möglicherweise willkommen heißen, wenn wir nach unserem Tod in den Himmel eintreten. Weiser Umgang mit Geld wird uns Freunde verschaffen und uns auch dann noch gute Dienste leisten, wenn das Geld an seine Grenzen kommt, nämlich spätestens dann, wenn wir sterben und Geld uns nichts mehr nützen wird.

Lukas 16,22-28 - *Ist Jesu Beschreibung von Lazarus in Abrahams Schoß und dem reichen Mann im Hades nur eine Geschichte oder entspricht dieses Bild für das Leben nach dem Tod (inklusive einer bewussten Existenz) den wirklichen Verhältnissen?*

Wenn Jesus Gleichnisse oder Geschichten verwendete, griff er immer auf Situationen aus dem richtigen Leben zurück – zum Beispiel im Gleichnis vom verlorenen Sohn, der nach Hause zurückkehrte, nachdem er sein Geld verprasst hatte (vgl. Lukas 15,11-32), im Gleichnis vom Mann, der in einem Feld einen verborgenen Schatz fand (vgl. Matthäus 13,44), im Gleichnis vom König, der ein Hochzeitsfest für seinen Sohn ausrichtet (vgl. Matthäus 22,1-14), im Gleichnis vom Sklavenhalter, der außer Landes reiste und dann nach Hause zu seinen Sklaven zurückkehrte (vgl. Matthäus 25,14-30), im Gleichnis vom Mann, der einen Weinberg anlegte (vgl. Matthäus 20,1-16), und so weiter. All dies waren in biblischer Zeit wohlbekannte Vorkommnisse. Nie benutzte Jesus ein Märchen, um etwas zu illustrieren. Daher müssen wir schließen, dass auch Lukas 16 ein realistisches Bild zeichnet und wir von einer bewussten Existenz nach dem Tod ausgehen können. Jede andere Auslegung würde diesen Text ad absurdum führen. Allerdings ist unklar, inwiefern nun jedes Detail exakt die Verhältnisse nach dem Tod widergibt.

Lukas 17,34-37 – *Bezieht sich Jesus hier auf die Entrückung oder auf das Gericht?*

Jesus spricht hier im Hinblick auf seine Wiederkunft: „Ich sage euch: In jener Nacht werden zwei auf einem Bett sein; einer wird genommen und der andere gelassen werden. Zwei werden zusammen mahlen; die eine wird genommen, die andere gelassen werden." „Wo, Herr?", fragen daraufhin seine Jünger. Er antwortet: „Wo der Leichnam ist, da sammeln sich auch die Adler."

Viele Christen haben diesen Abschnitt so interpretiert, als beziehe er sich auf die Entrückung. Dagegen sprechen jedoch verschiedene Punkte: Wenn man annimmt, dass die Entrückung vor der großen Bedrängniszeit stattfindet, was allerdings umstritten ist (zur Entrückung vgl. 1. Thessalonicher 1,10; 5,9), dann kann sich Lukas 17,34-37 nicht auf die Entrückung beziehen, da die Ereignisse in Lukas 17 nach der Bedrängniszeit und zur Zeit der Wiederkunft Christi geschehen.

Abgesehen davon spricht der unmittelbare Kontext von Lukas 17 gegen die Möglichkeit, dass es hier um die Entrückung geht. Die Jünger fragten, wohin diese Menschen genommen würden, worauf Jesus antwortete: „Wo der Leichnam ist, da sammeln sich auch die Adler." Seine Antwort weist deutlich auf das Gericht hin.

Im Alten Testament werden die Feinde Gottes ein Fraß der Geier (vgl. Hesekiel 32,4-6), was das jüdische Volk als furchtbares Schicksal ansah (vgl. 5. Mose 28,26; 1. Samuel 17,44; Psalm 79,2). Das wird auch das Schicksal derer sein, von denen in Lukas 17 erzählt wird, dass sie weggenommen werden. Zurück werden die Christen bleiben, die in das Friedensreich Christi einziehen – für eine Zeitspanne von tausend Jahren, während der Jesus Christus auf Erden regieren wird (Offenbarung 20,1-6; vgl. auch Matthäus 25,31-46).

Lukas 18,8 – *Werden bei der Wiederkunft Christi überhaupt Christen auf der Erde sein?*

Die meisten Ausleger glauben, dass Jesus davon ausgeht, dass sich bei seiner Wiederkunft Christen auf der Erde befinden werden. Schließlich spricht Jesus in Matthäus 25,31-46 davon, dass er seine Schafe (die Christen) von den Ziegenböcken (den Ungläubigen) scheiden wird, und zwar im Anschluss an seine Wiederkunft. Nichtsdestotrotz sagt Jesus in Lukas 18,8, dass das Hauptcharakteristikum der Menschen auf der Erde zum Zeitpunkt seiner Wiederkunft der Unglaube sein wird.

Möglicherweise stellte Jesus die Frage, ob er wohl auf der Erde noch Glauben finden würde, um seine Jünger zur Treue anzuspornen. Antike jüdische Schriftsteller hatten vorhergesagt, dass in der letzten Zeit viele vom Glauben abfallen würden (vgl. 2. Thessalonicher 2,3-4). Jesus wollte nicht, dass dies seinen Nachfolgern widerfuhr, also stellte er diese Frage, um sie zu motivieren. Im weiteren Verlauf des Evangeliums fährt Jesus fort, die Jünger eindringlich zu bitten, treu zu sein (vgl. Lukas 21,8-19.34-36; 22,31-32. 40.46).

Lukas 18,18-27 – *Sagt Jesus, dass man sich das ewige Leben verdienen kann?*

Der reiche junge Mann fragte Jesus, wie man das ewige Leben erben könne. Jesus wies ihn daraufhin an, er müsse die Gebote einhalten (vgl. Verse 19-20). Der junge Mann antwortete, dass er dies getan habe (vgl. Vers 21). Jesus belehrte ihn nun, dass er nur noch eine Sache darüber hinaus tun müsse – nämlich alles, was er habe, zu verkaufen und das Geld den Armen zu geben (vgl. Vers 22). Als er dies hörte, wurde der Mann sehr traurig, da er sehr wohlhabend war.

Auf den ersten Blick scheint Jesus hier dem reichen jungen Mann Erlösung durch Werke nahebringen zu wollen. Aber dem ist nicht so. Die Bibel sagt deutlich, dass das Gesetz nicht *rettet* (vgl. Römer 3,28), sondern dass es *verurteilt* (vgl. 3,19). Jesus zeigt dem jungen Mann hier auf, dass er vor dem Gesetz als Verurteilter dasteht. Die Tatsache, dass er nicht bereit war, sein Geld den Armen zu geben, war ein sicheres Zeichen dafür, dass er nicht einmal das erste Gebot gehalten hatte, nämlich Gott mehr zu lieben als alles andere (vgl. Matthäus 22,36-37).

Außerdem war schon die Frage des jungen Mannes verworren. Eine Person kann nichts dazu tun, um ein Erbe zu erhalten, welcher Art es auch immer sein mag, das ewige Leben eingeschlossen. Eine Erbschaft ist ihrem Wesen nach eine Gabe, ein Geschenk. Und das ewige Leben ist solch ein Geschenk (vgl. Johannes 3,36; 5,24; 20,31; Römer 6,23; 1. Johannes 5,13), also kann niemand etwas dazu tun, um es sich zu verdienen. Paulus schrieb: „Dem aber, der Werke tut, wird der Lohn nicht angerechnet nach Gnade, sondern nach Schuldigkeit. Dem dagegen, der nicht Werke tut, sondern an den glaubt, der den Gottlosen rechtfertigt, wird sein Glaube zur Gerechtigkeit gerechnet“ (Römer 4,4-5).

Das einzige „Werk“, durch das eine Person gerettet werden kann, ist der Glaube. Man entsinne sich, dass Jesus gefragt wurde: „Was sollen wir tun, damit wir die Werke Gottes wirken?“, und er antwortete: „Dies ist das Werk Gottes, dass ihr an den glaubt, den er gesandt hat.“

Lukas 18,24-25 – *Ein Kamel kann nicht durch ein Nadelöhr gehen – meint Jesus damit, dass ein Reicher nicht gerettet werden kann?*

Jesus benutzt hier eine Übertreibung, ein absichtlich auf die Spitze getriebenes Bildwort. (Die nicht selten geäußerte Erklärung, beim „Nadelöhr" handele es sich um ein kleines Stadttor, ist sehr unwahrscheinlich.) Damit sagt Jesus in erster Linie, dass es für einen reichen Menschen schwer ist, sich inmitten seines Wohlstands Gott zuzuwenden, da er keine Bedürftigkeit verspürt. Er hat so viele irdische Dinge, auf die er sich stützen kann, sodass er wenig oder gar kein Verlangen nach Gott hat. Man muss indes festhalten, dass im Lauf der Kirchengeschichte viele reiche Menschen Christen wurden und ihren Wohlstand zu großem Nutzen eingesetzt haben.

Lukas 19,11 – *Hatten die Jünger falsche Erwartungen?*

In diesem Vers lesen wir, dass die Jünger fälschlich annahmen, dass das Reich Gottes bald erscheinen würde. Man muss einräumen, dass auch die Jünger Jesu nur Menschen waren und als solche gelegentlich falsche Vorstellungen hatten. Aber weder Lukas 19,11 noch irgendein anderer Bibeltext legen nahe, dass die Jünger oder die Propheten solche falschen Vorstellungen jemals den Menschen als Teil der Offenbarung Gottes weitergegeben haben.

Wann immer die Propheten oder Apostel als Sprachrohr Gottes zu den Menschen redeten, haben sie keine irrigen Vorstellungen weitergegeben. Kein echter Prophet Gottes hat je einen Fehler begangen, wenn er im Namen Gottes eine Prophetie hervorbrachte, weil er den Menschen *Gottes* Worte mitteilte, nicht seine eigenen.

Man achte etwa auf folgende Aussagen:

- „Der Geist des HERRN hat durch mich geredet, und sein Wort war auf meiner Zunge" (2. Samuel 23,2).
- „[…] der du durch den Heiligen Geist durch den Mund unse-

res Vaters, deines Knechtes David, gesagt hast" (Apostelgeschichte 4,24-25).

- „Davon reden wir auch, nicht in Worten, gelehrt durch menschliche Weisheit, sondern in Worten, gelehrt durch den Geist, indem wir Geistliches durch Geistliches deuten" (1. Korinther 2,13).

Wenn wir Lukas 19,11 auslegen, müssen wir im Hinterkopf behalten, dass Jesus den Jüngern zuvor gesagt hatte, dass das Reich Gottes in gewissem Sinne schon erschienen und durch sein Wirken gegenwärtig war (vgl. Lukas 11,20). Jesus und die Jünger befanden sich nahe Jerusalem (der Hauptstadt), also dachten manche, dass die Vollendung des Reiches Gottes nahe bevorstand – ungeachtet dessen, was Jesus über das bevorstehende Kreuz mitgeteilt hatte. Aus diesem Grund – also um mit den falschen Erwartungen der Jünger umzugehen – erzählte ihnen Jesus ein Gleichnis (vgl. 19,12-27). Er wollte zeigen, dass eine Zeitspanne vergehen würde, bevor das Reich Gottes vollendet sein würde. Jesus benutzte dieses Gleichnis, um ihr Denken zu korrigieren und ihre übereifrigen Hoffnungen zu dämpfen.

Lukas 20,38 – *„Gott ist nicht der Gott von Toten" – weist dieser Satz auf eine bewusste Existenz im Leben nach dem Tod hin?*

Ja. Jesus stellt diese Aussage in direkten Gegensatz zu den Lehren der Sadduzäer, die glaubten, dass die Seele mit dem Körper stirbt. Im Endeffekt sagt er: Obwohl Abraham, Isaak und Jakob vor vielen Jahren gestorben sind, leben sie auch heute noch. Denn Gott, der sich der Gott Abrahams, Isaaks und Jakobs nennt, „ist nicht der Gott der Toten, sondern der Lebenden". Jesu Worte an die Sadduzäer zeigen deutlich, dass diese alttestamentlichen Erzväter gegenwärtig leben, obwohl sie viele Jahre zuvor gestorben sind.

Lukas 22,36-38 – *Spricht sich Jesus hier für den Gebrauch eines Schwertes zur Selbstverteidigung aus?*

Jesus empfahl den Jüngern, ein Schwert zu kaufen (vgl. Lukas 22, 36). Mit „Schwert" (griechisch *machaira*) ist hier ein Degen oder Kurzschwert gemeint, das bei den Juden zur Reiseausstattung gehörte. Es sollte gegen Räuber und wilde Tiere schützen. Die einfache Lektüre dieser Passage legt nahe, dass Jesus Selbstverteidigung billigte.

Lukas 22,44 – *Schwitzte Jesus wirklich Blut? Ist das überhaupt möglich?*

Ja, in der Medizin ist dieses Phänomen als Hämhidrose bekannt, deren Ursache eine Schwäche der Blutgefäßwände und/oder das Erleben einer ausgesprochenen Angstsituation sein kann. Angst war bei Jesus auch der entscheidende Grund. Er – ein ganz und gar heiliger und reiner Mensch – sollte die Sünden der Menschheit auf sich nehmen und sich am Kreuz opfern und, als Folge dessen, ein Gefühl der Trennung von Gott erfahren (vgl. 2. Korinther 5,21).

Lukas 23,28-31 – *Auf welches katastrophale Ereignis bezieht sich Jesus hier?*

Jesus stand kurz vor seiner Kreuzigung, als er sich einer Gruppe Frauen zuwandte, die ihm folgten, und ihnen sagte: „Töchter Jerusalems, weint nicht über mich, sondern weint über euch selbst und über eure Kinder. Denn siehe, Tage kommen, an denen man sagen wird: Glückselig die Unfruchtbaren und die Leiber, die nicht geboren, und die Brüste, die nicht gestillt haben."

Die Worte Jesu wiesen voraus auf die Zerstörung Jerusalems im Jahr 70 n.Chr. durch Titus und seine römischen Krieger. Der Tempel in Jerusalem – das Zentrum jüdischer Anbetung – würde völlig vernichtet werden.

Unfruchtbare Frauen, die während dieser Zeit leben würden und keine Kinder hätten, würden als gesegnet angesehen werden, da sie eine weniger leidvolle Erfahrung würden machen müssen. So sagte er diesen Frauen traurig: „Weint über euch selbst." Der jüdische Historiker Flavius Josephus berichtet, dass einige jüdische Mütter während der Hungersnot, die der römischen Belagerung Jerusalems vorausging, ihre eigenen Kinder aßen.

Lukas 24,31 – *Hat sich Jesus entmaterialisiert, als er plötzlich vor den Augen seiner Jünger verschwand?*

Um diese Frage zu beantworten, müssen wir bedenken, dass im biblischen Kontext ein plötzliches Verschwinden nicht unbedingt einen Auferstehungsleib erfordert. Philippus zum Beispiel wurde plötzlich an einen anderen Ort versetzt, nachdem er zuvor in seinem ganz normalen sterblichen Körper dem äthiopischen Kämmerer begegnet war. Der Text in Apostelgeschichte 8,39 sagt, dass, nachdem Philippus den Kämmerer getauft hatte, ihn der Geist des Herrn „entrückte", „und der Kämmerer sah ihn nicht mehr, denn er zog seinen Weg mit Freuden". In dem einen Augenblick war Philippus mit dem Kämmerer zusammen, im nächsten Augenblick verschwand er plötzlich und auf wundersame Weise und tauchte später in einer anderen Stadt wieder auf (vgl. Apostelgeschichte 8,40). Ein plötzliches Auftauchen oder Verschwinden ist also kein Beweis für Körperlosigkeit oder Entmaterialisierung, sondern für übernatürliche Ursachen. Jesus hatte einen Körper und ist körperlich von den Toten auferstanden.

Lukas 24,31 - *Wenn Jesus nach seiner Auferstehung einen Körper hatte wie vor seinem Tod, warum haben ihn dann seine Jünger nicht erkannt?*

Hierfür gibt es eine Anzahl möglicher Gründe:

- Unverstand – vgl. Lukas 24,25-26
- Unglaube – vgl. Johannes 20,24-25
- Enttäuschung – vgl. Johannes 20,11-15
- Furcht – vgl. Lukas 24,36-37
- Dunkelheit – vgl. Johannes 20,1.14-15
- Entfernung – vgl. Johannes 21,4
- andere Kleidung – vgl. Johannes 19,23-24; 20,6-8

Zwei Punkte sind hierbei entscheidend: Das Problem bestand nur vorübergehend, denn bevor die Erscheinung vorbei war, waren sie absolut davon überzeugt, dass es derselbe Jesus in demselben Körper war, den er vor seiner Auferstehung gehabt hatte – aus Fleisch und Blut, einschließlich seiner Wunden. Und die Jünger gingen aus der Gegenwart Jesu gestärkt heraus, um hinterher die Welt mit der Botschaft des Evangeliums auf den Kopf zu stellen und furchtlos dem Tod entgegenzutreten, da sie nicht mehr den leisesten Zweifel daran hatten, dass Jesus den Tod besiegt hatte – in demselben Körper, in welchem er ihn erlitten hatte.

Johannes

Johannes 1,1 – *In welchem Sinne ist Jesus das „Wort"?*

Für Johannes ist das „Wort" eine göttliche Person, die in die Welt gekommen ist, um eine andere Person (den Vater) zu offenbaren. Johannes wählte den Begriff „Wort" (griechisch: *logos*), da sowohl Griechen als auch Juden mit diesem Begriff vertraut waren, aber er besetzte ihn mit einem völlig neuen Sinngehalt. Wenn Johannes den Begriff *logos* auf Jesus bezieht, tut er das mit der Absicht, Christus nicht als göttliches Prinzip darzustellen (wie es der Denkweise der Griechen entsprochen hätte), sondern als lebendiges Wesen, das die Quelle allen Lebens ist. Auch ist Jesus damit nicht als bloße Personifizierung Gottes beschrieben (wie manche Juden meinten), sondern als eine Person, die mit Gott identisch ist: „Das Wort war bei Gott, und Gott war das Wort."

Johannes 1,1 – *Ist Jesus Gott oder nur „göttlich"?*

In diesem Vers lesen wir: „Im Anfang war das Wort, und das Wort war bei Gott, und das Wort war Gott." Einige haben versucht zu argumentieren, dass diese Worte falsch übersetzt seien und vielmehr wiedergegeben werden sollten mit: „Das Wort war göttlich", was darauf hinweisen würde, dass Jesus womöglich eine geringere Gottheit ist als Gott der Vater. In der Tat wird hin und wieder so übersetzt. Aber wenn im Griechischen ein einzelnes Nomen (wie beim zweiten Vorkommen des Wortes „Gott" in Johannes 1,1) keinen bestimmten Artikel hat und vor dem Verb steht (wie es im Griechischen in Johannes 1,1 der Fall ist), muss dies als Ausdruck einer Eigenschaft aufgefasst werden: Die Formulierung drückt also eine Eigenschaft des „Wortes" aus. Da aber hier ein Substantiv und kein Adjektiv vorliegt, meint der Text wirklich: „Das Wort war Gott", und nicht bloß göttlich. Das aber weist klar auf die Gottheit Jesu Christi hin.

Johannes 2,9 – *Jesus hat Wasser in Wein verwandelt. Legitimierte er damit den Genuss von Alkohol?*

In der ganzen Bibel finden wir Stellen, in denen Gott verbietet, sich zu betrinken. Übermäßiger Alkoholgenuss ist also definitiv für Christen nicht angebracht. In Epheser 5,18 weist Paulus ausdrücklich an: „Und berauscht euch nicht mit Wein, worin Ausschweifung ist, sondern werdet voller Geist."

Gegen maßvollen Alkoholgenuss haben die Autoren der Bibel nichts einzuwenden (vgl. 1. Timotheus 3,3-8). Es sei nebenbei erwähnt, dass es in der Antike nicht unüblich war, Wein mit Wasser zu vermischen – oft in einem Verhältnis von 20 zu 1; dies könnte man wohl eher als Wasser mit Weingeschmack bezeichnen. Eine 1:1-Mischung galt schon als starker Wein. Wer Wein unvermischt trank, wurde von den Griechen als „Skythe", als Barbar, angesehen.

Jeder erwachsene Christ muss für sich selbst entscheiden, wie er es mit dem Alkoholkonsum hält. Wir alle müssen uns in diesem Zusammenhang fragen: Der Genuss von Alkohol mag erlaubt sein – aber ist er auch immer nützlich?

Johannes 3,1-5 – *Ist die Taufe für das Heil notwendig?*

Manche zitieren diesen Abschnitt, um zu belegen, dass die Wassertaufe für das Heil notwendig ist, da wir in diesem Text den Hinweis auf die Notwendigkeit finden, „aus Wasser geboren" zu sein. Doch ist dies eine Fehlinterpretation.

Jesus spricht hier mit dem Pharisäer Nikodemus, der auf seine Abstammung von Abraham vertraute, um ins Reich Gottes zu gelangen. Die Juden glaubten nämlich, als Nachfahren Abrahams seien sie vor Gott in einer besonders privilegierten Position. Aber Jesus lehnt diese Auffassung ab. Eltern können an ihre Kinder nur das Wesen weitergeben, was sie selber haben. Da die Menschen aber seit der Sünde Adams alle von Natur aus sündigen, geben Eltern auch diese sündige Natur ihren Kindern weiter. Wer aber Sünder ist, kann nicht in das Reich Gottes hineingehen (vgl. Vers 5). Der einzige Weg, doch in Gottes Reich zu kommen, ist die Erfahrung einer geistlichen Wiedergeburt, und das ist genau das, was Jesus dem Nikodemus nahelegt.

Nikodemus versteht das allerdings nicht auf Anhieb. Fälschlich schließt er aus den Worten Jesu, dass diese sich in irgendeiner Form auf die leibliche Geburt beziehen, und kann nicht verstehen, wie ein Mensch zum zweiten Mal geboren werden kann (vgl. Johannes 3,4). Jesus greift daraufhin die Gedankenführung des Nikodemus auf, wendet diese dann aber weg von der leiblichen hin zur geistlichen Geburt.

Man beachte, wie Jesus hier gegenüber Nikodemus verfährt. Zunächst spricht er in Johannes 3,5 über die Geburt „aus Wasser und Geist" und erklärt im Vers 6 dann, was er damit meint. Das „aus dem Fleisch geboren" aus Vers 6 scheint dabei die Parallele zu sein zu „aus Wasser geboren" aus Vers 5, genauso wie in beiden Versen die Formulierungen „geboren aus dem Geist" parallel gesetzt sind. Jesu Botschaft ist hier: Genauso, wie jemand leiblich geboren wurde, um auf der Erde zu leben, muss man geistlich geboren werden, um in das Reich Gottes hineinzukommen. Man muss „von oben her geboren" werden, wie man vom Griechischen her das Wort *anothen*, das sonst mit „von Neuem" übersetzt wird, auch wiedergeben kann. Also hat dieser Vers überhaupt nichts damit zu tun, dass hier eine Wassertaufe als heilsnotwendig angesehen wird.

Johannes 3,16 - *Ist Jesus als der Sohn Gottes geringer als der Vater?*

Die Semiten und anderen Orientalen der Antike benutzten den Ausdruck „Sohn von", um Ähnlichkeit oder Gleichheit des Wesens sowie eine Gleichwertigkeit auszudrücken. Als Jesus behauptete, der Sohn Gottes zu sein, verstanden seine Zeitgenossen dies als die unangemessene Behauptung, dass er selbst Gott sei. Darum bestanden die Juden darauf: Wir haben ein Gesetz, und nach dem Gesetz muss Jesus Christus sterben, weil er sich selbst zu Gottes Sohn gemacht hat (vgl. Johannes 19,7). Sie wollten ihn töten, da er in ihren Augen Gotteslästerung begangen hatte (vgl. 3. Mose 24,16).

Die Bibel berichtet, dass die Sohnschaft Jesu eine ewige Sohnschaft ist. Hebräer 1,2 sagt, dass Gott die Welt durch seinen Sohn geschaffen hat, was bedeutet, dass der Sohn Gottes schon vor der Schöpfung existierte (vgl. Kolosser 1,17; vgl. mit Versen 13-14). Auch wenn Jesus von sich als dem Sohn Gottes spricht (vgl. Johannes 8,54-56), bestätigt er damit seine Präexistenz vor aller Schöpfung (vgl. Vers 58).

Johannes 4,1-28 - *Warum war die samaritanische Frau überrascht, dass Jesus mit ihr sprach?*

Die Samaritaner der neutestamentlichen Zeit wurden von ihren jüdischen Zeitgenossen als Mischvolk angesehen. Einige Israeliten aus den Stämmen Ephraim und Manasse hatten sich infolge des Falls der Stadt Samaria 722 v.Chr. mit Assyrern verheiratet. Die Juden hielten demzufolge die Samaritaner für unrein. Die Samaritaner indes behaupteten, denselben Gott wie die Juden anzubeten, aber sie errichteten einen Konkurrenztempel auf dem Berg Garizim und bestanden darauf, dass dieser Tempel das wahre „Bethel" („das Haus Gottes") sei. Als also Jesus (ein Jude) die samaritanische Frau ansprach, verletzte er damit die kulturellen Normen seiner Zeit.

Johannes 4,23 – *Sollen wir nur den Vater anbeten, Jesus aber nicht?*

Nein. Nur weil Jesus betonte, dass der Vater angebetet werden sollte, bedeutete das nicht gleichzeitig, dass Jesus nicht angebetet werden sollte. Tatsächlich zeigen die Evangelien, dass er mehrfach als Gott angebetet wurde (griechisch: *proskyneo*, das gleiche griechische Wort, das auch für die Anbetung des Vaters benutzt wurde). Jesus ließ diese Anbetung auch immer zu, etwa durch Thomas (vgl. Johannes 20,28), die Engel (vgl. Hebräer 1,6), die Weisen in Bethlehem (vgl. Matthäus 2,11), einen Aussätzigen (vgl. Matthäus 8,2), einen Synagogenvorsteher (vgl. Matthäus 9,18), einen Blinden (vgl. Johannes 9,38), eine unbekannte Frau (vgl. Matthäus 15,25), Maria Magdalena (vgl. Matthäus 28,9) und die Jünger (vgl. Matthäus 28,17).

Jesus hat seine Nachfolger nie korrigiert oder zurechtgewiesen, wenn sie sich niedergeworfen und ihn angebetet haben. In der Tat hat Jesus eine solche Anbetung als absolut angemessen angesehen. Natürlich würde man von Jesus auch nicht erwarten, dass er Menschen korrigiert, wenn diese ihn anbeten (vgl. 2. Mose 34,14) – er war ja wirklich der zum Menschen gewordene Gott, wie die Bibel deutlich sagt.

Johannes 5,19 – *Wenn Jesus wirklich Gott ist, warum hat er dann gesagt, dass er nichts von sich selbst aus tun kann, außer dem, was er den Vater tun sieht?*

Auf den ersten Blick scheint es hier so zu sein, dass Jesus implizit sagt, dass er nicht göttlich sei. Hier hilft uns aber das biblische Verständnis der Dreieinigkeit weiter.

In Bezug auf seine göttliche Natur ist Jesus mit dem Vater völlig gleich. Trotzdem gibt es eine funktionale Hierarchie zwischen den Personen der Dreieinigkeit, und hier hat der Vater Macht über den Sohn. Zur Illustration: Wenn jemand einen Sohn hat, ist dieser wie der Vater ganz und gar Mensch, dennoch hat der Vater

Macht über ihn. Damit vergleichbar hat Jesus dasselbe göttliche Wesen wie der Vater, aber der Vater hat seiner Funktion nach Macht über ihn.

Johannes 5,19 zeigt, dass Jesus nicht unabhängig vom Vater agiert, sondern in vollkommener Harmonie und ihm untergeben. Zuvor wird im Johannesevangelium berichtet, dass der Vater Jesus in die Welt gesandt hat (Johannes 3,16). Nun sagt uns Johannes 5,19, dass der Vater auch seine Handlungen bestimmt.

Der jüdische Hintergrund ist hier von Bedeutung. Unter den Juden der damaligen Zeit war die Auffassung gang und gäbe, dass Söhne ihre Väter nachahmen sollten. Natürlich hatten jüdische Söhne dieselbe Natur wie ihre jüdischen Väter (beide waren Menschen). Ähnlich ist es bei Jesus: Obwohl Johannes 5,19 Jesus als den zeigt, der den Vater nachahmt, hat Jesus nichtsdestoweniger dieselbe Natur wie der Vater – eine göttliche Natur.

In diesem Vers findet sich auch noch ein weiterer Hinweis auf die Gottheit Jesu, indem uns gesagt wird: „Was der [Vater] tut, das tut auch der Sohn." Der Vater ist Gott. Und wer außer Gott kann tun, was Gott tut? Wenn Jesus das tut, was nur Gott tun kann, dann ist Jesus selbst ganz offensichtlich Gott (so wie es der Vater ist).

Johannes 5,28-29 – *Spricht Jesus in diesen Versen positiv von Werkgerechtigkeit?*

Nein, denn zuvor im Johannesevangelium lesen wir: „[…] so viele ihn aber aufnahmen, denen gab er das Recht, Kinder Gottes zu werden, denen, die an seinen Namen glauben, die nicht aus Geblüt, auch nicht aus dem Willen des Fleisches, auch nicht aus dem Willen des Mannes, sondern aus Gott geboren sind" (Johannes 1,12-13). Jesus selbst bestätigte in Johannes 3,16-18: „Denn so hat Gott die Welt geliebt, dass er seinen eingeborenen Sohn gab, damit jeder, der an ihn glaubt, nicht verloren geht, sondern ewiges Leben hat. Denn Gott hat seinen Sohn nicht in die Welt gesandt, dass er die Welt richte, sondern dass die Welt durch ihn gerettet werde. Wer an ihn glaubt, wird nicht gerichtet; wer aber nicht glaubt, ist schon gerichtet, weil er nicht geglaubt hat an den Namen des eingeborenen Sohnes Gottes."

Jesu Hinweis auf die guten Werke in Johannes 5,28-29 bezieht sich auf das, was dem rettenden Glauben folgt. Um gerettet zu werden, bedarf man der Gnade Gottes (vgl. Epheser 2,8-9), aber echter Glaube kommt in guten Werken zum Ausdruck (vgl. Vers 10).

Johannes 6,44 – *Was meinte Jesus, als er sagte, dass niemand zu ihm kommen könne, es sei denn, der Vater ziehe ihn?*

Manche Theologen sind der Auffassung, dass der Begriff „ziehen" die Vorstellung von „ködern", „locken" oder „überreden" mit sich trägt. In diesem Licht betrachtet, würde der Vater lediglich versuchen, Menschen zu überreden, sich Jesus zuzuwenden.

Andere Ausleger wiederum bemerken, dass dieses spezielle Wort im Neuen Testament eine viel stärkere Bedeutung hat. Zum Beispiel wird es im Buch der Apostelgeschichte verwendet, wo Paulus und Silas ins Gefängnis geworfen werden (vgl. Apostelgeschichte 16,19-24). Sie wurden nicht ins Gefängnis gelockt, sondern mit Gewalt dorthin verfrachtet. Diese Theologen sind der Meinung, dass der Vater mehr tut, als uns zu Jesus zu locken, er *nötigt* uns zu Jesus Christus hin.

Dieses „Ziehen" des Vaters ist ein Akt voller Gnade. Menschen sind so tief in die Sünde und ihre schrecklichen Auswirkungen verstrickt (das geht bis hin zu hartnäckigem Unglauben und Verhärtung der Herzen), dass niemand aus eigenem Antrieb zu Jesus kommen würde, es sei denn, Gott der Vater zieht ihn zu ihm hin.

Die naheliegende Frage, warum der Vater nun den einen „zieht" und den anderen nicht zu „ziehen" scheint, ist aus menschlicher Sicht nicht zu beantworten. Es bleibt ein Geheimnis, das sich menschlicher Spekulation entzieht. Menschen können nur die Gnade Gottes annehmen. Im Einzelfall erklären und begründen können wir das Handeln Gottes in dieser Hinsicht nicht.

Johannes 6,53 – *Worauf bezieht sich Jesus bei der Aussage: „Wenn ihr nicht das Fleisch des Sohnes des Menschen esst und sein Blut trinkt, so habt ihr kein Leben in euch selbst"?*

Natürlich sind die Worte nicht so gemeint, dass man tatsächlich Jesu Körper und sein Blut zu sich nehmen soll. Jesus sprach ja oft in Metaphern und bildhaften Redefiguren. Zum Beispiel nannte er die Pharisäer „blinde Führer" (Matthäus 23,16) oder Herodes einen „Fuchs" (Lukas 13,32). Im Johannesevangelium sagt Jesus: „Ich bin der wahre Weinstock" (Johannes 15,1), und das ist nicht im wörtlichen Sinn zu verstehen. Ähnliches gilt für seine Aussage: „Ich bin die Tür" (Johannes 10,9). Daher gibt es auch hier keine Notwendigkeit, Jesus in buchstäblichem Sinn zu verstehen, wenn er sich auf sein Fleisch bezieht.

Man bedenke auch: Als Jesus sagte: „Dies ist mein Leib", und dabei das Brot in der Hand hielt, war er körperlich noch anwesend; seine Hände hielten genau das Brot, von dem er sagte, dass es sein Leib sein solle (vgl. Matthäus 26,26).

Es ist ganz offensichtlich, dass Jesus in Johannes 6,53 bildhaft spricht. Gemeint ist, dass man sich das Opfer, das Jesus am Kreuz für die Sünde der Menschen brachte, persönlich aneignen muss.

Johannes 8,3-8 – *Was schrieb Jesus auf den Boden, als die Ehebrecherin vor ihn gebracht wurde?*

Früh am Morgen, als Jesus im Tempel lehrte, brachten die religiösen Führer eine Frau vor Jesus, die sie beim Ehebruch ertappt hatten (vgl. Johannes 8,1-3). Als sie nun Jesus fragten, ob sie die Ehebrecherin steinigen sollten, beugte er sich nieder und „schrieb auf die Erde" (Johannes 8,6).

Es wird von vielen angenommen, dass Jesus sich hier bückte und in den Sand schrieb. In nahezu allen Hollywood-Filmen über Jesus wird das so dargestellt. Aber der Textzusammenhang zeigt an, dass Jesus im Tempel war, als dies geschah. Als Jesus sich niederbeugte, wird er daher mit seinem Finger auf Stein geschrieben haben.

Manche Ausleger finden dies bedeutsam. Sie bemerken, dass die jüdischen Führer die Frau aufgrund der im Gesetz festgehaltenen Gebote verurteilten. In 2. Mose 31,18 lesen wir, dass das Gesetz auf steinernen Tafeln geschrieben war – „mit dem Finger Gottes" (vgl. auch 5. Mose 9,10). Manche schließen daraus, dass Jesus auf subtile Weise mitteilen wollte, dass das Gesetz in ihm (als Gott) seinen Ursprung hat. Und doch beurteilte er die Angelegenheit so, dass die Frau ihrer Wege gehen und nicht mehr sündigen sollte, anstatt zu Tode gesteinigt zu werden.

Natürlich können wir nicht sicher sein, dass Jesus dies genau so meinte. Andere sind der Auffassung, dass Jesus auch die Sünden der Pharisäer aufgeschrieben haben könnte. Wieder andere schlagen vor, Jesus habe vielleicht die Passage aus dem alttestamentlichen Gesetz niedergeschrieben, die die Schuldigsprechung der Frau *und* des Mannes verlangte (vgl. 3. Mose 20,10; 5. Mose 22,22).

Aber all dies sind bloße Vermutungen. Der Text selbst gibt keine Auskunft darüber, was Jesus auf den Boden schrieb.

Johannes 8,28 – *Wenn Jesus wirklich Gott ist, warum hat er dann gesagt, dass er nur das reden kann, was ihn sein Vater gelehrt hat?*

Der Hauptgrund, warum Jesus Mensch wurde, ist der, Gott den Menschen zu offenbaren: „Niemand hat Gott jemals gesehen; der eingeborene Sohn, der in des Vaters Schoß ist, der hat ihn kundgemacht" (Johannes 1,18). Die vollkommene Offenbarung Gottes des Vaters kam in der Person von Gott dem Sohn.

Johannes 8,28 bezieht sich nicht auf irgendeine Schwäche des Sohnes oder auf ungenügende Kraft, etwas aus sich selbst heraus tun zu können. Schließlich hat Jesus in seiner eigenen Kraft die ganze Welt erschaffen (vgl. Johannes 1,3), er erhält das Universum (vgl. Kolosser 1,17) und stand von den Toten wieder auf (vgl.

Johannes 2,19), um nur einige der unzähligen göttlichen Taten Jesu zu nennen. Johannes 8,28 sagt uns, dass Jesus als Gottessohn nie irgendetwas Gegenteiliges als der Vater tun könnte, da sie dieselbe Natur haben und darum nie getrennt voneinander handeln. Jesus tut und sagt, was der Vater will, und dies zeigt und beweist die Einheit ihres Wesens und auch ihre Ebenbürtigkeit (vgl. auch die Anmerkungen zu Johannes 8,58).

Johannes 8,58 – *Sagt Jesus, dass er ewig ist, oder nur, dass er vor der Zeit existiert hat?*

Jesus sagt hier zu einigen Juden: „Wahrlich, wahrlich, ich sage euch: Ehe Abraham war, bin ich." Manche missverstehen diesen Vers so, dass Jesus hier lediglich seine zeitliche Existenz vor Abraham behauptet. Doch der Zusammenhang macht deutlich, dass Jesus sich nicht nur auf seine Präexistenz, sondern auch auf seine Ewigkeit bezieht. Schließlich weist der Ausdruck „Ich bin" zurück auf den Namen Gottes in 2. Mose 3,14 – ein Name, der die Vorstellung einer ewigen Existenz in sich trägt. Jahwe (der „Ich bin") ist nicht an irgendeinem Punkt in die Welt gekommen, er hat schon immer existiert. Er ist nie geboren worden; er wird niemals sterben. Er wird auch nicht älter, da er sich jenseits des Bereichs der Zeit befindet. Jahwe zu kennen heißt, den Ewigen zu kennen.

Dadurch bekommt Jesu Begegnung mit den Juden enorme Bedeutung. Da er wusste, wie sehr sie Abraham verehrten, stellt er die Herkunft Abrahams als Geschöpf in Johannes 8,58 in einen bewussten Kontrast mit seiner eigenen ewigen und unerschaffenen Natur. Er brachte damit nicht nur zum Ausdruck, dass er präexistent und mithin älter als Abraham ist, sondern dass seine Existenz von ganz anderer Art ist als die Abrahams. Mit anderen Worten: Abraham war geschaffen und endlich, aber Jesus hat keinen Anfang, ist unerschaffen und unendlich und darum ewig.

Johannes 9,1-17 – *War der Mann blind geboren worden, weil seine Eltern gesündigt hatten?*

Jüdische Theologen zur Zeit Jesu lieferten zwei Begründungen für Geburtsfehler: pränatale Sünde (vor der Geburt, nicht vor der Empfängnis) und elterliche Sünde. Sie behaupteten, dass auch der Fötus Götzendienst begeht, wenn eine schwangere Frau in einem heidnischen Tempel anbetet. Sie glaubten zudem, dass die Sünden der Eltern an den Kindern sichtbar werden (vgl. 2. Mose 20,5; Psalm 109,14; Jesaja 65,6-7). Als sie den blinden Mann sahen, vermuteten sie, dass seine Eltern irgendeine furchtbare Sünde begangen hatten oder dass seine Mutter vielleicht in der Schwangerschaft einen heidnischen Tempel besucht hatte. Jesus korrigiert hier ihr fehlgeleitetes Denken. Der Mann war als Blinder geboren worden, damit an ihm die Herrlichkeit Gottes deutlich werden würde, wie es dann auch durch das Heilungswunder geschah.

Johannes 10,16 – *Wer sind die anderen Schafe, auf die sich Jesus hier bezieht?*

Die anderen Schafe sind Gläubige aus den Nationen im Gegensatz zu den jüdischen Gläubigen. In den Evangelien werden die Juden „die verlorenen Schafe des Hauses Israel“ genannt, und die Juden, die Jesus nachfolgten, wurden „seine Schafe“ genannt (vgl. Johannes 10). Als Jesus sagte: „Und ich habe andere Schafe, die nicht aus diesem Hof sind“, bezog er sich auf die nichtjüdischen, heidnischen Gläubigen. Jesus macht deutlich, dass die Gläubigen aus den Nationen gemeinsam mit den jüdischen Christen eine Herde mit einem Hirten darstellen (vgl. Johannes 10,16).

Johannes 10,30 – *In welcher Hinsicht ist Jesus eins mit dem Vater?*

Als Jesus sagte: „Ich und der Vater sind eins“, nahmen die jüdischen Führer umgehend Steine in die Hand, um ihn zu töten. Sie dachten, dass er unberechtigterweise von sich behauptete, Gott zu sein. Dies wird in Vers 33 bestätigt, wo er angeklagt wird, „weil du, der du ein Mensch bist, dich selbst zu Gott machst“. Die Strafe für Gotteslästerung ist gemäß dem alttestamentlichen Gesetz (vgl. 3. Mose 24) der Tod durch Steinigung.

Jesus behauptete, Gott zu sein, aber er behauptete nicht, der Vater zu sein, wie manche annehmen. Im Satz „Ich und der Vater sind eins“ (1. Person Plural) kommt auch im Griechischen deutlich zum Ausdruck, dass hier nicht nur von einer Person die Rede ist. Hätte Jesus sagen wollen, dass er und der Vater *eine* Person seien, hätte er wohl kaum die 1. Person Plural verwendet.

Johannes 10,34 – *Lehrt Jesus, dass Menschen Götter werden können?*

Nein, denn solch eine Auslegung widerspricht dem großen Textzusammenhang. Jesus spricht nicht zu Pantheisten (die glauben, dass Gott alles ist und dass alles Gott ist) und auch nicht zu Polytheisten (die an viele Götter glauben). Vielmehr richtete er sich an strikte jüdische Monotheisten, die glaubten, dass nur der Schöpfer der Welt Gott ist. Seine Aussage sollte nicht aus dem monotheistischen Kontext gerissen werden und ihr sollte keine pantheistische bzw. polytheistische Bedeutung untergeschoben werden. Die Aussage Jesu: „Ihr seid Götter“ (ein Zitat aus Psalm 82,6, wo menschliche Richter gemeint sind), muss hier als Teil seiner Gesamtargumentation verstanden werden. Er benutzt ein sogenanntes *a fortiori*-Argument, das wie folgt strukturiert ist: „Wenn Gott sogar menschliche Richter Götter nennt, da sie unter den Menschen über Leben und Tod entscheiden, wie viel mehr kann ich mich dann in Anbetracht meiner vielen Wundertaten ‚Sohn Gottes' nennen."

Nicht alle Menschen werden Götter genannt, sondern eine bestimmte Personengruppe, Richter, „an die das Wort Gottes erging" (Johannes 10,35). Jesus zeigt damit: Wenn die alttestamentlichen Schriften Richtern, die von Gott ernannt worden sind, einen begrenzten „göttlichen" Status zuschreiben können, wie können es die jüdischen Führer dann unglaublich finden, wenn Jesus sich selbst Sohn Gottes nennt? Psalm 82 fährt später fort mit der Aussage, dass diese Richter tatsächlich bloße Menschen waren und als Menschen sterben würden (vgl. Vers 7).

Schließlich ist es möglich, wie viele Ausleger annehmen, dass der Psalmist Asaf, als er über die ungerechten Richter sagte: „Ihr seid Götter", dies ironisch meinte. Er machte damit deutlich: „Ich habe euch Götter genannt, aber in Wirklichkeit werdet ihr als Menschen sterben, die ihr ja auch seid." Wenn dem so ist, dann meint vielleicht Jesus, wenn er in Johannes 10 auf diesen Psalm anspielt, dass die israelitischen Richter ironisch und zum Zweck des Gerichts als „Götter" bezeichnet werden konnten, er aber *in Wirklichkeit* Gott ist.

Welcher Auffassung man auch immer zuneigt: Jesus verteidigt hier deutlich seine Göttlichkeit, spricht aber nicht von einer Vergöttlichung von Menschen.

Johannes 11,11-14 – *Wenn Jesus den Tod als Schlaf bezeichnet, lehrt Jesus dann, dass die bewusste Existenz eines Menschen mit dem Moment des Todes endet?*

Wenn in der Bibel der Begriff „schlafen" in Zusammenhang mit dem Tod verwendet wird, bezieht sich das immer auf den Leib, nie auf die Seele. Schlaf ist eine angemessene Beschreibung für den Tod des Körpers, weil der Körper ja in der Tat aussieht, als würde der Mensch schlafen (vgl. Apostelgeschichte 7,60; 1. Korinther 15,20; 1. Thessalonicher 4,13-18).

Die biblischen Belege dafür, dass man nach dem Tod bei Bewusstsein ist, sind augenfällig:

- Der reiche Mann und der arme Lazarus sind auch nach dem Tod mit einem Bewusstsein ausgestattet (vgl. Lukas 16,19-31).
- Jesus versprach dem Mann, der mit ihm gekreuzigt wurde, dass er am Tag seines Todes mit ihm im Paradies sein würde (Lukas 23,43).
- Paulus sagt, dass es weit besser sei, zu sterben und bei Christus zu sein (vgl. Philipper 1,23).
- Paulus bekräftigt, dass, wenn wir außerhalb unseres Leibes („ausheimisch") sind, wir bei unserem Herrn („einheimisch") sind (vgl. 2. Korinther 5,8).
- Die Seelen der Märtyrer während der Bedrängnis- bzw. Trübsalszeit werden im Himmel bei Bewusstsein sein; sie werden singen und zu Gott beten (vgl. Offenbarung 6,9).
- Jesus sagte, als er über die Heiligen des Alten Testaments – Abraham, Isaak und Jakob – sprach, dass Gott nicht ein Gott der Toten sei, sondern der Lebenden (vgl. Lukas 20,38).

Johannes 13,14 – *Warum sagte Jesus seinen Jüngern, sie sollten einander die Füße waschen?*

Jesus sprach mit den Jüngern über Demut und das Dienen und tat dies durch ein lebendes, gespieltes Gleichnis. Wenn in neutestamentlicher Zeit jemand ins Haus kam, wusch der Diener des jeweiligen Haushalts dem Gast die Füße. Das war nicht die Aufgabe des Hausherrn. Indem er seinen Jüngern die Füße wusch, versetzte sich Jesus selbst in die Rolle des Dieners. Als Sohn Gottes war er ein Diener, also sollten auch die Jünger einander dienen.

Das war für die Jünger eine gewaltige Lektion in Sachen Demut und dienende Haltung. Anstatt sich selbst über andere zu erheben (was der normalen menschlichen Tendenz entspricht), sollten sie einander zu Dienern werden. Das bestätigt eine andere Aussage

Jesu, die besagt, dass der Größte im Reich Gottes der ist, der Diener aller ist (vgl. Matthäus 20,26).

Johannes 14,7-11 – *Behauptet Jesus in diesem Abschnitt, der himmlische Vater zu sein?*

In diesem Abschnitt behauptet Jesus: „Wer mich gesehen hat, hat den Vater gesehen." Diese Verse machen jedoch lediglich deutlich, dass Vater und Sohn wesenseins sind, aber nicht etwa eine einzige Person. Man muss beachten, dass Jesus in Vers 6 klar den Vater von sich selbst unterscheidet, als er sagt: „Niemand kommt zum Vater als nur durch mich." Die Wörter „zum" und „durch" würden keinen Sinn ergeben, wenn Jesus und der Vater ein und dieselbe Person wären. Sie erscheinen nur sinnvoll, wenn wir uns den Vater und Jesus als voneinander unterschiedene Personen vorstellen, mit Jesus als dem Mittelsmann zwischen dem Vater und der Menschheit. Die Verse machen deutlich, dass Jesus die vollkommene Offenbarung des Vaters ist (vgl. 1,18), weil Jesus und der Vater zusammen mit dem Heiligen Geist eine unteilbare göttliche Einheit bilden (vgl. Johannes 10,30).

Johannes 14,9 – *Meint dieser Vers, dass auch der Vater einen Leib hat wie der Sohn?*

Es gibt Sekten, die meinen, dass Jesu Aussage: „Wer mich gesehen hat, hat den Vater gesehen", bedeutet, dass der Vater einen Körper hat wie der Sohn. Aber wie wir aus dem Gesamtzusammenhang der Bibel wissen, ist Gott Geist (vgl. Johannes 4,24); und ein Geist hat nicht Fleisch und Knochen (vgl. Lukas 24,39).

Das Johannesevangelium macht deutlich, dass es die Aufgabe Jesu war, der Menschheit den Vater zu offenbaren: „Niemand hat Gott jemals gesehen; der eingeborene Sohn, der in des Vaters Schoß ist, der hat ihn kundgemacht" (Johannes 1,18). Darum konnte Jesus auch sagen: „Wer mich sieht, sieht den, der mich gesandt hat" (Johannes 12,45). Und er konnte versichern: „Wer aber mich aufnimmt, nimmt den auf, der mich gesandt hat" (Johannes 13,20).

Johannes 14,12 – *Versprach Jesus seinen Nachfolgern, dass sie größere Wunder tun würden, als er selbst sie tat?*

Jesus meinte, dass seine Nachfolger Dinge tun würden, die im Hinblick auf die Ausdehnung (überall auf der Welt) und die Auswirkungen (eine Vielzahl von Menschen würde von der Kraft Gottes angerührt werden) größer sein würden. Während der kurzen Zeit seiner Wirksamkeit auf Erden war Jesus in seinem Einfluss auf das vergleichsweise kleine Gebiet von Palästina beschränkt. Nach seiner Himmelfahrt waren seine Nachfolger in der Lage, an weit verstreuten Orten zu arbeiten und eine weit größere Anzahl von Menschen zu erreichen.

Jesus bezieht sich also mit seinen Worten auf den gesamten Wirkungsbereich des Volkes Gottes und der christlichen Gemeinde auf der ganzen Welt zu allen Zeiten seit Pfingsten. Das ist quantitativ viel mehr – das Werk Jesu Christi wird durch seine Nachfolger vervielfacht.

Johannes 14,18 – *Sagt Jesus hier, dass er der Vater sei, und widerlegt er damit die Lehre von der Dreieinigkeit?*

Manche Sekten haben behauptet, weil Jesus hier sagt, dass er seine Jünger nicht als Waisen zurücklassen wird (vgl. Johannes 14,18), müsse er folglich ihr Vater sein. Diese Auslegung ist aus verschiedenen Gründen falsch. Zunächst verwechselt sie Handlungen mit Identität. In seinen Handlungen wirkt Jesus Christus wie eine göttliche Elternfigur, die die Jünger führt, erzieht und beschützt. Aber das heißt nicht, dass er im Hinblick auf seine Identität der Vater, die erste Person der Trinität, ist. Man darf nicht vergessen, dass die ganze Bibel einheitlich bezeugt, dass der Vater und der Sohn verschiedene Personen der einen Gottheit sind (vgl. Johannes 3,16-17; 7,29; 8,55; 10,15; 11,41-42).

Johannes 14,28 – *Meint Jesus hier, dass er eine dem Vater gegenüber untergeordnete Gottheit ist, wenn er sagt: „[…] der Vater ist größer als ich"?*

Nein. Jesus spricht in diesem Vers nicht über sein Wesen. Was das angeht, hatte er zuvor gesagt: „Ich und der Vater sind eins" (Johannes 10,30). Vielmehr spricht er von seiner niedrigeren Position durch seine Inkarnation als Mensch. Das in vielen Kirchen gebräuchliche Athanasianische Glaubensbekenntnis bekräftigt, dass Jesus „dem Vater gleich der Gottheit nach, geringer als der Vater der Menschheit nach" ist.

Also weist Jesu Aussage, dass der Vater größer ist, einfach nur auf die große Erniedrigung hin, die Jesus dadurch erlitten hat, dass er Mensch wurde. Aus der Perspektive der Fleischwerdung heraus konnte er ehrlich sagen, dass der Vater größer als er war, da Jesus auf der Erde in einer erniedrigten Stellung war, der Vater aber in Herrlichkeit im Himmel.

Man könnte den Bundespräsidenten als Illustration heranziehen. Der Bundespräsident ist in Deutschland in einer höheren Position als alle anderen. Darum ist der Präsident „größer" als alle anderen. Dennoch ist er nur ein Mensch; er hat die gleiche menschliche Natur wie wir alle.

Johannes 15,2 – *Verlieren wir unser Heil, wenn wir als Christen keine Frucht bringen?*

In Johannes 15,2 sagt Jesus, der wahre Weinstock, etwas über das Fruchtbringen: „Jede Rebe an mir, die nicht Frucht bringt, die nimmt er [Gott der Vater] weg; und jede, die Frucht bringt, die reinigt er, dass sie mehr Frucht bringe." Dieses Wegnehmen, oder botanisch gesprochen: Beschneiden, haben Bibelausleger verschieden gedeutet:

1. Manche sehen es als buchstäbliches Abhacken und Wegwerfen des Zweiges an. In diesem Licht betrachtet könnte es sich auf den physischen Tod von Christen beziehen, die keine Frucht bringen. Dies wäre dann die äußerste Form göttlicher Züchtigung für einen Gläubigen, der in beständiger Sünde lebt und nicht umkehren will.
2. Andere verstehen das Abschneiden der Zweige in einem eher bildlichen Sinn. In diesem Fall würde sich das auf weniger drastische Formen der Züchtigung durch Gott beziehen: Gott erzieht die Gläubigen in ihrem Leben, damit sie dahin gebracht werden, mehr Frucht zu bringen. So betrachtet, arbeitet Gott im Leben jedes Einzelnen so, dass er alles Schlechte herausschneidet, damit der Christ mehr geistliche Frucht bringen kann. Diese Auslegung ist wohl am meisten verbreitet.
3. Wieder andere meinen, dass das Abschneiden die Erkenntnis beinhaltet, dass nicht alle Nachfolger Christi sind, die dies von sich behaupten – eine Tatsache, die von selbst offenbar werden wird, wenn es an geistlicher Frucht gänzlich mangelt. In solch einem Fall ist der Zweig wirklich tot und kann nur abgehackt werden. (Man könnte hier etwa an Judas denken.)
4. Schließlich gibt es noch die Auffassung, dass mit dem Begriff „abhacken" eine zur damaligen Zeit verwendete Technik gemeint ist: Hier wurden die Weinstöcke aus dem Boden herausgehoben und mit Stöcken abgestützt, sodass sie mehr Frucht trugen. In diesem Fall würde Johannes 15,2 sagen, dass der Vater alles Nötige im Leben eines jeden Christen tut, um die größtmögliche Menge an Frucht zu ermöglichen.

Wenn letztere Auslegung zutrifft, bezieht sich der Vers in keiner Weise auf den Verlust des Heils. Aber auch bei den anderen Interpretationsansätzen kann nicht die Rede davon sein, dass man sein Heil verliert, wenn man keine Frucht bringt.

Johannes 16,7 – *Warum sagte Jesus, dass der Heilige Geist zu seinen Nachfolgern nicht kommen wird, bevor er zum Himmel aufgefahren ist?*

Hinter dieser Aussage steckt, dass Kreuz, Auferstehung und Himmelfahrt und die folgende Verherrlichung Jesu Christi notwendige Voraussetzung der Sendung des Heiligen Geistes waren. In Gottes Heilsplan musste Golgatha Pfingsten vorausgehen. Das Versöhnungswerk Jesu Christi war als Vorspiel für das Wirken des Heiligen Geistes erforderlich. Zunächst musste mit der Sünde abgerechnet werden, dann erst konnte die Heiligkeit Gottes in den Gläubigen durch den Heiligen Geist zum Ausdruck kommen. (Natürlich wirkt der Heilige Geist auch durch die Erneuerung eines Menschen und auf viele andere Weise im Leben eines Gläubigen – vgl. Johannes 3,1-5; Titus 3,5.)

Johannes 16,24 – *Meint dieser Vers, dass wir alles bekommen können, was wir wollen, wenn wir es im Namen Jesu erbitten?*

Der Vers sollte nicht isoliert von anderen Versen betrachtet werden, die Aufschluss über die genaue Bedeutung dieses Verses geben. In Johannes 15,7 sagt Jesus zum Beispiel: „Wenn ihr in mir bleibt und meine Worte in euch bleiben, so werdet ihr bitten, was ihr wollt, und es wird euch geschehen." Hier ist das Bleiben in Christus eine eindeutige Bedingung dafür, Antwort auf Gebete zu erhalten. Auch wird gesagt: „[…] was immer wir bitten, empfangen wir von ihm, weil wir seine Gebote halten und das vor ihm Wohlgefällige tun" (1. Johannes 3,22). Überdies lesen wir: „Und dies ist die Zuversicht, die wir zu ihm haben, dass er uns hört, wenn wir etwas nach seinem Willen bitten. Und wenn wir wissen, dass er uns hört, was wir auch bitten, so wissen wir, dass wir das Erbetene haben, das wir von ihm erbeten haben" (1. Johannes 5,14-15). Schließlich wird uns gesagt, dass ein

Gebet nicht erhört wird, wenn es von falschen Motiven geprägt ist (vgl. Jakobus 4,3).

Johannes 18,1-6 – *Warum fielen die römischen Soldaten zu Boden?*

Schon viele Theologen haben darüber nachgegrübelt, warum die Soldaten zurückwichen und auf den Boden fielen. Ein eher wenig inspirierter Vorschlag ist der, dass die kraftstrotzenden Soldaten übereinanderfielen, weil sie derartig darüber irritiert waren, dass Jesus sich so ruhig verhielt. Andere sehen in diesem Ereignis eine Manifestation des Übernatürlichen. Vielleicht hat Jesus im Garten Gethsemane einen Blitz mittels seiner ihm innewohnenden Kraft ausgesandt, der bewirkte, dass die Soldaten zu Boden stürzten.

Die Reaktion der Soldaten wäre ähnlich der vieler anderer Menschen, die nach einer Begegnung mit dem Göttlichen zu Boden gefallen sind. Zum Beispiel sah der Apostel Johannes Christus in seiner Herrlichkeit, und er „fiel zu seinen Füßen wie tot" (Offenbarung 1,17). Als Abraham den Allmächtigen erblickte, fiel er „auf sein Angesicht". Auch als Manoach und seine Frau den Engel des HERRN sahen, fielen sie „auf ihr Angesicht zur Erde" (Richter 13, 20). Hesekiel fiel beim Anblick der Herrlichkeit Gottes „nieder" auf sein „Gesicht" (Hesekiel 3,23; 43,3; 44,4). Die Soldaten wären somit also in guter Gesellschaft, wenn ihr Sturz das Ergebnis eines flüchtigen Anblicks der Herrlichkeit Christi war.

Johannes 20,17 – *Warum sagte der auferstandene Jesus, dass Maria ihn nicht anfassen soll?*

Maria war offensichtlich so aufgeregt, dass Jesus aus dem Tod auferstanden und nun bei ihr war, dass sie ihn festhielt und nicht gehen lassen wollte. Aber Jesus sagte ihr, dass sie damit aufhören solle. Er teilte ihr mit, dass er noch nicht zum Vater aufgefahren sei und für eine Zeit lang bis zu seiner Himmelfahrt auf der Erde sein würde, sodass sie sich nicht an ihn festklammern müsse. Sie würde viele Gelegenheiten haben, ihn zu sehen, bevor er zum Himmel ging. Zum gegenwärtigen Zeitpunkt war es für Maria wichtiger, zu gehen und den Jüngern davon zu erzählen, dass er auferstanden war.

Johannes 20,17 – *Wenn Jesus Gott ist, warum redet er hier vom Vater als von „meinem Gott“?*

Vor seiner Menschwerdung hatte Jesus Christus, die zweite Person der Trinität, nur eine göttliche Natur. Doch er nahm die menschliche Natur an, und in seiner Menschlichkeit liegt es begründet, dass er den Vater als „mein Gott“ bezeichnet. Die angemessenen Pflichten eines Menschen gegenüber Gott sind, ihn anzubeten und ihn über alles zu lieben. Darüber hinaus war er als unser Hohepriester „in allem den Brüdern gleich“ (Hebräer 2,17). Jesus konnte zu Recht den Vater als „mein Gott“ ansprechen.

Johannes 20,19 – *Wie kann Jesus mit einem realen Körper durch eine geschlossene Tür gehen?*

Jesu Auferstehungsleib war wesensmäßig und dauerhaft materiell. Die Tatsache, dass Jesus in einen Raum mit geschlossenen Türen hineingehen konnte, beweist in keiner Weise, dass er sich dazu entmaterialisieren musste. Dies ist aus verschiedenen Gründen klar:

Zunächst sagt der Text nicht präzise, dass Jesus durch eine geschlossene Tür kam. Er berichtet nur: „Als […] die Türen, wo die Jünger waren, aus Furcht vor den Juden verschlossen waren, kam Jesus und trat in die Mitte“ (Johannes 20,19). Die Bibel sagt nicht, wie er in den Raum hineingekommen ist. Die Jünger könnten die Türen schnell geöffnet und ihn eingelassen haben.

Zum Zweiten ist festzuhalten, dass Jesus dasselbe Wunder auch schon vor seinem Tod in seinem menschlichen Körper hätte vollbringen können, wenn er gewollt hätte. Seine Wunderkräfte als Sohn Gottes waren genauso groß wie vor seiner Auferstehung.

Drittens: Sogar vor seiner Auferstehung hat Jesus Wunder mit seinem Körper vollbracht. Er hat Naturgesetze überwunden, wie etwa der Gang auf dem Wasser zeigt (vgl. Johannes 6,16-20).

Viertens: Obwohl es ein physischer Körper ist, ist der Auferstehungsleib seinem Wesen nach ein übernatürlicher Körper (vgl. 1. Korinther 15,44). Wir sollten erwarten, dass dieser Körper übernatürliche Dinge tun kann, so etwa, in einem Raum mit verschlossenen Türen zu erscheinen.

Johannes 20,22 – *Haben die Jünger den Heiligen Geist vor dem Pfingsttag empfangen?*

Nach seiner Auferstehung erschien Jesus vor seinen Jüngern, hauchte sie an und sagte: „Empfangt Heiligen Geist" (Johannes 20,21-22). Einige interpretieren dies als eine prophetische Äußerung, die sich 50 Tage später zu Pfingsten erfüllen sollte. Indessen scheint dieser Standpunkt der Unmittelbarkeit, die in Jesu Worten liegt, nicht gerecht zu werden. Womöglich hat Jesus den Jüngern eine zeitlich begrenzte Befähigung durch den Heiligen Geist geschenkt, damit sie mit ihrer Arbeit weitermachen konnten, bis sie zu Pfingsten vollends ermächtigt wurden. Da Jesus sie zu einer einzigartigen Aufgabe berufen hatte, gab er ihnen für diese Arbeit eine einzigartige Befähigung.

Johannes 20,23 – *Haben Menschen – zum Beispiel Priester – die Vollmacht, die Sünden anderer zu vergeben?*

Hier ist nicht gemeint, dass wir die Macht haben, Sünden aus uns selbst heraus zu vergeben, sondern dass wir das kundtun, was der Himmel bereits bekannt gemacht hat.

Fraglos ist es so, dass den Jüngern, zu denen Jesus hier sprach, die Vollmacht gegeben wurde, die Vergebung der Sünden auszusprechen, aber auch die Vollmacht, die Sünden *nicht* zu vergeben. Doch ist damit nur die Autorität gemeint, bekannt zu geben, was geschieht, wenn jemand Jesus als Retter annimmt oder aber auch zurückweist.

Es ist festzuhalten: Nur Gott kann Sünde vergeben (vgl. Markus 2,7; Lukas 7,48-49). Die Jünger und darüber hinaus alle an Christus Glaubenden haben nur das Vorrecht, andere darüber zu informieren, dass ihnen ihre Sünden vergeben sind, sofern diese Menschen Jesus vertrauen. Wenn sie ihn indes zurückweisen, werden ihnen ihre Sünden nicht vergeben werden. Als Jesu Beauftragte verkünden wir also anderen, was er schon verkündet hat.

Johannes 20,30; 21,25 – *Deuten diese Verse an, dass die Bibel nicht ausreicht, weil sie unvollständige Aufzeichnungen enthält?*

In Johannes 20,30 lesen wir: „Auch viele andere Zeichen hat nun zwar Jesus vor den Jüngern getan, die nicht in diesem Buch geschrieben sind." Dieser Vers meint, dass Jesu Wirken zwar von Anfang bis Ende durch Wunder gekennzeichnet war, Johannes aber diese nicht alle festhalten musste, um zu begründen, dass Jesus wirklich der versprochene Messias ist. In den vier Evangelien wird von insgesamt etwa 35 Wundern berichtet; von ihnen suchte Johannes sieben aus und erörterte sie näher, damit die Menschen zum Glauben an Jesus als Christus, als den verheißenen Messias, kommen könnten. Dabei war es nicht notwendig, jedes einzelne Wunder mit einzubeziehen.

Johannes schreibt in 21,25: „Es gibt aber auch viele andere Dinge, die Jesus getan hat; wenn diese alle einzeln niedergeschrieben würden, so würde, scheint mir, selbst die Welt die geschriebenen Bücher nicht fassen." Es geht Johannes hier darum, dass das Wirken Jesu so wunderbar war, so jenseits dessen, was man in menschliche Worte fassen kann, dass der von ihm verfasste Evangelienbericht nur einen Ausschnitt der Wunder Jesu widerspiegeln kann.

Da das Johannesevangelium durch den Heiligen Geist inspiriert ist, können wir sicher sein, dass das, was hier berichtet wird, genau das ist, was auch mitgeteilt werden sollte. Das berühmte Leitwort der Reformation – das *sola scriptura* („allein die Schrift") – besagt nicht, dass das, was in der Bibel steht, erschöpfend ist, sondern nur, dass das, was in der Bibel aufgeschrieben ist, völlig ausreicht. Alles, was uns Gott in Bezug auf seine Offenbarung an die Menschen mitteilen wollte, findet sich auf den Seiten der Heiligen Schrift. Mehr brauchen wir nicht.

Apostelgeschichte

Apostelgeschichte 2,5 – *Wie konnten sich in Jerusalem Juden „von jeder Nation unter dem Himmel“ befinden?*

Jüdische Pilger hatten sich für das Pfingstfest auf den Weg nach Jerusalem gemacht. Lukas benutzt hier übertreibende Sprache, um deutlich zu machen, dass Juden aus dem gesamten Mittelmeerraum, nicht aus buchstäblich jedem Staat der Erde, in Jerusalem waren. Die Verse 8-11 machen das deutlich, denn sie geben an, dass Juden aus solchen Gegenden kamen wie Mesopotamien, Judäa, Kappadozien, Pontus, Asia, Phrygien, Pamphylien, Ägypten, einem Teil Libyens und Rom.

Apostelgeschichte 2,38 – *Muss die Taufe ausschließlich im Namen Jesu geschehen?*

In diesem Vers ermahnt Petrus seine Hörer dazu, getauft zu werden „auf den Namen Jesu Christi zur Vergebung eurer Sünden“. Um diesen Vers angemessen zu deuten, müssen wir zunächst festhalten, dass die Wendung „im Namen von“ in biblischer Zeit häufig meinte: „bevollmächtigt von“. In diesem Licht betrachtet, kann die Redewendung in Apostelgeschichte 2,38 nicht als eine Taufformel interpretiert werden. Sie zeigt einfach nur an, dass Menschen gemäß der Vollmacht durch Jesus Christus getauft werden sollten. Die Worte „im Namen Jesu“ müssen nicht im liturgischen Kontext über jedem Täufling ausdrücklich ausgesprochen werden. Falls dem so wäre, müsste man sich fragen, warum diese „Formel“ in der übrigen Apostelgeschichte bzw. im Neuen Testament nie wieder exakt in gleicher Formulierung verwendet wird. Man beachte etwa

Matthäus 28,19, wo im Zusammenhang mit der Taufe Vater, Sohn und Heiliger Geist erwähnt werden.

Im Rahmen von Apostelgeschichte 2 ergibt eine Taufe im Namen Jesu Christi durchaus einen Sinn, da die Juden, denen Petrus predigte, Jesus als Messias zurückgewiesen hatten. Es ist nachvollziehbar, dass Petrus sie nun zur Umkehr ruft und sie auffordert, sich durch die Taufe mit ihm zu identifizieren. Die Taufe „im Namen Jesu" dient somit auch als Unterscheidungsmerkmal zu anderen Taufritualen, die zur damaligen Zeit im Judentum präsent waren (man denke hier auch an die Taufe Johannes' des Täufers).

Apostelgeschichte 2,38 – *Ist die Wassertaufe eine Voraussetzung für das Heil?*

Obwohl diese Bibelstelle Menschen anweist: „Tut Buße, und jeder von euch lasse sich taufen auf den Namen Jesu Christi zur Vergebung eurer Sünden!", lehrt dieser Vers – richtig verstanden – nicht, dass die Taufe eine notwendige Bedingung für das Heil ist. Die große Mehrheit der neutestamentlichen Texte, die sich auf unsere Erlösung beziehen, bestätigt, dass man nur durch den Glauben gerettet werden kann (z.B. Johannes 3,16-17; 5,24; 7,38; 20,29).

Apostelgeschichte 2,41 – *Geschieht die Wassertaufe durch Untertauchen oder Besprengung?*

Hierzu ist die Meinung vieler Christen geteilt. Vorweg ist zu sagen, dass im Hinblick auf die Ernsthaftigkeit oder Gültigkeit einer Taufe keine Rolle spielt, ob diese durch Besprengen oder Untertauchen erfolgt. Jedoch ist festzuhalten, dass die Praxis der Besprengung erst seit dem zweiten Jahrhundert n.Chr. in der Alten Kirche nachgewiesen ist. Manche argumentieren, dass diese Praxis der Taufe stärker das Kommen des Heiligen Geistes auf einen Menschen verdeutlicht als das Untertauchen. Auch wird gesagt, dass die 3 000 Menschen (und mehr, wenn man womöglich Frauen und Kinder mitzählt) wohl kaum im Jordan untergetaucht worden seien; Gleiches gelte sinngemäß für Apostelgeschichte 8,38; 10,47 und 16,33. Man fragt sich allerdings, ob die logistischen Probleme, die hier gesehen werden, wirklich so groß sind wie angenommen.

Die Befürworter einer Taufe durch Untertauchen verweisen auf das griechische Wort *baptizo*, das hauptsächlich „untertauchen" bedeutet. Auch die im Zusammenhang mit *baptizo* im Griechischen verwendeten Präpositionen (übersetzt: „in" und „aus [dem Wasser] heraus") legen das Bild des Untertauchens nahe. Obwohl es in der griechischen Sprache Wörter für „besprengen" oder „begießen" gibt, werden diese im Neuen Testament nie im Zusammenhang mit der Taufe verwendet.

Die Geschichte zeigt, dass die Juden des Altertums Taufe durch Untertauchen praktizierten. Die Menschen, die sich zu Jesus Christus bekehrten – inklusive der Jünger, die ja auch aus dem Judentum kamen –, sind wahrscheinlich diesen üblichen Taufritualen gefolgt.

Sicherlich illustriert die Taufe durch Untertauchen die Bedeutung des Todes des alten Menschen und die Auferstehung zum neuen Leben in Jesus Christus (vgl. Römer 6,1-4) am besten. Aus dem biblischen Kontext lässt sich also eine Taufe durch Besprengung nicht direkt ableiten.

Apostelgeschichte 2,44-45 – *Gab es einen urchristlichen Kommunismus?*

Die frühen Christen „hatten alles gemeinsam; und sie verkauften die Güter und die Habe und verteilten sie an alle, je nachdem einer bedürftig war". Es gibt verschiedene Gründe anzunehmen, dass dieser Abschnitt nicht einem beständigen christlichen Kommunismus oder Sozialismus das Wort redet. Zunächst: Hier wird etwas beschrieben, nicht vorgeschrieben. Nirgendwo machen diese Verse ein solches Verhalten zur Norm. Sie beschreiben nur, was die Gläubigen damals getan haben.

Zweitens scheint der Text nahezulegen, dass das praktizierte System nur vorübergehender Natur war und keine dauerhafte Regelung. Möglicherweise waren auch die Juden, die unter anderen Völkern lebten, in Jerusalem verblieben, weil hier der Heilige Geist herabgekommen war und sich zum ersten Mal viele Menschen zu Jesus Christus bekehrt hatten. Die Notwendigkeit des Zusammenlebens fern der Heimat mochte Anlass für diese Übereinkunft gewesen sein. Jedoch kann es auch sein, dass sich die Sozialgemeinschaft nur auf die Christen in Jerusalem beschränkte.

Zum Dritten war diese Regelung freiwilliger Natur. Nichts im Text deutet auf Zwang oder Verpflichtung hin. Es diente ganz offensichtlich dem vorübergehenden Zweck der Förderung des Evangeliums in jenen frühen und entscheidenden Tagen der christlichen Gemeinde.

Und schließlich: Der Verkauf des Eigentums und das Spenden von Geld geschah nur teilweise. Der Text legt nahe, dass die ersten Christen nicht ihre Wohnhäuser verkauft haben, sondern nur Grundstücke und andere Besitztümer.

Andere Abschnitte des Neuen Testaments weisen zudem darauf hin, dass es sich bei der Jerusalemer Gemeinde nicht um eine reiche Gemeinde gehandelt hat. Es gab viel Armut, und manche hatten ihre Existenzgrundlage aufgegeben, um Jesus Christus nachzufolgen – wie z.B. die Jünger. Später lesen wir, dass Paulus eine Kollekte für die verarmten Jerusalemer Glaubensgeschwister sammeln ließ (vgl. 2. Korinther 8,1-15), allerdings geschah dies erst etwa ein Vierteljahrhundert später.

Apostelgeschichte 5,1-11 – *Warum mussten Hananias und Saphira sterben?*

Kurz gesagt: wegen Heuchelei. Sie spiegelten den Aposteln vor, der Gemeinde das komplette Geld aus dem Verkauf ihres Grundstücks gegeben zu haben, was aber nicht der Fall war. Stattdessen behielten sie etwas für sich. Sie hätten den Acker nicht verkaufen müssen, auch hätten sie etwas von dem Geld behalten können. Aber sie taten so, als ob sie alles gegeben hätten, obwohl dem nicht so war – und das war die Sünde des Ehepaars. Die Strafe Gottes ist hier natürlich drastisch und auch im Neuen Testament in dieser Form singulär, aber nachdem der Heilige Geist zuvor so mächtig gewirkt hatte, war dies ein Mahnzeichen für alle, die nur so taten, als würden sie dem Heiligen Geist gehorchen. Gott duldet so etwas nicht.

Apostelgeschichte 8,26 – *Benutzt Gott Engel zur Evangelisation?*

Offenbar ist das zumindest gelegentlich so. Schließlich brachte ein Engel den Evangelisten Philippus zu einem äthiopischen Kämmerer, um ihm das Wort Gottes auszulegen (vgl. Apostelgeschichte 8,26). Auch der römische Hauptmann und Nichtchrist Kornelius wurde von einem Engel zu Petrus geführt (vgl. Apostelgeschichte 10,1-18).

Apostelgeschichte 17,28 – *Warum steht das Zitat eines heidnischen Dichters in der Bibel?*

Jedenfalls nicht, weil Paulus hier die Ansicht verträte, auch dieser Text gehöre zur Heiligen Schrift. Paulus verwendete dieses Zitat, weil der Dichter etwas sagte, was den Athenern, mit denen er hier eine Auseinandersetzung hatte, seine Botschaft verständlicher machen würde.

Apostelgeschichte 19,12 – *Kann übernatürliche Kraft durch Tücher oder Kleidungsstücke weitergegeben werden?*

Davon kann man wohl nicht ausgehen. Grundlegend ist zu sagen, dass nur den Aposteln die besonderen „Zeichen der Apostel" (2. Korinther 12,12) gegeben wurden. Sie waren auf einzigartige Weise von Gott bevollmächtigt. Mit ihnen verschwanden auch manche Zeichen (vgl. Hebräer 2,3-4).

Zudem ist Apostelgeschichte 19,12 ein *b*eschreibender Bericht und schreibt nichts vor. Hier wird von einem einzigartigen Ereignis berichtet, das mit einem Apostel Gottes in Verbindung steht. In keinster Weise wird vorgeschrieben, dass sich dies im späteren Verlauf der Kirchengeschichte wiederholen sollte.

Gelegentlich hört man aber auch heute im Kontext missionarischer Erfahrungen vor allem in bislang vom Evangelium kaum erreichten Gebieten von außergewöhnlichen Wundern. Gott kann in unterschiedlichen Kontexten auch auf unterschiedliche Weise wirken. Bei Angehörigen von Naturreligionen etwa, die ein stark magisches Verständnis der Welt haben, wird er sich anders zeigen als in der doch sehr von der Rationalität und dem Wort geprägten westlichen Welt des 21. Jahrhunderts.

Apostelgeschichte 20,20 – *Sagt dieser Vers, dass alle Christen von Haus zu Haus gehen sollten?*

In diesem Vers lesen wir, dass Paulus „öffentlich und in den Häusern" lehrte. Das Wort „Haus" bezieht sich in diesem Vers auf Hausgemeinden. Die ersten Christen hatten kein zentrales Kirchengebäude, in dem sie sich hätten versammeln können. Vielmehr waren viele kleine Hausgemeinden über die ganze Stadt verstreut. So brachen etwa die frühen Christen „zu Hause" das Brot (vgl. Apostelgeschichte 2,46; 5,42) oder versammelten sich im Haus der Maria, der Mutter des Markus (vgl. Apostelgeschichte 12,12). Gemeinden trafen sich oft in Häusern (vgl. Römer 16,5; 1. Korinther

16,19; Philipper 2; Kolosser 4,15). Wir wissen, dass erst gegen Ende des zweiten Jahrhunderts Kirchengebäude errichtet wurden.

So betrachtet geschah der Dienst des Paulus in unterschiedlichen Hausgemeinden. Diese Auslegung scheint insbesondere wahrscheinlich, da Paulus zu den Ältesten der Gemeinde sprach (vgl. Vers 17), als er sagte, dass er „öffentlich und in den Häusern" lehrte. Eine spezielle Begründung von Haus-zu-Haus-Mission ist in diesem Vers nicht gegeben.

Apostelgeschichte 22,9 – *Warum steht hier, dass die Begleiter des Paulus die Stimme bei dessen Bekehrung hörten, wo doch in Apostelgeschichte 9,7 offenbar das Gegenteil steht, nämlich dass sie die Stimme nicht hörten?*

Zwei Erklärungsversuche seien hier angedeutet: In Apostelgeschichte 9,7 muss nicht zwingend die Stimme des Herrn gemeint sein, sondern es könnte sich bei der Stimme, die die Begleiter hörten, auch um die Stimme des Paulus gehandelt haben. Dann stünden diese Stellen nicht mehr in Widerspruch zueinander.

Eine andere Deutungsmöglichkeit ist die Tatsache, dass Paulus die Stimme „in hebräischer Mundart" (Apostelgeschichte 26,14) hörte. Es könnte also sein, dass die anderen zwar etwas hörten (wie in Apostelgeschichte 9,7 beschrieben), es sich jedoch um keine verständliche Stimme handelte, sondern um ein unverständliches Geräusch (was wiederum mit Apostelgeschichte 22,9 in Einklang stehen würde).

Römer

Römer 1,7 – *Was ist ein Heiliger?*

Aus biblischer Sicht ist ein Heiliger keine Person, die dazu von einer Kirche oder Institution speziell ernannt wurde. Diesen Gedanken finden wir so im Neuen Testament nicht wieder. Vielmehr sind nach neutestamentlichem Verständnis alle Christen Heilige in dem Sinne, dass sie für Gott „ausgesondert" (so gemäß der hebräischen Wurzel des Wortes) und durch den Glauben an Jesus Christus heilig gemacht worden sind.

Römer 1,19-20 – *Sind die Menschen, die das Evangelium nie gehört haben, für immer verloren?*

Zunächst ist zu bedenken, dass diese Frage mit einer Art Unschuldsvermutung einhergeht: „Wer noch nie das Evangelium gehört hat, kann doch nichts dafür." Demgegenüber sagt Paulus: „[…] alle haben gesündigt und erlangen nicht die Herrlichkeit Gottes" (Römer 3,23).

Paulus bekräftigt hier in Römer 1,19-20, dass die Heiden, also die Menschen aus den nichtjüdischen Nationen, ohne Entschuldigung sind (vgl. Römer 1,20). Sie sind aus verschiedenen Gründen zu Recht verdammt.

Wie wird das begründet? Zunächst stellt Römer 2,12 fest: „Denn so viele ohne Gesetz gesündigt haben, werden auch ohne Gesetz verloren gehen; und so viele unter Gesetz gesündigt haben, werden durch Gesetz gerichtet werden." Dieser Abschnitt sagt, dass die Juden durch das Gesetz (die hebräischen heiligen Schriften) gerichtet werden, die Nationen aber durch das Gesetz, das in ihren

Herzen geschrieben ist: „Denn wenn Nationen, die kein Gesetz haben, von Natur dem Gesetz entsprechend handeln, so sind diese, die kein Gesetz haben, sich selbst ein Gesetz. Sie beweisen, dass das Werk des Gesetzes in ihren Herzen geschrieben ist, indem ihr Gewissen mit Zeugnis gibt und ihre Gedanken sich untereinander anklagen oder auch entschuldigen" (Römer 2,14-15).

Doch selbst wenn eine Person, die noch nie das Evangelium gehört hat, ihr Leben nach bestem Wissen und Gewissen lebt, tut sie doch nichts anderes als Werke. Das Heil aber kommt durch die Gnade: „Denn aus Gnade seid ihr gerettet durch Glauben, und das nicht aus euch, Gottes Gabe ist es" (Epheser 2,8). Niemand kann irgendetwas tun, um sich selbst Zugang zum Himmel zu verschaffen. Wäre das der Fall, wäre Jesus umsonst ans Kreuz gegangen.

„Sucht, und ihr werdet finden", sagt die Bibel an verschiedenen Stellen (z.B. Matthäus 7,7). Das bedeutet, dass die, die positiv auf das Licht reagieren, das sie durch die Natur bzw. die Schöpfung wahrnehmen (was aber noch nicht zum Heil ausreicht), noch das Licht bekommen werden, das sie zum Heil führen wird. So war es etwa beim römischen Hauptmann Kornelius, der auf das wenige, das ihm offenbart worden war, reagierte, was aber noch nicht zur Errettung ausreichte. Darum sandte Gott Petrus zu ihm, der ihm dann das größere Licht offenbarte, nämlich dass der Glaube an Jesus allein zum Heil führt (vgl. Apostelgeschichte 10).

Gott hat viele Wege, denjenigen, die danach suchen, die Wahrheit über das Heil durch Jesus Christus mitzuteilen: Er kann einen Missionar senden (vgl. Apostelgeschichte 10) oder eine Bibel (Psalm 119,130), eine Vision schenken oder einen Engel schicken (vgl. Offenbarung 14). Doch die, die dem vielleicht wenigen Licht, das sie haben, den Rücken zuwenden, werden sich in der Dunkelheit wiederfinden, wo sie keinen Grund haben, jemand anders anzuklagen als sich selbst (vgl. Johannes 3,19).

Natürlich treffen die Antworten, die wir in der Bibel im Hinblick auf diese Frage finden, nicht auf alle erdenklichen Lebenssituationen zu. Dennoch können wir in dem, was wir glauben und anderen vermitteln, nicht hinter die Aussagen der Bibel zurückgehen.

Allerdings dürfen wir fest darauf vertrauen, dass Gott ein gerechter Gott ist, der mit allen Menschen auf angemessene Weise verfährt.

Römer 2,6-7 – *Sagt Paulus hier, dass man sich den Himmel durch gute Werke verdienen kann?*

Paulus erklärt in diesen Versen, dass Gott „einem jeden vergelten wird nach seinen Werken". Im richtigen Kontext gesehen sagt dies aber keineswegs aus, dass gute Werke eine Bedingung für das Heil sind. Im Gegenteil: Im ganzen Römerbrief bekundet Paulus mit Nachdruck, dass Rettung unabhängig von Werken ist (vgl. Römer 3,28; 4,5). Die Worte des Paulus in Römer 2,6-7 dürfen daher nicht so missverstanden werden, als würde hier das Gegenteil dessen ausgesagt werden, was Paulus im Gesamtzusammenhang wiederholt ausführt.

In der Theologie des Paulus sind Werke eine *Auswirkung* des Heils, nicht die Bedingung dafür. Epheser 2,10 macht deutlich, dass wir gerettet sind, um gute Werke zu vollbringen. Wir sind *durch* die Gnade gerettet, *um* Werke zu tun. Wir arbeiten nicht für die Gnade, sondern aufgrund der Gnade (vgl. 2. Korinther 5,14; Titus 2,11-12). Gute Werke bringen nicht das Heil, sie sind nur Kennzeichen für die Rettung, die man durch den Glauben empfangen hat (vgl. Römer 6,23; 10,9-10; 11,6).

Römer 2,6-8 sagt also, dass die Art und Weise, wie sich eine Person im täglichen Leben gewöhnlich verhält, den Zustand ihres Herzens anzeigt. Wer sich regelmäßig in guten Werken engagiert, zeigt dadurch, dass sein Herz von Gott erneuert worden ist (vgl. Vers 7). Wer aber gewohnheitsmäßig Böses tut, zeigt dadurch seine Entfremdung von Gott (vgl. Vers 8).

Römer 5,18-19 – *Vertritt Paulus einen Allversöhnungsgedanken, wenn er sagt, dass „Gerechtigkeit für alle Menschen zur Rechtfertigung des Lebens" gekommen ist?*

Nein, auch in diesem Zusammenhang spricht Paulus davon, dass man durch den Glauben gerecht gesprochen wird (vgl. Römer 5,1), aber nicht automatisch durch das, was Jesus Christus für uns getan hat. Er bezieht sich hier darauf, dass das Heil eine Gabe, ein Geschenk, ist (vgl. 5,16), das angenommen werden muss. Heil, so erklärt Paulus, kommt nur zu denen, „welche den Überfluss [...] der Gabe der Gerechtigkeit empfangen" (5,17).

Der übrige Text des Römerbriefs macht unmissverständlich klar, dass nicht jeder gerettet werden wird. Römer 1-2 spricht von den Nationen (Heiden), die ohne Entschuldigung sind (vgl. Römer 1,19) und auf die der Zorn Gottes fällt (vgl. 1,18). Paulus stellt fest: „Denn so viele ohne Gesetz gesündigt haben, werden auch ohne Gesetz verloren gehen; und so viele unter Gesetz gesündigt haben, werden durch Gesetz gerichtet werden" (Römer 2,12).

Schließlich schlussfolgert Paulus, dass die Welt ohne die Rechtfertigung durch den Glauben schuldig vor Gott ist (vgl. Römer 3,19). Später, wenn er vom Schicksal der Geretteten und der Verlorenen spricht, versichert Paulus: „Der Lohn der Sünde ist der Tod, die Gnadengabe Gottes aber ewiges Leben in Christus Jesus, unserem Herrn" (Römer 6,23). Genauso erkennt Paulus, dass trotz seiner Gebete nicht alle seine Angehörigen gerettet werden würden (vgl. Römer 11,1-5). Kurzum: Der gesamte Römerbrief zeigt, dass nur die, die glauben, gerechtfertigt werden (vgl. Römer 1,17; 3,21-26).

Römer 7,14-25 – *Wer ist in dieser Passage mit „ich" gemeint: ein Christ oder ein Mensch unter dem Gesetz?*

Hier gehen die Auslegungen erheblich auseinander, was allerdings weitreichende Konsequenzen hat. Viele sind der Meinung, dass Paulus hier von sich selbst als Christ spricht. Manche finden gar darin Trost, dass auch Paulus mit der Sünde in sich zu kämpfen hatte (vgl. Verse 17-20) und dass man auch als Christ immer wieder dem „Gesetz der Sünde" verfällt (Vers 23). Dies führt bei Paulus schließlich zum Ausruf: „Ich elender Mensch! Wer wird mich retten von dem Leib des Todes?", was schließlich in ein befreiendes „Ich danke Gott durch Jesus Christus" mündet.

Erscheint diese Auslegung auf den ersten Blick verständlich und naheliegend, so verwundert sie doch, wenn man den Gesamtzusammenhang des Neuen Testaments betrachtet. Paulus spricht etwa in Römer 6,14 davon, dass wir uns „nicht unter Gesetz, sondern unter Gnade" befinden. Die Sünde wird (!) nun nicht mehr in unserem sterblichen Leib herrschen (vgl. 6,12), und es gibt einen klaren Wechsel: vom Sklaven der Sünde zum Sklaven Gottes (vgl. 6,20-23). Wenn Paulus diesen Sachverhalt so deutlich macht, wie kann er dann in Römer 7,14 sagen: „Ich … bin fleischlich, unter die Sünde verkauft", und dies auch noch recht dramatisch weiter ausführen, indem er sich als von der Sünde gesteuert ansieht (vgl. Vers 17-20)?

Und wie passt das zusammen mit dem ganzen Grundton des nachfolgenden Kapitels Römer 8, der vom befreiten Wandel im Geist spricht, der mit der in Römer 7 beschriebenen psychologischen Befindlichkeit des Paulus gar nichts zu tun zu haben scheint?

Paulus beschreibt in Römer 7 daher vermutlich nicht das Leben als Christ, sondern das Leben unter dem Gesetz. Das „Ich" dieses Textes wird hier so verwendet, wie auch wir ein hypothetisches „Ich" gebrauchen. („Wenn ich viel Geld hätte, könnte ich mir alle meine Wünsche erfüllen, müsste nicht arbeiten, könnte immerzu reisen und die Welt sehen …")

Paulus versetzt sich also in Römer 7 in die Lage eines Menschen unter dem Gesetz. Er weiß aus der eigenen Erfahrung als Jude, wie sich das Leben unter dem Gesetz psychologisch auswirkt, daher kann er es so lebendig beschreiben. Er zeichnet aber in Römer 7 *nicht* das Porträt eines Menschen, der Christ ist und unter der Gnade Gottes lebt. Wenn Menschen ihr Christsein allerdings so erleben, deutet das darauf hin, dass sie ein Leben aus eigener Kraft und nicht aus der des Heiligen Geistes leben, dass sie „unter dem Gesetz" leben. Wahrscheinlich wird jeder Christ einmal an einen Punkt gelangen, an dem er ein Leben aus eigener Kraft führt. Dies ist aber ein „Rückfall" in eine von Gott nicht so vorgesehene Lebensweise.

Römer 8,14 – *Was bedeutet es, wenn von Christen gesagt wird, sie seien „Söhne Gottes"?*

Eine der größten Segnungen unseres Heils ist, dass Gläubige in die ewige Familie Gottes hineingenommen, adoptiert werden. Wenn man an Jesus Christus glaubt, wird man ein Sohn Gottes und damit zu einem Mitglied in Gottes Familie. In Gottes Familie sind alle willkommen.

In Gottes Familie hineinadoptiert zu werden, ist ein Vorrecht, aber es ist auch mit Verantwortung verbunden. Als Söhne Gottes sind wir dazu berufen, in einer Weise zu leben, die unsere neue Familienbeziehung widerspiegelt. Die Familienähnlichkeit soll an uns sichtbar werden (vgl. Matthäus 5,48).

Im Gegensatz zu der Versklavung unter die Sünde, die in die Angst hineinführt, empfängt der Gläubige den Geist der Sohnschaft (vgl. Römer 8,15). Das Wort „Sohnschaft" bedeutet wörtlich: „als Sohn eingesetzt werden". Das ist bedeutsam, denn in neutestamentlicher Zeit genoss ein adoptierter Sohn die gleichen Rechte wie ein leiblicher Sohn. Wir müssen keine Angst haben, uns Gott zu nähern, sondern können mutig vor den Thron Gottes treten und „Abba, Vater" sagen (vgl. Römer 8,15). *Abba* ist ein aramäischer Begriff, der große Zuneigung und Vertrautheit ausdrückt – vergleichbar mit dem deutschen Wort „Papa".

Aufgrund dieser neuen Beziehung zu Gott sind Christen berufen, Erben Gottes und Miterben Jesu Christi zu sein (vgl. Römer 8,17). In einer typischen Familie bekommt jedes Kind einen Anteil am Besitz der Eltern. Das macht jedes Kind zum Erben und die

Kinder als Gruppe zu Miterben. Als Kinder Gottes sind wir Erben, und gemeinsam sind wir mit Christus Miterben (vgl. Galater 4,7).

Römer 8,16-17 – *Was erben Christen?*

Christen erben in diesem Leben alle geistlichen Segnungen (vgl. Epheser 1,3). Im zukünftigen Leben werden wir mit dem Herrn Jesus Christus Anteil an Gottes herrlichem Reich haben (vgl. 1. Korinther 3,21-23).

Römer 8,20-22 – *In welcher Hinsicht ist die Schöpfung der Nichtigkeit unterworfen worden?*

Darüber gibt es unter Christen unterschiedliche Ansichten; die allermeisten glauben aber, dass die Unterwerfung mit dem Sündenfall des Menschen begonnen hat. Als Ergebnis der Sünde der Menschen gegen Gott wurde der gesamte Herrschaftsbereich des Menschen von Gott verurteilt (vgl. Römer 8,21-22). Andere beziehen diese Aussage nicht auf den Sündenfall, sondern glauben, dass die Welt sich schon seit ihrer Erschaffung in einer Abwärtsbewegung befindet – die Sterne zum Beispiel hätten begonnen, von ihrer Substanz her zu verbrennen, sobald sie erschaffen worden waren.

Das Gute ist: Diese Knechtschaft wird enden, wenn Gott die Welt neu macht. Bevor das ewige Reich Gottes Gestalt annehmen kann, muss die Erde erneuert werden, das Alte muss dem Neuen Platz machen (vgl. Offenbarung 21,1-5).

Römer 8,28 – *Wie kann Gott alle Dinge zum Guten mitwirken?*

Gott ist allmächtig, souverän und sehr kreativ. Wir finden in der ganzen Bibel zahlreiche Illustrationen, wie Gott wirklich alles zum Guten wirkt. So wurde zum Beispiel Josef von seinen eigenen Brüdern in die Sklaverei verkauft (vgl. 1. Mose 38-39), ein Umstand, den Gott schließlich dazu nutzte, um Josef zu einer maßgebenden Persönlichkeit in Ägypten zu machen (vgl. 1. Mose 41). Der Apostel Paulus wurde während seines Dienstes für Gott wiederholt ins Gefängnis geworfen (vgl. Apostelgeschichte 16,23-37; Epheser 3,1; Philipper 1,7; Kolosser 4,10; Philemon 9) und er schrieb in diesen Zeiten die Briefe an die Epheser, die Philipper, die Kolosser und den Philemonbrief. Gott versteht es meisterhaft, alles zum Guten zu führen.

Römer 9,13 – *In welcher Weise hasste Gott Esau?*

Im Kontext betrachtet sollte das Wort „Hass" nicht so verstanden werden, dass Gott im menschlichen Sinne Abneigung, Geringschätzung und Rachegefühle gegenüber Esau hatte. Gott war nicht im psychologischen Sinn in negativen Gefühlen gegenüber Esau entbrannt. Vielmehr sollte das Wort als hebräische Redewendung verstanden werden – ein Wort, das bedeutet: an die zweite Stelle setzen (vgl. 1. Mose 29,30-33).

Die Bedeutung des Wortes erschließt sich uns deutlicher, wenn wir Lukas 14,26 betrachten, wo Jesus sagt: „Wenn jemand zu mir kommt und hasst nicht seinen Vater und die Mutter und die Frau und die Kinder und die Brüder und die Schwestern, dazu aber auch sein eigenes Leben, so kann er nicht mein Jünger sein." Hier wird kein Hassgefühl kommuniziert. Man bedenke, dass Jesus uns nicht die Option mitgegeben hat, überhaupt noch zu hassen. Sogar unsere Feinde sollen wir lieben (vgl. Lukas 6,27). Auch belehrt uns das vierte Gebot: „Ehre deinen Vater und deine Mutter" (vgl. 2. Mose 20,12), ein Gebot, das im Neuen Testament wieder aufgegriffen wird (vgl. Epheser 6,1-3; Kolosser 3,20). Jesus hat sicher seine Nachfolger nicht angewiesen, dem heiligen Gesetz Gottes ungehorsam zu sein. Vielmehr bedeutet das Wort „hassen" wie schon gesagt: an die zweite Stelle setzen. Wir sollen unsern Eltern gegenüber Jesus an die zweite Stelle setzen.

Mit dieser Bedeutung im Hinterkopf können wir Römer 9,13 etwa wie folgt umschreiben: „Im Vergleich zu meiner großen Liebe für Jakob könnten meine Gefühle gegenüber Esau, den ich weniger liebe, wie Hass aussehen." Im Gesamtzusammenhang wird klar, dass sich Gottes souveräne Absichten für sein Volk allein auf Jakob und seine Nachkommen bezogen.

Römer 12,3-8 – *Was sind die Gaben des Heiligen Geistes?*

Siehe die Anmerkungen zu 1. Korinther 12,11.

Römer 14,10 – *Werden Christen eines Tages vor dem Richterstuhl Christi stehen?*

Das Bild des Richterstuhls bezieht sich auf Sportwettkämpfe zur Zeit des Paulus. Wenn alle Rennen und Spiele beendet waren, nahm oft der Kaiser selbst auf einem erhobenen Thron Platz . Danach traten die Athleten – einer nach dem anderen – vor den Thron, um einen Preis in Empfang zu nehmen. Üblicherweise war das damals ein Blätterkranz, ein Siegeskranz. Im Falle von uns Christen wird jeder vor Christus, dem Richter, stehen und einen Preis in Empfang nehmen (oder auch nicht!).

Dieses Gericht hat nichts damit zu tun, ob Christen gerettet bleiben oder nicht. Die, die ihr Vertrauen auf Jesus gesetzt haben, sind gerettet, und nichts kann dies ändern. Die Gläubigen können sich ihres Heils gewiss sein (vgl. Epheser 4,30). In diesem Gericht geht es vielmehr um den Empfang oder Nichtempfang von Belohnungen (vgl. 1. Korinther 9,25; Jakobus 1,12; 1. Petrus 5,4; Offenbarung 2,10).

1. Korinther

1. Korinther 3,11-15 – *Worauf beziehen sich die Baumaterialien Gold, Silber, kostbare Steine, Holz, Heu und Stroh im Hinblick auf das zukünftige Gericht über Christen?*

Die Materialien, die Paulus hier erwähnt, sind in sich steigerndem Maße brennbar. Heu und Stroh entflammen am leichtesten, gefolgt vom Holz. Kostbare Metalle und Steine können nicht brennen.

Einige dieser Materialien sind zum Bauen nützlich, andere nicht. Wenn man ein Haus aus Heu oder Stroh errichtet, wird es sicherlich nicht lange halten. Auch kann es rasch bis auf den Grund verbrennen. Doch ein Haus, das mit soliden Materialien wie etwa Steinen und Metallen gebaut ist, wird solide stehen und für lange Zeit halten.

Was bedeuten diese Baumaterialien nun? Vielleicht stehen Gold, Silber und kostbare Steine für Motive, die Jesus Christus Ehre machen, für Gehorsam Gott gegenüber und für Integrität. Demgegenüber sind Holz, Heu und Stroh vergängliche Stoffe, die sich möglicherweise auf fleischliche Haltungen, sündhafte Motive, hochmütige Handlungen und selbstsüchtigen Ehrgeiz beziehen.

Gott wird unsere Werke prüfen, und zwar mit dem Feuer seiner Heiligkeit. Wenn unsere Werke mit guten Materialien erbaut wurden (wie kostbare Metalle oder Steine), werden sie bestehen bleiben. Doch wenn unsere Werke aus weniger wertvollem Material bestehen (Holz, Stroh oder Heu), werden sie verbrennen. Vielleicht will dieser Abschnitt zum Ausdruck bringen, dass die Werke, die getan werden, um Gott zu verherrlichen, bestehen bleiben werden. Die Werke aber, die nur vollbracht werden, um den Menschen selbst zu verherrlichen, denen – biblisch gesprochen – fleischliche Motive zugrunde liegen, werden verbrannt werden.

1. Korinther 5,5 – *Was bedeutet es, einen Menschen dem Satan zu übergeben?*

Viele Bibelausleger beziehen diese Stelle darauf, dass ein Mensch aus der Gemeinde ausgeschlossen wird – und in die Welt hineingegeben wird, in der Satan regiert (vgl. Johannes 14,30). Damit wird bezweckt, dass er sich seiner Sünde bewusst wird und (hoffentlich) schließlich seine Schuld bedauert und umkehrt. Dann kann er auch wieder in die Gemeinde eingegliedert werden.

Andere Ausleger beziehen dies ausdrücklicher darauf, dass die Person wirklich dem Satan übergeben wird, sodass Satan ihm körperliches Leiden zufügen kann. Manche gehen sogar davon aus, dass Satan ihn dann tötet – der Leib wäre tot, aber der Geist gerettet. Jedoch werden die letzten beiden Auslegungsvarianten deutlich seltener vertreten.

1. Korinther 5,9 – *Wenn Paulus einen Brief schrieb, der doch auch inspiriert gewesen sein müsste, wie kann Gott es dann zulassen, dass dieser verloren ging?*

Paulus bezieht sich in diesem Vers allem Anschein nach auf einen anderen Brief, den er früher geschrieben hatte. Moderne Bibelübersetzungen wie die Neues Leben Bibel sprechen hier häufig auch von „einem früheren Brief". Hinsichtlich dieses verlorenen Paulusbriefs gibt es eine ganze Reihe von Erklärungsmöglichkeiten. Zum einen sind nicht alle apostolischen Briefe im Kanon der Bibel enthalten – sie waren von Gott her womöglich auch gar nicht dafür bestimmt. Lukas etwa berichtet auch von vielen anderen Evangelien, die damals in Umlauf waren (vgl. Lukas 1,1). Johannes sagt, dass Jesus viel mehr getan hat, als in seinem Evangelium aufgezeichnet wurde (vgl. Johannes 20,30; 21,25). Der verloren gegangene Korintherbrief sollte wohl nicht in gleicher Weise zukünftigen Generationen zur Verfügung stehen wie die anderen 27 Bücher des Neuen Testaments (und die 39 Bücher des Alten Testaments).

Andere meinen, dass der Brief, auf den sich 1. Korinther 5,9 bezieht, gar nicht verloren gegangen, sondern Teil eines anderen biblischen Buchs geworden sei. Zum Beispiel könnte es ein Teil des 2. Korintherbriefs sein, und zwar die Kapitel 10-13. Manche vermuten, dass dieser Teil erst später mit den Kapiteln 1-9 verbunden worden ist. Diese Auffassung wird gestützt durch die Tatsache, dass die Kapitel 1-9 im 2. Korintherbrief in einem entschieden anderen Ton verfasst worden sind als die Kapitel 10-13. Dies könnte darauf hindeuten, dass sie bei einer anderen Gelegenheit geschrieben wurden. Auch wird vermerkt, dass Paulus in 2. Korinther 10,10 von „Briefen" (Plural) spricht, die er geschrieben hat.

Wieder andere vertreten demgegenüber die These, dass sich Paulus in 1. Korinther 5,9 auf den 1. Korintherbrief selbst bezieht – also auf den Brief, den er gerade schreibt. Zur Bekräftigung schlagen die Vertreter dieser Hypothese vor, dass sich die griechische Zeitform des Aorist („Ich habe geschrieben") durchaus auf denselben 1. Korintherbrief beziehen kann. Es wäre ein Beispiel für den sogenannten „Briefaorist", der sich auf den Brief bezieht, in welchem er verwendet wird. Darüber hinaus beinhaltet der Aorist häufig ein Moment des deutlichen Hinweises. In diesem Fall würde Paulus Folgendes zum Ausdruck bringen: „Ich schreibe euch nun deutlich […]." Dies würde sicherlich zum Kontext dieses Abschnitts passen, in welchem er die Gemeinde drängt, unverzüglich Maßnahmen zu ergreifen, um widerspenstige Gemeindeglieder auszuschließen.

Schließlich ist in einem anderen Zusammenhang noch von einem möglichen weiteren Paulusbrief an die Korinther zu sprechen, der womöglich verloren gegangen ist und der gerne als „Tränenbrief" bezeichnet wird: ein Brief, von dem angenommen wird, er sei zeitlich zwischen dem 1. und 2. Korintherbrief anzusiedeln (vgl. 2. Korinther 2,3.4.9; 7,8, die Anspielungen auf diesen „Tränenbrief" sein könnten).

1. Korinther 6,1-11 – *Dürfen Christen vor Gericht gehen?*

In dieser Bibelstelle beklagt sich Paulus darüber, dass ein Rechtsstreit unter Christen in Korinth vor ein weltliches Gericht gebracht wird. Dies, so Paulus, offenbart auf beschämende Weise die geistliche Inkompetenz der Korinther. Anscheinend gab es in der Gemeinde dort keinen, der helfen konnte, einen Streit in den eigenen Reihen beizulegen.

Die Aussage des Paulus bedeutet also, dass es für Christen nicht akzeptabel ist, einen Mitchristen vor Gericht zu ziehen. Von einem generellen Verbot, den Klageweg zu beschreiten, weiß die Bibel aber nichts. Gerichtsbarkeit war in biblischen Zeiten eine völlig natürliche Sache und darf es auch heute sein.

Generell sollte man allerdings im Hinterkopf behalten, dass erbittert geführte Streitigkeiten zu einem großen Verlust an Lebensenergie führen. Paulus prangert hier auch an, dass man wegen „alltäglicher Dinge“ (Verse 3-4), also Kleinkram, vor ein weltliches Gericht zieht, wo man doch später einmal sogar über Engel richten wird.

Auch bleibt anzumerken: Das Gebot der Feindesliebe (vgl. Lukas 6,27) gilt natürlich ebenfalls im Hinblick auf unsere Haltung gegenüber dem Prozessgegner.

1. Korinther 7,12 – *„Den Übrigen sage ich, nicht der Herr“ – sagt Paulus hier nur seine Meinung, und Jesus ist eventuell ganz anderer Meinung?*

Paulus sagt hier ganz einfach, dass Jesus in der betreffenden Angelegenheit (die Ehe zwischen gläubigen und ungläubigen Partnern) während seines dreijährigen Wirkens auf Erden nichts gesagt hat. Daher ist auch in den Evangelien nichts darüber aufgezeichnet. Da Paulus aber ein Apostel Gottes ist, sind diese Worte für uns als Bibelleser dennoch bindend und nicht bloß „menschlich“ (vgl. 1. Korinther 2,4.13).

1. Korinther 7,14 – *Besagt diese Bibelstelle, dass jemand, der nicht an Jesus glaubt, dadurch gerettet wird, dass er einen gläubigen Ehepartner hat?*

Man darf diesen Vers nicht isoliert sehen und damit missverstehen; bereits in 1. Korinther 7,16 schreibt Paulus: „Denn was weißt du, Frau, ob du den Mann retten wirst? Oder was weißt du, Mann, ob du die Frau retten wirst?“ Hier wird also auf eine Rettung des ungläubigen Ehepartners gehofft, aber diese nicht schon als gegeben angenommen.

Dass der ungläubige Partner durch den gläubigen geheiligt ist, meint in diesem Fall nicht, dass derjenige gerettet ist, sondern dass er unter einem heiligen Einfluss steht. Der Textzusammenhang richtet sich gegen eine offenbar in Korinth diskutierte Frage, ob es nicht besser sei, sich von einem nichtchristlichen Ehepartner scheiden zu lassen, weil man durch eine solche Ehe „unrein“ würde. Diesen Gedanken weist Paulus zurück. Denn durch die Ehe hat der ungläubige Partner eine gute Chance, noch zum Glauben zu kommen.

1. Korinther 8,5 – *Sagt dieser Vers, dass es mehrere Götter gibt?*

In diesem Vers geht es um „sogenannte Götter“, um „viele Götter“ und um „viele Herren“. Er bezieht sich auf falsche Götter – die heidnischen Gottheiten der griechischen und römischen Mythologie, die auch Götter und Herren genannt wurden. Es liegt ein gewaltiger Unterschied darin, ob jemand nur Gott genannt wird oder tatsächlich Gott ist. Der nächste Vers hilft uns hier weiter: „[…] so ist doch für uns ein Gott.“

1. Korinther 11,3 – *Meinen die Worte: „[…] des Christus Haupt (ist) aber Gott“, dass Jesus nicht Gott ist?*

Dieser Vers hat nichts damit zu tun, dass eine Person der Trinität einer anderen über- oder untergeordnet ist; vielmehr hat es etwas mit Autoritätsstrukturen zu tun. Paulus sagt in diesem Zusammenhang auch, dass der Mann das Haupt der Frau ist, obwohl Männer und Frauen ihrem Wesen nach völlig gleichwertig sind. Beide sind Menschen, und beide sind im Bild Gottes erschaffen (vgl. 1. Mose 1,26-28). Sie sollten eins in Christus sein (vgl. Galater 3,28). Das zeigt, dass Wesensgleichheit und soziale Hierarchie einander nicht ausschließen. Ihrem Wesen nach sind Männer und Frauen gleich, dennoch gibt es eine Funktionshierarchie zwischen beiden.

In derselben Weise sind Jesus und der Vater ganz und gar gleich im Hinblick auf ihr göttliches Wesen (Jesus sagte auch: „Ich und der Vater sind eins“ – vgl. Johannes 10,30), obwohl Jesus sich der Funktion nach unterhalb der führenden Stellung des Vaters befindet (vgl. 1. Korinther 11,3).

1. Korinther 10,8 – *Warum wird hier von 23 000 Menschen gesprochen, die wegen Unzucht starben, in 4. Mose 25,9 werden aber 24 000 Menschen genannt?*

Vgl. die Anmerkungen zu 4. Mose 25,9.

1. Korinther 11,1-16 – *Muss eine Frau im Gottesdienst ein Kopftuch oder etwas Ähnliches tragen?*

In manchen christlichen Kreisen sieht man tatsächlich Frauen, die sich beim Beten ein Kopftuch anziehen, einen Schleier über den Kopf legen oder einen Hut aufsetzen. Dies wird mit dieser Bibelstelle begründet. Was aber war der Hintergrund dieser Anweisung des Paulus in Korinth?

Es gab in der Gemeinde in Korinth eine Menge Umgangsformen, die die Kritik des Paulus herausforderten. Was hier erwähnt wird, mutet heute fremdartig an: Paulus tadelt, dass in der Gemeinde in Korinth offenbar der Unterschied zwischen den Geschlechtern verwischt wurde. Dies machte sich an der Kopfbedeckung fest. Frauen nahmen sich die womöglich noch mit frommen Motiven begründete Freiheit heraus, genau wie die Männer unverhüllt vor Gott zu beten (ohne Kopftuch, Schleier oder geordneter Haartracht) – und damit entehrten sie ihr „Haupt", also ihren Mann. Es war ein Affront gegen ihn und sie erschienen dadurch sittenlos. Dann, so Paulus, könne man sie gleich kahl scheren – wie es bei Prostituierten der damaligen Zeit üblich war. Aufgrund der damals herrschenden Konventionen (vgl. Vers 16) und des gesellschaftlichen Empfindens (vgl. Vers 13-14) war eine solche „Freiheit" einfach nicht angezeigt. Erst das Tragen einer Verhüllung ermächtigte die Frauen daher zum Beten oder Weissagen im Gottesdienst (vgl. 1. Korinther 11,10).

Heute empfinden die meisten Menschen anders: Eine Frau, die heute keine Verhüllung trägt, macht ihrem Mann zumindest in westlichen Kulturkreisen damit keine Schande. Und was damals als das Natürlichste der Welt angesehen wurde, wirkt heute für uns exotisch. Es bleibt jedoch festzuhalten, dass ein Verständnis christlicher Freiheit, das sich bedenkenlos über tief eingewurzeltes Empfinden hinwegsetzt, ein Missverständnis ist.

Viele Frauen haben diese Bibelstelle zum Anlass genommen, auch in westlichen Gottesdiensten eine Kopfbedeckung zu tragen. Für manche ist es ein tief eingewurzeltes Empfinden, Gott auf schlichte und buchstäbliche Weise gehorsam zu sein. Für solche Menschen wirkt ein Verweis auf die kulturelle Situation der Korinther immer ein wenig so, als würde man die Aussagen der Bibel verwässern. Solche Empfindungen sollte man respektieren und sich nicht unter Hinweis auf die Kulturbedingtheit dieser Bibelstelle einfach über sie hinwegsetzen.

Aber es sollte auch denen Freiheit zugestanden werden, die auf den kulturellen Rahmen dieser Stelle verweisen und unverhüllt im

Gottesdienst beten. Das Thema „Kopfbedeckung der Frau“ sollte schon bei Paulus kein Anlass für Streitigkeiten sein (vgl. 1. Korinther 11,16).

1. Korinther 11,27 – *Wer ist würdig, am Abendmahl (Herrenmahl) teilzunehmen?*

In diesem Vers wird davor gewarnt, dass man nicht „unwürdig“ Brot und Wein zu sich nehmen solle, denn dann werde man am Leib des Herrn schuldig. Dies, so Paulus, wäre in Korinth schon öfter vorgekommen, und daher seien schon manche krank geworden oder gar verstorben (vgl. Vers 30). Daher möge man sich selbst prüfen, ob man würdig ist, Brot und Wein zu sich zu nehmen (vgl. Vers 29).

Wer aber ist würdig – und was bedeutet hier Unwürdigkeit?

Streng genommen ist niemand würdig, das Mahl des Herrn zu sich zu nehmen (vgl. Römer 3,9-18). Mehr noch: Die Erkenntnis der eigenen Unwürdigkeit ist sogar Voraussetzung für die Teilnahme am Herrenmahl. Ein Mensch, der meint, er sei durch seinen Lebenswandel würdig genug, das Abendmahl zu nehmen, hat wenig von der Botschaft begriffen, die dem Abendmahl zugrunde liegt: dass Jesus für unsere Sünden ans Kreuz geschlagen wurde.

Wer sich selbst nun als Christ sorgsam unter die Lupe nimmt, wird immer Sünden bei sich entdecken – umso mehr ein Grund, auf die Gnade Gottes zu vertrauen, nicht aber dafür, die Zeichen seiner Gnade nicht anzunehmen, wie viele denken.

Das „unwürdige“ Verhalten der Korinther bezieht sich auch nicht auf die eigene Sündhaftigkeit, sondern auf die Form der Mahlfeier. Der Kontext in 1. Korinther 11,17-34 zeigt, dass dort das Abendmahl, bei dem doch an den Herrn gedacht werden sollte, zu einem Gelage verkommen war, bei dem das Essen im Mittelpunkt stand und man zudem noch arme Geschwister in unsozialer Weise beschämte. Hier ruft Paulus zur Ordnung: Jeder soll überprüfen, ob er überhaupt weiß, warum man eigentlich zusammengekommen ist.

Es entspricht daher nicht der Absicht dieses Bibeltextes, wenn man übertrieben skrupelhaft von seiner eigenen Unwürdigkeit ausgeht und auf die Teilnahme am Abendmahl verzichtet.

1. Korinther 12,11 – *Was sind geistliche Gaben?*

Geistliche Gaben sind besondere Fähigkeiten, die der Heilige Geist dem einzelnen Gläubigen schenkt, zum Zweck, die Gemeinde (den Leib Christi) aufzubauen. Diese Gaben beinhalten Lehre, Hirtendienst, Evangelisation, das Wort der Weisheit, das Wort der Erkenntnis, Glaube, Krankenheilung, Wunderwirkungen, Prophetie, Geisterunterscheidung, Sprachenreden (auch Zungenreden genannt) und die Auslegung der Sprachenrede (vgl. 1. Korinther 12,8-10; Römer 12,3-8 und Epheser 4,7-13).

Es gibt einen Unterschied zwischen natürlichen Talenten und geistlichen Gaben. Auch die natürlichen Talente sind von Gott, aber sie sind durch die Eltern vererbt worden; geistliche Gaben kommen jedoch direkt von Gott bzw. dem Heiligen Geist (vgl. Römer 12,3.6; 1. Korinther 12,4). Natürliche Gaben hat man vom Moment der Geburt an; geistliche Gaben bekommt man, wenn man Christ wird. Natürlich ist es meistens so, dass die natürlichen Talente unter Umständen erst viele Jahre nach der Geburt zur Entfaltung kommen; das sieht in den meisten Fällen bei den geistlichen Gaben auch nicht anders aus.

Natürliche Talente werden zudem normalerweise dazu benutzt, Menschen auf einer natürlich-menschlichen Ebene zu dienen; geistliche Gaben bringen dem Menschen geistlichen Segen und bauen die Mitchristen auf (vgl. 1. Korinther 12,11; Epheser 4,11-13).

1. Korinther 12,13 – *Worum geht es in der „Geistestaufe"?*

Dies ist die einzige Bibelstelle, die von der Taufe im Heiligen Geist spricht. Die hier erwähnte Taufe erhält man mit der Bekehrung. Es ist der Parallelbegriff zum später in diesem Vers erwähnten Getränktwerden mit dem Geist, ein Bild für die Wiedergeburt. Man ist mit einem Geist getränkt bzw. getauft – und so gibt es im Leib Christi eigentlich keine Spaltungen. Das ist der Tenor dieser Bibelstelle.

1. Korinther 12,28 - *Gibt es auch heute noch Apostel und Propheten?*

Es ist richtig: Gott hat der Gemeinde Apostel und Propheten gegeben, doch sind diese Gaben zweifellos für die Gründung der Gemeinde bestimmt gewesen und gibt es daher heute im streng biblischen Sinn nicht mehr. Um dies zu verstehen, hilft uns der wichtige Auslegungsgrundsatz: Die Schrift muss durch die Schrift ausgelegt werden. Wenn wir uns anderen Abschnitten der Bibel zuwenden, sehen wir dort, dass die Gemeinde aufgebaut ist auf „der Grundlage der Apostel und Propheten" (Epheser 2,20). Wenn die Grundlage, das Fundament, erst einmal gelegt ist, muss es nicht noch einmal errichtet werden – es ist ja auch schon etwas darauf gebaut worden. In diesem Sinne steht der Bau der Gemeinde auf dem Fundament der Apostel und Propheten, und wir müssen keine neuen Fundamente mehr legen.

Die neutestamentlichen Apostel waren ganz und gar einzigartig. Sie waren besondere Werkzeuge der Selbstoffenbarung Gottes, und sie hatten erkannt, dass Gott sich durch sie den Menschen offenbaren wollte (vgl. 1. Korinther 2,13; 1. Thessalonicher 2,13; 1. Johannes 1,1-3). Sie wussten um ihre göttliche Bevollmächtigung (vgl. Apostelgeschichte 20,35; 1. Korinther 7,10; 11,23). Die Apostel waren sorgfältig ausgewählte Männer, die Jesus oder der Heilige Geist ausgewählt hatte (vgl. Matthäus 10,1-2; Apostelgeschichte 1, 26). Eine ausschlaggebende Anforderung an einen Apostel war, dass er ein Augenzeuge des auferstandenen Christus war (vgl. 1. Korinther 9,1; 15,7-8). Alle Apostel wurden durch wunderhafte Zeichen von Gott beglaubigt (vgl. 2. Korinther 12,12; Apostelgeschichte 9,36-42; 20,6-12). Ihnen wurde ein ewiger Ehrenplatz zugesichert; ihre Namen werden in die Grundsteine des neuen Jerusalems eingraviert sein (vgl. Offenbarung 21,14).

Propheten im Sinne von Personen, die ein solches Amt innehaben, gibt es heute ebenfalls nicht mehr, allerdings gehen die meisten davon aus, dass es die Gabe der Weissagung auch heute noch gibt. Jedoch werden durch die Weissagungen in erster Linie Botschaften von Gott kommuniziert. Sie beinhalten nicht zwingend spektakuläre Visionen, sondern können auch wesentlich weniger dramatisch zum Ausdruck kommen.

1. Korinther 14,5 – *Sollte man die Gabe des Sprachenredens (Zungenredens) anstreben?*

Paulus scheint, wenn man diesen Bibelvers isoliert betrachtet, die Christen in Korinth zum Sprachenreden zu ermuntern. Allerdings ist dieser Eindruck im Gesamtzusammenhang dieser Textstelle nicht mehr so ganz aufrechtzuerhalten. Die Sprachenrede scheint vielmehr in Korinth so hoch im Kurs gestanden zu haben, dass Paulus sich nahezu ein ganzes Kapitel lang bemüht, die Korinther zu belehren, dass diese Gabe nur eine relative Bedeutung hat. Es sei ja schön und gut, sich im Sprachenreden zu üben, aber Weissagung sei demgegenüber doch weit höher einzuschätzen.

Paulus sagt also eben nicht: „Redet nur fleißig in Sprachen", sondern er erteilt der Gemeinde in Korinth in dieser Hinsicht eher einen Ordnungsruf.

Interessant ist auch, was die Bibel an anderer Stelle zum Sprachenreden sagt:

- Der Heilige Geist ist derjenige, der den Gläubigen geistliche Gaben schenkt (vgl. 1. Korinther 12,11). Nicht jeder Christ hat jede Gabe.
- In unbekannten Sprachen zu reden ist nicht, wie manche meinen, ein Kennzeichen für die Taufe mit dem Heiligen Geist. Nicht alle Korinther redeten in Sprachen (vgl. 1. Korinther 14,5),

aber alle waren „in einem Geist zu einem Leib getauft“ worden (vgl. 1. Korinther 12,13; siehe auch die Erklärung zu dieser Stelle).

- Sprachenreden wird nicht als Teil der Frucht des Heiligen Geistes erwähnt (vgl. Galater 5,22-23). Das bedeutet, dass das Sprachenreden nichts mit der Christusähnlichkeit zu tun hat, die wir anstreben sollten, und auch nichts mit geistlicher Reife.
- Die meisten Autoren des Neuen Testaments schweigen über das Sprachenreden; es wird nur in drei Büchern erwähnt (Markus, Apostelgeschichte und 1. Korinther, wobei der Markusabschnitt [16,17] umstritten ist – siehe Anmerkungen dort). Bezeichnenderweise reden viele andere neutestamentliche Bücher sehr ausgiebig vom Heiligen Geist, ohne das Sprachenreden ein einziges Mal zu erwähnen.

1. Korinther 15,29 – *Was ist hier mit der Taufe für die Toten gemeint?*

Das ist eine relativ unklare Passage, über die Theologen unterschiedlicher Meinung sind. Manche sind der Ansicht, dass Paulus sich hier auf eine kultische Handlung unter den Korinthern bezieht, die auch manch anderen falschen Vorstellungen anhingen, wie bekannt ist (vgl. 1. Korinther 5; 12). Paulus wollte demzufolge faktisch sagen: „Wenn ihr nicht an die Auferstehung glaubt, warum solltet ihr euch dann für die Toten taufen lassen? Ihr seid im Hinblick auf eure eigenen (falschen) Ansichten inkonsequent.“

Andere verstehen die Präposition „für“ hier in anderer Weise: Durch den Tod sind Glaubensgeschwister aus der Gemeinde in Korinth gerissen worden und jetzt beim Herrn. Paulus könnte sich hier also darauf beziehen, dass die Taufe Neubekehrter die Reihen der Gläubigen wieder füllte. Seine Aussage könnte also in dem Sinn verstanden werden: „Warum macht ihr damit weiter, die Gemeinde mit Menschen zu füllen, die eure Verstorbenen ersetzen, wenn ihr nicht wirklich glaubt, dass es jenseits des Grabes Hoffnung für sie gibt?“

Ein dritter Vorschlag bezieht sich auf die Tatsache, dass die Taufe den Tod eines Gläubigen mit Christus symbolisiert (vgl. Römer 6,3-5). Das griechische Wort, das mit „für" übersetzt wird (*eis*), kann auch bedeuten: im Hinblick auf. Paulus würde also meinen: „Warum seid ihr im Hinblick auf euren Tod und eure Auferstehung getauft, wenn ihr nicht an die Auferstehung glaubt?"

Was immer auch richtig sein mag: Klar ist, dass Paulus sicherlich nicht seine Hörer ermutigt, eine Taufe für die Toten zu praktizieren, oder solches gar anweist. Auch wird nirgendwo sonst eine Taufe für Tote erwähnt, weder von Jesus selbst noch von einem anderen Apostel.

1. Korinther 15,44-50 – *Wurde Jesus nur geistlich auferweckt?*

Paulus bekräftigt hier, dass der Auferstehungsleib Jesu ein geistlicher Leib war. Nun heißt „geistlicher Leib" nicht in erster Linie, dass dies ein körperloser immaterieller Leib gewesen ist, sondern ein übernatürlicher, vom Geist beherrschter Körper: der physisch auferstandene Leib, der vom Geist bestimmt wird, statt unter der Herrschaft des Fleisches zu stehen.

Man muss sehen, dass Paulus im 1. Korintherbrief häufig das Wort „geistlich" im Hinblick auf etwas Übernatürliches benutzt. Daher glauben auch manche, dass das griechische Wort, das hier in 1. Korinther 15 mit „geistlich" übersetzt wird, besser mit „übernatürlich" übersetzt werden sollte. Der gleiche Begriff könnte auch in 1. Korinther 10,3-4 mit „übernatürlich" übersetzt werden, wo Paulus sich auf das übernatürliche Brot, das Wasser und den Felsen bezieht, mit denen Gott die Israeliten auf ihrer Wüstenwanderung versorgt hat. Besonders im Hinblick auf die Gegensatzpaare in den Versen 40-50 (irdisch/himmlisch; Vergänglichkeit/Unvergänglichkeit; Schwachheit/Kraft) würde die Übersetzung „übernatürlich" (als Entsprechung zu „natürlich") viel besser in den Kontext passen als das Wort „geistlich".

1. Korinther 15,50 – *Wenn Fleisch und Blut das Reich Gottes nicht erben können, warum kann man dann sagen, dass Jesus in einem körperlich auferstandenen Leib in den Himmel fuhr?*

Die Redewendung „Fleisch und Blut" bezieht sich auf die sterbliche Menschheit. Diese muss unsterblich gemacht werden, um im Himmel zu überleben. Der Auferstehungsleib wird so beschaffen sein, dass man mit ihm in Gottes Gegenwart treten kann.

2. Korinther

2. Korinther 2,10 – *Was meint Paulus, wenn er sagt: „Wem ihr aber etwas vergebt, dem vergebe auch ich"?*

In diesem Vers geht es um einen Vorfall in Korinth, in dem Gemeindezucht geübt wurde. Die Person, von der Paulus hier spricht, hatte ein ernsthaftes Vergehen begangen und ihr waren demzufolge Maßnahmen im Rahmen der Gemeindezucht auferlegt worden. Paulus drängt nun die Christen in Korinth dazu, diese Person wieder liebevoll in die Gemeinschaft zu integrieren im Hinblick auf die Reue, die diese Person an den Tag gelegt hat. Sie hat Buße getan, und da ist Vergebung nur angebracht. Denn schlussendlich ist der Sinn der Gemeindezucht ja nicht der, einen Menschen auf Dauer zu schädigen, sondern ihn wieder für die Gemeinschaft zu gewinnen. Paulus stellt sich hinter eine solche Vergebung durch die Korinther: „Wem ihr vergebt, dem vergebe auch ich."

2. Korinther 3,17 – *Sagt dieser Vers, dass Jesus der Heilige Geist ist?*

In der Tat sagt dieser Vers: „Der Herr aber ist der Geist." Im Textzusammenhang ist einerseits die Rede vom Alten Bund, der ein Bund des Gesetzes, des „Buchstabens", war, und andererseits vom Neuen Bund, der demgegenüber ein Bund des Geistes ist (vgl. Vers 6). Paulus entfaltet hier den Gedanken, dass der Neue Bund dem Alten Bund weit überlegen ist. Die Israeliten, die Menschen des alten Bundes, sind verstockt. Sie haben nicht den richtigen Schlüssel zum Verständnis der Schriften, eine „Decke" liegt auf ihrem Herzen. Wenn Israel sich zu Jesus Christus, zum Herrn, hinwendet, wird diese Decke weggenommen. Nun wird der „Geist des Herrn" zum Maß für die Auslegung der heiligen Schriften. Der Ausdruck „Der Herr aber ist der Geist" ist hier nicht im Sinne einer mathematischen Gleichsetzung zu verstehen, sodass wir mit unserer Vorstellung von der Dreieinigkeit, die ja die drei Personen der Gottheit voneinander unterscheidet, ins Schleudern kommen müssten. Gemeint ist vielmehr, dass dieser Geist dem Herrn entspricht und dass hinter diesem neuen Geist der „Freiheit" der Herr steht.

Im Gesamtzusammenhang der Bibel wird sehr klar, dass Jesus nicht mit dem Heiligen Geist identisch ist, etwa wenn Jesus in Johannes 14,16 vom Heiligen Geist als von einem „anderen Beistand" spricht. Jesus sandte den Heiligen Geist (vgl. Johannes 15,26; 16,7). Der Heilige Geist ist dazu da, Jesus zu verherrlichen (vgl. Johannes 16,14) und ihn zu bezeugen (vgl. Johannes 14-16).

2. Korinther 5,5 – *In welcher Hinsicht ist der Heilige Geist eine „Anzahlung" auf das, was noch kommen wird?*

Das Wort „Anzahlung" bezieht sich im Griechischen auf ein Unterpfand, das dem, der es bekommt, den letztendlichen Besitz einer Sache zu einem späteren Zeitpunkt garantiert. Manchmal wird dieses Wort für einen Verlobungsring benutzt, der eine Garantie darstellte, dass eine Heirat stattfinden würde. Der Heilige Geist ist ein solches Unterpfand in dem Sinn, dass seine Gegenwart in unserem Leben unsere völlige Verwandlung und Verherrlichung in die Gleichheit des Auferstehungsleibes Christi garantiert (vgl. Philipper 3,21). Der Heilige Geist in uns ist quasi die Garantie für das, was noch kommen wird.

2. Korinther 5,19 – *Sagt Jesus hier, dass alle gerettet werden?*

Dieser Vers bekräftigt, „dass Gott in Christus war und die Welt mit sich selbst versöhnte, ihnen ihre Übertretungen nicht zurechnete". Im Kontext ist hierbei aber nicht von einer etwaigen Allversöhnung die Rede. Obwohl Gott möchte, dass alle gerettet werden (vgl. 2. Petrus 3,9), wird nicht jeder gerettet werden (vgl. Matthäus 7, 13-14; Offenbarung 20,11-15). Echte Versöhnung gibt es nur für die, die „in Christus" sind, nicht für alle (vgl. 2. Korinther 5,17). Falls alle gerettet würden (wie das die Lehre der Allversöhnung annimmt), wäre der Aufruf des Paulus, Botschafter für Christus zu sein und die Welt eindringlich zu bitten, sich versöhnen zu lassen, bedeutungslos. Weder hier noch an anderer Stelle lehrt die Bibel Allversöhnung (man vergleiche auch Matthäus 25,31-46).

2. Korinther 5,21 – *Wie konnte Jesus zur Sünde gemacht werden, wenn er selbst sündlos war?*

Jesus war in der Tat immer ohne Sünde, aber rechtlich gesehen wurde er für uns zur Sünde gemacht. Das heißt, dass er durch seinen Tod am Kreuz die Strafe für unsere Sünden bezahlt und damit die gegen uns stehende Schuld getilgt hat.

2. Korinther 6,14 – *Meinen die Worte: „Geht nicht unter fremdartigem Joch mit Ungläubigen!", dass wir überhaupt keine Beziehungen mit Ungläubigen haben sollen?*

Dieser Vers untersagt nicht die unvermeidlichen Interaktionen mit Ungläubigen, die Teil des täglichen Lebens sind (vgl. 1. Korinther 5,9-10). Im Kontext dieser Stelle ruft Paulus dazu auf, sich von falschen Aposteln zu trennen. Schließlich hätten solche falschen Apostel nichts anderes vor, als die Christen in Korinth in die Irre zu führen (vgl. 2. Korinther 11,3). Das Beste, was man wählen kann, ist, mit Jesus Christus zusammengejocht zu sein (vgl. Matthäus 11,29-30).

2. Korinther 8,9 – *Sagt dieser Vers, dass durch das Opfer Christi am Kreuz für unser finanzielles Wohlergehen gesorgt ist?*

Paulus sagt hier, dass Jesus, „da er reich war, um euretwillen arm wurde, damit ihr durch seine Armut reich würdet". Hätte Paulus damit andeuten wollen, dass Gott durch die Versöhnung am Kreuz für finanziellen Wohlstand gesorgt hat, hätte er den Korinthern etwas angeboten, was er selbst nie besessen hat. In 1. Korinther 4, 11 hatte er denselben Personen mitgeteilt, dass er hungrig, durstig und wohnungslos gewesen ist.

In 2. Korinther 8,9 spricht Paulus vielmehr über geistlichen Reichtum. Dies stimmt sowohl mit dem unmittelbaren Kontext im 2. Korintherbrief als auch mit dem übergreifenden Kontext der übrigen Paulusbriefe überein. Ebenso erzählte er den Christen in Philippi, dass er gelernt habe, zufrieden zu sein, obwohl er hungrig war (vgl. Philipper 4,11-12). Die Bibel sagt nirgendwo, dass wir uns durch unseren Glauben an Jesus Christus finanziell besserstehen.

2. Korinther 12,7 – *Was ist für Paulus der „Dorn für das Fleisch"?*

Das Wort, das hier mit „Fleisch" übersetzt wird, dient im Griechischen normalerweise dazu, das physische Material zu bezeichnen, aus dem der Körper besteht. Was Paulus auch immer meinte: Es war offenbar körperlicher Natur, und er litt darunter.

Das griechische Wort für „Dorn" meint einen geschärften Holzstock, einen Pfahl oder auch einen Splitter. Aufgrund dessen kann man nun überlegen, welcher Art der Schmerz gewesen ist, unter dem Paulus leiden musste – und den Gott nicht wegnahm. Es wird wohl keine Kleinigkeit gewesen sein, denn Paulus musste ernsthaft und schmerzlich leiden. Dieser Schmerz hielt über einen gewissen Zeitraum an, da Paulus sagte, er hätte dreimal „den Herrn angerufen", dass dieser Dorn weggenommen werden möge.

Manche Ausleger gehen auch von einem ernsten Augenleiden aus, das sich über eine beträchtliche Zeit hingestreckt hat. Wir wissen alle, wie unangenehm ein Sandkorn im Auge sein kann; ein buchstäblicher Dorn im Auge könnte Grund für die Schmerzen des Paulus gewesen sein. Vielleicht hat er deshalb auch nicht alleine durch Kleinasien reisen können (vgl. Apostelgeschichte 15,40; 16,1-3). Offenbar brauchte er einen Führer.

Unser Text sagt auch, dass ein Engel (oder Bote) Satans hinter diesem Dorn stand, der Paulus drangsalierte (vgl. 2. Korinther 12,7). Das Wort, das hier für „schlagen" verwendet wird, ist dasselbe Wort, das für die Soldaten benutzt wurde, die Jesus während seiner Verhandlung gewaltsam schlugen (vgl. Matthäus 26,67). Paulus' Krankheit schlug ihn nieder. Trotzdem entsprach Gott der Bitte des Paulus nicht. Dass Gott ihn nicht heilen wollte, hat aber nichts mit Sünde oder einem Mangel an Glauben zu tun. Das Leiden diente nicht zur Strafe, sondern zum Schutz, und zwar vor Selbstüberschätzung. Deswegen akzeptierte Paulus letztlich auch den Beschluss Gottes in dieser Sache.

Nicht verschwiegen sei an dieser Stelle, dass es auch Ausleger gibt, die davon ausgehen, dass diese Erlebnisse des Paulus nicht körperlicher, sondern seelisch-geistlicher Natur waren. Paulus habe demzufolge an Anfechtungen gelitten (wodurch auch immer), die, so würde man heute sagen, Depressionen zur Folge hatten.

Galater

Galater 1,8 - *Auf welches falsche Evangelium bezieht sich Paulus hier?*

Das falsche Evangelium war ein gesetzliches Evangelium, bei dem Werke zum Glauben hinzukommen mussten. Es war nicht dasselbe Evangelium, das Paulus gepredigt hat und durch welches die Galater gerettet worden waren. Offensichtlich waren hier Irrlehrer am Werk, die die Galater in diesen Dingen durcheinandergebracht hatten (vgl. Apostelgeschichte 15,24; 20,29-30). Es handelte sich wohl um jüdische Irrlehrer, welche die Galater zu Juden machen wollten, und zwar indem sie einen zusätzlichen Schritt von ihnen verlangten: die Beschneidung. Dies fügte der Gnade, die Paulus predigte, Gesetzlichkeit hinzu.

Galater 5,16 - *Was bedeutet es, „im Geist" zu wandeln?*

Seit dem Sündenfall Adams und Evas sind alle Menschen mit einem sündigen Wesen in die Welt hineingeboren worden. Das sündige Wesen findet seinen Ausdruck in vielen verschiedenen Sünden: Habsucht, Eifersucht, Zwietracht, Streitigkeiten und vielem mehr. Mit unserer eigenen Kraft haben wir keine Möglichkeit, den sündigen Neigungen unserer Natur etwas entgegenzusetzen. Aber wir können Sieg über die Sünde erlangen, wenn wir uns vom Heiligen Geist abhängig machen. Das Wort „wandeln" in Galater 5,16 steht im Präsens und zeigt eine andauernde Handlung an. Wir sollen beständig und dauerhaft im Heiligen Geist wandeln. Wenn wir das tun, werden wir so leben, wie es Gott gefällt.

Galater 5,22-23 – *Was ist mit der Frucht des Heiligen Geistes gemeint?*

Wenn wir uns vom Heiligen Geist abhängig machen, erfreuen wir uns nicht nur an unserem Sieg über die Sünde, sondern können auch beobachten, wie die Frucht des Geistes mit ihren hier genannten Teilfrüchten in unserem Leben wächst. Viele Theologen weisen darauf hin, dass die in Galater 5,22-23 aufgelisteten Eigenschaften ein zutreffendes Persönlichkeitsprofil von Jesus Christus selbst darstellen. Das Wesen unseres Herrn wird sich in unserem Leben widerspiegeln, insofern wir vom Heiligen Geist abhängig sind. Wenn wir im Geist wandeln, werden wir als Mitglieder der ewigen Familie Gottes immer mehr Familienähnlichkeit mit Jesus und unserem Vater im Himmel aufweisen.

Epheser

Epheser 1,3 – *Was ist hier mit „jeder geistlichen Segnung in der Himmelswelt“ gemeint?*

Die Bibel liefert uns keine vollständige Liste von Segnungen, die uns hier oder in der Ewigkeit erwarten. Sie deutet aber bei vielen Gelegenheiten an, was das beinhaltet. So sind etwa in diesem ersten Kapitel des Epheserbriefs Segnungen genannt wie die „Vergebung der Vergehungen“ (Vers 7) oder die Tatsache, dass wir Gottes Kinder sein dürfen (vgl. Vers 5) und er uns die Geheimnisse seines Willens anvertraut (vgl. Vers 9). Wer das Neue Testament auf diese Frage hin durchsucht, wird reichlich Informationen finden. Vielleicht sind diese dem einen oder anderen Bibelleser auch zu abstrakt. Doch solche Andeutungen sind nicht mehr als ein Lichtstrahl, der aus einem hell erleuchteten Raum in unsere Dunkelheit hineinleuchtet. Hier entsteht Vorfreude, die aber die Freude, die wir in der Ewigkeit empfinden werden, weder vorwegnehmen noch genau beschreiben soll.

Epheser 1,10 – *Lehrt Paulus hier eine Allversöhnung, wenn Gott alles zusammenfassen wird in dem Christus, das, was in den Himmeln, und das, was auf der Erde ist?*

Nein. Dieser Vers sagt einfach, dass in dem kommenden Zeitalter Jesus Christus über alle Dinge erhoben sein wird. Davon, dass Ungläubige gerettet werden, ist nirgends die Rede. Vielmehr spricht Paulus ein wenig früher in diesem Kapitel von denen, die „vor Grundlegung der Welt“ (Vers 4) auserwählt wurden. Damit übereinstimmend wird der Ausdruck „in Christus“ (der an vielen

Stellen im Epheserbrief vorkommt) weder von Paulus noch an anderer Stelle in der Bibel auf jemand anderes bezogen als auf die Gläubigen. Paulus betont an verschiedenen Stellen, dass manche ihrem ewigen Schicksal ohne Christus entgegengehen (z.B. 2. Thessalonicher 1,7-9).

Epheser 4,7-13 – *Was sind die Gaben des Heiligen Geistes?*

Siehe die Anmerkungen zu 1. Korinther 12,8-10.

Epheser 4,9 – *Stieg Jesus in die Hölle hinab („in die unteren Teile der Erde")?*

Es gibt grundsätzlich zwei Sichtweisen in Bezug auf die Frage, wo Jesus an den drei Tagen gewesen ist, an denen sich sein Körper vor seiner Auferstehung im Grab befand:

1. *Im Hades,* dem Totenreich. Manche meinen, dass der Geist Jesu in die geistliche Welt hineinging, während sein Körper im Grab lag. Hier, so glauben manche, sprach er zu den „Geistern im Gefängnis" (vgl. 1. Petrus 3,19), die sich an einem vorübergehenden Unterbringungsort aufhielten, bis Jesus kommen würde und die „Gefangenen gefangen" (vgl. Epheser 4,8) führt, das meint: sie in den Himmel mitnimmt. Demnach gäbe es im Totenreich, dem Hades (oder hebräisch: *Scheol*), zwei Abteilungen – eine für die Geretteten und eine andere für die Verlorenen. Sie sind durch eine große Kluft voneinander getrennt (vgl. Lukas 16,26), die kein Mensch überschreiten kann. Der Teilbereich für die Geretteten wird „Abrahams Schoß" (Lukas 16,23) genannt.
2. *Im Himmel.* Diese Sichtweise geht davon aus, dass der Geist Jesu direkt nach seinem Tod in den Himmel ging. Zur Unterstützung werden folgende Fakten genannt:

- Jesus bestätigte selbst, dass sein Geist direkt in den Himmel hineinging: „Vater, in deine Hände übergebe ich meinen Geist!" (Lukas 23,46).
- Als im Alten Testament Henoch und Elia entrückt wurden, gingen sie direkt in den Himmel. Gott nahm Henoch zu sich (vgl. 1. Mose 5,24; Hebräer 11,5), und Elia fuhr in einem Sturmwind zum Himmel auf (vgl. 2. Könige 2,1). Man darf davon ausgehen, dass Jesus ebenfalls in den Himmel aufgenommen wurde.
- „Abrahams Schoß" (Lukas 16,23) ist eine Beschreibung des Himmels. Nirgendwo wird er je als Hölle beschrieben. Es ist der Ort, wohin Abraham ging; es ist das Reich Gottes (vgl. Matthäus 8,11).
- Als Mose und Elia bei der Verklärung vor der Kreuzigung erschienen, scheinen sie aus dem Himmel zu kommen (vgl. Matthäus 17,3).
- Die Formulierung „in die unteren Teile der Erde" bezieht sich nicht auf die Hölle, sondern auf das Grab. Die Hölle ist kein unterer Teil der Erde, sondern liegt unterhalb der Erde (vgl. Philipper 2,10).

Indessen ist in Bezug auf diese Bibelstelle auch die Alternative möglich, dass der Begriff „in die unteren Teile der Erde" so viel meint wie „in die Niederungen der Erde". Die Niederungen wären in einem solchen Fall also die Erde selbst, und es wäre nicht das Totenreich gemeint.

Epheser 4,11 – *Sagt dieser Vers, dass es heute noch Apostel gibt?*

Siehe die Anmerkungen zu 1. Korinther 12,28.

Epheser 4,30 – *In welcher Weise sind wir mit dem Heiligen Geist versiegelt?*

In der Antike wurden Schriftrollen oder Dokumente, die von einem Ort zum anderen transportiert wurden, mit Wachs versiegelt; das Siegel wurde mit einem Stempel, zum Beispiel dem römischen, versehen. Die Machtstellung der römischen Regierung schützte dieses Dokument davor, von Unbefugten geöffnet zu werden. Das Siegel durfte nicht gebrochen werden, bis das Dokument seinen Bestimmungsort erreicht hatte.

In der gleichen Weise sind Gläubige mit dem Heiligen Geist auf den Tag der Erlösung hin versiegelt. Wir sind von Gott selbst versiegelt worden – und das Siegel darf und kann nicht aufgebrochen werden. Es garantiert, dass wir am Erlösungstag wirklich Anteil am Heil haben. Als unser Siegel bedeutet der Heilige Geist Eigentum und Sicherheit; wir gehören Gott. Niemand kann uns bis zum Ende aus diesem Besitzverhältnis herauslösen.

Epheser 5,18 – *Was bedeutet es, „voller Geist" zu werden?*

Es ist jedem Christen aufgetragen, sich mit dem Heiligen Geist füllen zu lassen (vgl. Epheser 5,18). Genauer gesagt sollen Christen sich beständig darum bemühen, mit dem Heiligen Geist gefüllt zu sein. Das entsprechende Verb für „füllen" steht im Griechischen im Präsens, und damit wird eine fortlaufende Handlung beschrieben. Tag für Tag, Augenblick für Augenblick sollten Christen mit dem Heiligen Geist erfüllt sein. Aber was bedeutet das praktisch?

Darüber gibt uns der Kontext nähere Auskunft: Sowohl betrunkene als auch geistliche Menschen sind Personen, die gesteuert werden – sie stehen unter dem Einfluss des Alkohols bzw. des Heiligen Geistes. In beiden Fällen werden sie Dinge tun, die für sie eigentlich unnatürlich sind. Auch geben sie sich hin, entweder dem Einfluss alkoholischer Getränke oder dem Einfluss des Heiligen Geistes. Erfüllt mit dem Heiligen Geist zu sein bedeutet, dass jemand sein Leben nicht mehr selbst regiert, sondern durch den Heiligen Geist beherrscht und gelenkt wird. Es geht hier nicht darum, „mehr“ Geist zu bekommen, sondern darum, dass Gottes Geist vom ganzen Menschen Besitz ergreift.

Die Erfüllung mit dem Heiligen Geist ist im Leben eines Christen dann erreicht, wenn er voll und ganz dem ihm innewohnenden Heiligen Geist ergeben ist. Dieses Hingegebensein führt zu einer geistlichen Grundhaltung, in welcher der Heilige Geist den Menschen lenkt und ihn in jedem Augenblick bevollmächtigt.

Epheser 5,19 – *Sagt dieser Vers, der nur den Gesang erwähnt, etwas darüber aus, ob Musikinstrumente im Gottesdienst benutzt werden dürfen?*

Nein, denn überall in der Bibel werden Musikinstrumente im Zusammenhang mit der Anbetung Gottes erwähnt. So zum Beispiel wurden verschiedene Instrumente beim Tempelgottesdienst verwendet (vgl. 1. Chronik 25). Hinreichend bekannt ist auch, dass viele der Psalmen ursprünglich dazu gedacht waren, mit Musik begleitet zu werden (vgl. Psalm 4-6).

Die Bibel sagt uns: „David und das ganze Haus Israel tanzten vor dem HERRN mit allerlei Instrumenten“ (2. Samuel 6,5). In 1. Chronik 23,5 wird erwähnt, dass „4 000 Torhüter und 4 000, die den HERRN loben“, dies „mit den Instrumenten“ tun. „Und die Priester standen in ihren Dienstabteilungen und die Leviten mit den Musikinstrumenten des HERRN“, heißt es in 2. Chronik 7,6. Die Leviten wurden von König Hiskia „im Haus des HERRN, mit Zimbeln, mit Harfen und mit Zithern“, positioniert (2. Chronik 29,25). In Psalm 43,4 wird die Zither, in Psalm 71,23 die Harfe zitiert, um nur Beispiele zu nennen, in Psalm 150,3-5 heißt es schließlich: „Lobt ihn mit Hörnerschall! Lobt ihn mit Harfe und Zither! Lobt ihn mit Tamburin und Reigen! Lobt ihn mit Saitenspiel und Flöte! Lobt ihn mit klingenden Becken! Lobt ihn mit schallenden Becken!“ Offenbarung 5,8 zeigt an, dass im Himmel offenbar auch Harfen benutzt werden.

Wenn nun sowohl im Alten Testament als auch im Himmel Musikinstrumente zur Anbetung Gottes benutzt werden, gibt es keinen guten Grund, warum Instrumente nicht auch bei uns im Gottesdienst eingesetzt werden sollten.

Epheser 5,22 – *Unterstützt Paulus hier die Vorrangstellung des Mannes und die Unterordnung der Frau?*

Keineswegs. Männer und Frauen sind vor Gott gleich viel wert, weil beide im Bilde Gottes erschaffen wurden (vgl. 1. Mose 1,26). Auch haben sie vor Gott die gleiche Stellung (vgl. Galater 3,28). Ferner zeigen die vier Evangelien an, dass Jesus in der damals herrschenden sehr patriarchalischen Kultur der Juden sich für Frauen einsetzte und sie sogar besonders heraushob (vgl. Johannes 4).

Die Anweisungen des Paulus zur Unterordnung spiegeln die Tatsache wider, dass Gott die Welt auf geordnete Weise arrangiert hat – mit einer Autoritätsstruktur. Gäbe es keine solche, würde die Anarchie Oberhand gewinnen.

Um dieser Struktur willen wird der Mann zwar der Frau funktional übergeordnet, man darf aber dabei die Tatsache nicht übersehen, dass die Ehemänner dazu berufen sind, ihre Frauen zu lieben, wie Christus die Gemeinde liebt (vgl. Epheser 5,25). Wenn Männer ihre Frauen treuer lieben würden (so wie Jesus Christus die Gemeinde), hätten Frauen mit dieser Anweisung des Paulus weit weniger Mühe. Männer sollten also darauf achten, die Anweisung zu beherzigen, dass beide sich *einander* unterordnen (vgl. Epheser 5,21).

Philipper

Philipper 2,6-9 – *In welcher Weise machte sich Jesus selbst „zu nichts"?*

Als Paulus von der Menschwerdung Jesu sprach, redete er von ihm als von dem, „der in Gestalt Gottes war und es nicht für einen Raub hielt, Gott gleich zu sein. Aber er machte sich selbst zu nichts und nahm Knechtsgestalt an, indem er den Menschen gleich geworden ist und der Gestalt nach wie ein Mensch befunden" wurde (Philipper 2,6-7). Jesus, als ewiger Gott, machte sich selbst also in folgender Weise „zu nichts":

1. Jesus verhüllte seine präexistente Herrlichkeit. Dabei hat er seine göttliche Herrlichkeit nie wirklich preisgegeben (vgl. Matthäus 17), aber es war notwendig, dass er sie verhüllte, um unter sterblichen Menschen wohnen zu können und sie nicht durch seine herrliche Gegenwart zu überwältigen (vgl. Offenbarung 1,17).
2. Jesus Christus verzichtete bei manchen Gelegenheiten freiwillig darauf, einige seiner göttlichen Eigenschaften zu gebrauchen, um seine Ziele zu erreichen. Dabei hat er niemals eine seiner Eigenschaften tatsächlich preisgegeben (er war auch in diesen Situationen immer Gott). Aber er beschloss, sich mit dem Gebrauch dieser Fähigkeiten zurückzuhalten, und zwar um der Menschen, unter denen er lebte, und um deren Begrenzungen willen. Auch benutzte er seine göttlichen Fähigkeiten nie für sich selbst. Dies hätte er bei der Versuchung durch Satan sicher tun können. Er hätte sich auch vor dem Tod des Lazarus auf übernatürliche Weise nach Betanien begeben können, um nur Beispiele zu nennen. Doch stattdessen ging er nach Betanien und wurde dabei sogar müde! Dennoch tat er hier ein Wunder und stärkte mit seinen Fähigkeiten andere Menschen.

3. Jesus stieg vom Himmel herab, indem er den Menschen gleich wurde (dem Erscheinen nach) und dem Wesen nach die Gestalt eines Knechts annahm. Jesus war also wirklich Mensch. Er war Versuchungen, Betrübnis, Schwachheit, Schmerzen, Sorgen und menschlichen Begrenztheiten ausgesetzt. Allerdings impliziert hier die Wendung „der Gestalt nach" zwar Ähnlichkeit, gleichzeitig aber auch eine Andersartigkeit. Er war wirklich Mensch, aber er unterschied sich von anderen Menschen dadurch, dass er sündlos war.

Philipper 2,10-11 – *Sagt Paulus hier, dass jeder am Ende gerettet werden wird?*

Nein. Die gesamte Bibel sagt zwar klar, dass alle Ungläubigen schließlich bekennen werden, dass Jesus Christus der Herr ist. Das bedeutet aber weder hier noch an anderen Stellen, dass sie deshalb gerettet wären.

Zunächst sagt dieser Text nur, dass Ungläubige *bekennen* werden, dass Jesus Herr ist. Es ist aber nichts davon gesagt, ob sie auch an ihn glauben, was aber für das Heil notwendig ist (vgl. Apostelgeschichte 16,31).

Zum Zweiten glauben sogar Dämonen, dass Jesus der Herr ist (Jakobus 2,19), aber sie sind deswegen noch nicht gerettet. Es rettet niemanden, zu glauben, also für wahr zu halten, dass Jesus Herr ist. Es rettet allein, Christus zu vertrauen (vgl. Jakobus 2,21-26).

Drittens zeigen zahlreiche Abschnitte der Bibel, dass viele ewig verloren gehen werden, so etwa der Teufel und seine Engel (vgl. Matthäus 25,41), das „Tier" und der falsche Prophet (aus Offenbarung 19,20), Judas (vgl. Johannes 17,12), eine große Menge von Menschen aus allen Nationen, die nicht gerettet werden (vgl. Matthäus 25,32.41), und alle, deren Namen nicht im Buch des Lebens aufgeschrieben sind (vgl. Offenbarung 20,14).

Philipper 2,12 – *„Bewirkt euer Heil mit Furcht und Zittern" – was meint Paulus damit?*

Hier geht es nicht um die Heilsgewissheit der Gläubigen. Man muss bei dieser Stelle die besondere Situation der Gemeinde in Philippi beachten. Diese sah sich vielen Herausforderungen gegenüber:

- Rivalitäten und Menschen mit besonderen persönlichen Ambitionen (vgl. Philipper 2,3-4; 4,2);
- jüdischen Irrlehrern, die behaupteten, dass die Beschneidung Voraussetzung für das Heil sein sollte (vgl. 3,1-3);
- Menschen, die die Auffassung vertraten, dass jemand in diesem Leben sündlose Perfektion erreichen könne (vgl. 3,12-14);
- Menschen mit einer besonders freizügigen Grundauffassung, die ausschweifend lebten und dabei die Gebote Gottes ignorierten oder sie übertraten (vgl. 3,18-19).

Aufgrund dieser Probleme musste diese Gemeinde ihr „Heil" suchen, in dem Sinne, wie wir diesen Begriff heute auch häufig verwenden („Er suchte sein Heil in der Flucht"), also in zeitlicher, nicht in ewiger Bedeutung.

Das hier verwendete griechische Wort für „bewirken" *(katergazomai)* ist ein zusammengesetztes Verb, das das Erreichen oder Zum-Ende-Bringen von etwas bezeichnet. Paulus ruft die Philipper dazu auf, alle Gemeindeprobleme zu lösen, also „Heil" zu bewirken, auf einen befriedigenden Zustand hinzuarbeiten. Paulus duldete es nicht, dass die Dinge einfach so weiterliefen. Die Philipper sollten die Lösung ihrer Probleme konsequent durchziehen.

Dies allerdings war etwas, das letztlich auch von Gott abhängig ist, denn gleich im folgenden Vers sagt Paulus: „Denn Gott ist es, der in euch wirkt, sowohl das Wollen als auch das Wirken zu seinem Wohlgefallen" (Philipper 2,13). Auch das irdische „Heil" hängt letztlich davon ab, was Gott in den Menschen tut, und ist aus uns selbst heraus nicht zu erreichen.

Philipper 2,25-30 – *Waren die Apostel nicht in der Lage, Mitchristen zu heilen?*

Warum konnte Paulus seinen Mitstreiter Epaphroditus nicht heilen?

Man muss dazu bedenken, dass Heilungswunder hin und wieder stattfanden, aber dass dies nicht täglich vorkam, auch unter den Aposteln nicht. Heilungswunder sind Zeichenhandlungen, die auf die Gegenwart des Reiches Gottes hinweisen. Sie sind aber keine Werkzeuge, die wir Christen als ständig funktionierendes Mittel einsetzen könnten. Auch die Apostel konnten dies nicht. Paulus konnte den Timotheus nicht von seinen Magenproblemen befreien (vgl. 1. Timotheus 5,23), und seinen „Dorn im Fleisch" aus 2. Korinther 12,7-9 (wenn es denn wirklich eine Erkrankung war) konnte offensichtlich weder er selbst heilen noch ein Mitapostel oder ein anderer Christ. Möglicherweise kamen auch gegen Ende der Zeit, über die die Apostelgeschichte und die Briefe berichten, weniger Wunder vor, und Gott hat das Geschenk besonderer Heilungswunder, wenn auch nicht auf die erste Generation der Christen beschränkt, so aber den Menschen davon später doch deutlich weniger zukommen lassen.

Kolosser

Kolosser 1,15 - *War Jesus als „Erstgeborener aller Schöpfung" das erste von Gott erschaffene Wesen?*

Dieser Vers ist anders zu verstehen: „Erstgeboren" hat nicht die Bedeutung: „zuerst erschaffen". Vielmehr meint es: der Erste, was den Rang angeht, der Herausragende oder auch der Erbe. Das Wort trägt in sich die Vorstellung von persönlicher Vorherrschaft oder Überlegenheit. Jesus Christus ist in dem Sinne Erstgeborener, als dass er in seiner Position über alle Schöpfung herausragt und allen Dingen überlegen ist. Auch ist er der Erbe aller Schöpfung, da alles, was dem Vater gehört, auch dem Sohn gehört.

Im hebräischen Denken bezieht sich das Wort „erstgeboren" auf den Sohn in der Familie, der eine herausragende Position einnahm, und dies war der erstgeborene Sohn des Vaters. Dieser hatte auch einen größeren Anteil am Familienerbe.

Interessant ist in diesem Zusammenhang David: David war der jüngste, letztgeborene Sohn des Isai. Dennoch nennt ihn Psalm 89,28 Gottes „Erstgeborenen". Gott hat ihn in die herausragende Stellung hineinversetzt, die einem Erstgeborenen damals zukam.

In diesem Sinne ist auch Jesus der Erstgeborene aller Schöpfung; er ist ihr überlegen, er ragt heraus und er ist der Erbe aller Dinge – er ist ja auch der Schöpfer aller Dinge (vgl. Kolosser 1,16). Nach göttlichem Recht gehört alles, was er geschaffen hat, ihm.

Kolosser 1,16 – *Was sind die „Throne oder Herrschaften oder Gewalten oder Mächte", auf die sich Paulus hier bezieht?*

In der rabbinischen Gedankenwelt des ersten nachchristlichen Jahrhunderts bezeichneten diese Begriffe Hierarchien in der Welt der Engel. Dabei deuten die Benennungen nicht auf unterschiedliche Engelarten, sondern auf Rangordnungen innerhalb der Engel hin.

Kolosser 1,20 – *Wenn Jesus Christus alles mit sich selbst versöhnt, heißt das, dass alle Menschen schließlich gerettet werden?*

Nein, denn Paulus bezieht sich hier nicht auf die universelle Rettung, sondern nur auf die universelle Souveränität Jesu Christi. Anders gesagt: Jesus Christus ist alle Macht im Himmel und auf der Erde übergeben worden (vgl. Matthäus 28,18). Kraft seines Todes und seiner Auferstehung ist Jesus Christus als der zweite Adam Herr über alles, was durch den ersten Adam verloren gegangen ist (vgl. 1. Korinther 15,45-49).

Alle Menschen, ob gerettet oder nicht, werden sich eines Tages vor Christus beugen und seine universale Herrschaft anerkennen. Aber nirgendwo lehrt die Bibel, dass alle Menschen gerettet werden. Zu vielen wird Jesus sagen: „Geht von mir, Verfluchte, in das ewige Feuer, das bereitet ist dem Teufel und seinen Engeln!" (Matthäus 25,41). Lukas spricht von einer großen Kluft zwischen Himmel und Hölle, die niemand überschreiten kann, und dass die, die Gott zurückgewiesen haben, in ewiger Qual leben werden (vgl. Lukas 16,19-31). Paulus beschreibt die Bestrafung der Bösen als ein immerwährendes furchtbares Leiden fern von der Gegenwart des Herrn (vgl. 2. Thessalonicher 1,7-9). Diese Abschnitte zeigen deutlich, dass nicht jeder gerettet werden wird.

Kolosser 1,24 – *Sagt dieser Vers, dass das, was Jesus am Kreuz erlitten hat, nicht ausreicht, um Sühne für unsere Sünden zu bewirken?*

Paulus sagt hier: „Jetzt freue ich mich in den Leiden für euch und ergänze in meinem Fleisch, was noch aussteht von den Bedrängnissen des Christus für seinen Leib, das ist die Gemeinde." Das heißt aber nicht, dass das versöhnende Handeln Jesu Christi am Kreuz nicht ausreichend gewesen wäre, um für unsere Sünden zu bezahlen. Vielmehr bezieht sich Paulus hier wahrscheinlich auf die Tatsache, dass auch wir für Christus leiden könnten: „[…] denn euch ist es im Blick auf Christus geschenkt worden, nicht allein an ihn zu glauben, sondern auch für ihn zu leiden" (Philipper 1,29).

Doch in keiner Weise ist das Leiden für Christus ein Mittel, um Sünden zu sühnen. Nur Jesus hat für unsere Sünden gelitten. Wir leiden wegen *unserer* Sünden, aber nie für die Sünden anderer Menschen. Jeder Mensch muss selbst die Schuld seiner eigenen Sünde tragen (vgl. Hesekiel 18,20) oder aber akzeptieren, dass Jesus für seine Sünde litt (vgl. 2. Korinther 5,21; 1. Petrus 2,21; 3,18). Wenn wir für Christus leiden, machen wir als Teil seines geistlichen Leibes, der Gemeinde (vgl. 1. Korinther 12,26), Schmerzen durch. Doch nur Jesu Tod am Kreuz kann uns von Sünde retten.

Kolosser 2,8 – *Sagt dieser Vers aus, dass Christen sich nicht mit Philosophie beschäftigen sollten?*

Die Bibel wendet sich nicht gegen Philosophie als solche, sondern gegen nutzlose Philosophie, die Paulus „leeren Betrug" nennt (Vers 8). Paulus spricht hier auch nicht über Philosophie im Allgemeinen, sondern über eine spezielle philosophische Richtung, die normalerweise als eine Frühform des sogenannten Gnostizismus angesehen wird. Darauf deutet die Verwendung des bestimmten Artikels im Grundtext hin, den man am besten mit „die Philosophie" oder „diese Philosophie" übersetzen kann. Also bezieht sich Paulus hier auf diese spezielle gnostische Philosophie, die in die christliche Gemeinde eingedrungen war und Gesetzlichkeit, Mystizismus und asketische Grundgedanken beinhaltete (vgl. Kolosser 2). Er spielt hier nicht auf Philosophie im Allgemeinen an.

Was noch wichtiger ist: Paulus selbst war gut in der Philosophie seiner Zeit zu Hause, konnte sogar hin und wieder philosophische Quellen zitieren (vgl. Apostelgeschichte 17,28; Titus 1,12). Er setzte sich erfolgreich mit den Philosophen auf dem Areopag auseinander und gewann sogar manche von ihnen für Christus (vgl. Apostelgeschichte 17,17.34). An anderer Stelle sagt er, dass ein Ältester in der Lage sein sollte, die zu überführen, die der gesunden Lehre entgegenstehen (vgl. Titus 1,9), was voraussetzt, dass man im Denken des anderen auch bewandert ist. Auch Petrus ermahnt die Gläubigen: „Seid aber jederzeit bereit zur Verantwortung jedem gegenüber, der Rechenschaft von euch über die Hoffnung in euch fordert“ (1. Petrus 3,15).

Kolosser 4,16 – *Was geschah mit dem verlorenen Brief an die Laodizener?*

Auch Lukas bezieht sich auf andere Evangelien (vgl. Lukas 1,1), und Johannes schreibt, dass es noch viele andere Dinge gab, die Jesus tat, die aber nicht in seinem Evangelium aufgeschrieben sind (vgl. Johannes 20,31; 21,25). Es finden sich jedoch nur die Bücher im Kanon, die Gott dafür vorgesehen hat, andere indes nicht. Die Tatsache, dass ein Buch in der Bibel erwähnt wird, heißt nicht, dass dieses Buch eigentlich in die Bibel gehören müsste, selbst wenn dieses Buch möglicherweise manche Wahrheit enthält.

Nebenbei gibt es ein paar gute Gründe anzunehmen, dass der Laodizenerbrief nicht wirklich verloren gegangen ist, sondern dass es sich hierbei um den Epheserbrief handelt. Man beachte auch, dass Kolosser 4,16 ihn nicht den Laodizenerbrief nennt, sondern den Brief *von* Laodizea. Der Epheserbrief hat wohl nicht ursprünglich so geheißen, sondern war eine Art Rundschreiben an die kleinasiatischen Gemeinden. In einigen frühen Handschriften fehlen in Epheser 1,1 die Worte „in Ephesus“.

Zu guter Letzt zitiert kein einziger der frühen Kirchenväter den Laodizenerbrief, obwohl man bei ihnen mehr als 36 000 Zitate aus dem Neuen Testament findet, darunter aus allen neutestamentlichen Büchern. Beinahe jeder Vers wird zitiert. Erst im vierten Jahrhundert tauchte ein falscher Laodizenerbrief auf, von dem aber kein Theologe annimmt, dass es der ist, auf den Paulus hier anspielt. Schon Hieronymus schrieb im 4. Jahrhundert, dass dieser Brief von jedermann abgelehnt werde. Dennoch tauchte er in manchen biblischen Handschriftensammlungen und auch in Bibelübersetzungen auf. Martin Luther schied ihn aber als apokryph aus dem Kanon aus.

1. Thessalonicher

1. Thessalonicher 4,13 – *Vertritt der Apostel Paulus hier die Lehre vom Schlaf der Seelen?*

Nein. Die Seelen sowohl von Gläubigen als auch von Ungläubigen befinden sich zwischen dem Tod und der Auferstehung in einem bewussten Zustand. Ungläubige erleben bewusstes Leid (vgl. Lukas 16,22-23; Markus 9,43-48; Offenbarung 19,20), Gläubige hingegen bewusste Freude (vgl. Philipper 1,23). „Schlaf" bezieht sich hier auf den Körper, nicht auf die Seele. Er ist eine passende Redefigur, um den Tod des Körpers zu beschreiben, da der Tod zeitlicher Natur ist und „nur" bis zur Auferstehung fortdauern wird, denn dann wird der Leib wieder zum Leben erweckt werden.

2. Thessalonicher

2. Thessalonicher 1,9 – *Bedeutet das „ewige Verderben" der Seele die Auslöschung des Bewusstseins?*

Nein, das „ewige Verderben" zeigt lediglich an, dass man ewig und bewusst in einem fortdauernden Zustand des Verderbens leben wird. Viele Hinweise in der Bibel unterstützen den Gedanken des weiter bestehenden Bewusstseins bei den Verlorenen:

- Der reiche Mann in Lukas 16,22-28, der starb und zur Hölle ging, befand sich in bewusst erlebter Qual, und nichts im Text deutet darauf hin, dass diese einmal ein Ende haben würde.
- Jesus sprach wiederholt von Menschen in der Hölle, die weinen und mit den Zähnen knirschen (vgl. Matthäus 8,12; 22,12; 24,51; 25,30), was heißt, dass diese bei Bewusstsein sind.
- Von der Hölle wird gesagt, dass sie genauso lange wie der Himmel dauert – nämlich ewig (vgl. Matthäus 25,41).
- Die Tatsache, dass die Bestrafung der Menschen ewig ist, zeigt an, dass diese selbst auch ewig sein müssen. Um eine Strafe zu erleiden, muss jemand existieren (vgl. 2. Thessalonicher 1,9). Es macht faktisch keinen Sinn, zu sagen, dass die Bösen auf ewig ausgelöscht werden – und dass dies die ewige Bestrafung für sie sei.
- Bei einer Vernichtung gibt es keine Abstufungen, aber die Bibel offenbart, dass es unter den Verlorenen Abstufungen im Leid geben wird (vgl. Matthäus 10,15; 11,21-24; 16,27; Lukas 12,47-48; Johannes 15,22; Hebräer 10,29; Offenbarung 20,11-15; 22,12).

2. Thessalonicher 2,9 - *Was sollen wir von den nachgemachten Zeichen und Wundern Satans halten?*

Obwohl Satan über gewaltige geistliche Kräfte verfügt, gibt es einen großen Unterschied zwischen der Macht des Bösen und der Macht Gottes. Gott ist in seiner Macht unbegrenzt (allmächtig); der Teufel ist endlich und begrenzt. Darüber hinaus kann nur Gott Leben erschaffen (vgl. 1. Mose 1,21; 5. Mose 32,39), der Teufel aber nicht (vgl. 2. Mose 8,15). Nur Gott kann Tote auferwecken (vgl. Johannes 10,18; Offenbarung 1,18); der Teufel ist dazu nicht in der Lage.

Der Teufel verfügt über große Macht, um Menschen zu täuschen (vgl. Offenbarung 12,9), um die zu unterdrücken, die sich ihm hingeben, ja, sogar diese in Besitz zu nehmen (vgl. Apostelgeschichte 16,16). Er ist ein meisterhafter Zauberer und ein exzellenter Wissenschaftler. Mit seinem umfassenden Wissen über Gott, die Menschen und die Welt kann er auch nachgemachte Zeichen und Wunder wirken (vgl. 2. Thessalonicher 2,9; Offenbarung 13,13-14). Simon, der Zauberer in der Stadt Samaria, erstaunte Menschen mit seinen von Satan inspirierten Zauberkünsten (vgl. Apostelgeschichte 8,9-11), doch die durch Philippus gewirkten Wunder waren viel, viel größer (vgl. Apostelgeschichte 8,13). Die nachgemachten Wunder des Teufels können mit echten Wundern Gottes nicht mithalten.

2. Thessalonicher 2,15 - *Sollen wir zusätzlich zur Bibel an Traditionen festhalten?*

An dieser Stelle sind Überlieferungen gemeint, die Paulus den Thessalonichern zuvor weitergegeben hatte. Er hatte ihnen wohl apostolische Lehren über die Wiederkunft Christi überliefert (der Kontext legt dies nahe), und in diesem Vers ermahnt Paulus sie, an diesen Lehren festzuhalten.

Wir dürfen in diesem Zusammenhang nicht vergessen, dass die Apostel eine Zeit lang ihre Lehren nur mündlich weitergaben, bis diese dann in schriftlicher Form aufgezeichnet werden konnten. Erst dann bzw. als sie schließlich starben, wurden allein die geschriebenen Texte zu unserer letzten Autorität für Glaubenslehre und -praxis (vgl. 2. Timotheus 3,15-17).

1. Timotheus

1. Timotheus 2,3-4 – *Werden am Ende alle Menschen gerettet?*

Dieser Abschnitt bekräftigt, dass Gott „will, dass alle Menschen gerettet werden und zur Erkenntnis der Wahrheit kommen". Er drückt einen Wunsch Gottes aus, aber er verspricht nicht, dass dies auch tatsächlich so sein wird. Dieser Wunsch Gottes nimmt nur in denen Gestalt an, die an Jesus Christus glauben (vgl. Apostelgeschichte 16,31). In der Bibel wird klar, dass am Ende Erlöste und Unerlöste zwei unterschiedlichen Schicksalen entgegensehen werden – Himmel oder Hölle (vgl. Matthäus 13,49; 25,31-46).

1. Timotheus 2,4 – *Wenn Gott will, dass alle Menschen gerettet werden, warum rettet er sie dann nicht einfach?*

Gott hat bestimmt, dass alle Menschen durch den Kreuzestod Christi gerettet werden sollen. Diese Rettung ist ein Geschenk, aber ein Geschenk, das durch den Glauben angenommen werden muss (vgl. Johannes 3,16; Apostelgeschichte 16,31). Wird das Geschenk abgelehnt, wird Gott es keiner Person gegen ihren Willen aufzwingen. C.S. Lewis sagte, dass es am Ende zwei Arten von Menschen geben wird. Die eine Gruppe wird zu Gott sagen: „Dein Wille geschehe" – das wird die Gruppe derer sein, die die Gabe des Heils empfangen haben, indem sie ihr Vertrauen auf Jesus setzten. Diese werden für immer mit Gott im Himmel leben. Die zweite Gruppe von Menschen sind die, zu denen Gott traurig sagen wird: „Euer Wille geschehe." Das sind diejenigen, die Jesus und sein Heil bringendes Geschenk abgelehnt haben und demzufolge die Ewigkeit getrennt von ihm verbringen werden.

1. Timotheus 2,13-15 – *Was meint Paulus, wenn er hier sagt, dass Frauen „durch das Kindergebären hindurch gerettet werden“?*

Dieser Vers ist schwierig zu interpretieren. Manche Bibelausleger sind der Ansicht, dass es hier darum geht, dass gläubige Frauen bewahrt werden, wenn sie ein Kind erwarten. Andere lesen heraus, dass glaubende Frauen durch die Geburt Jesu gerettet werden. Wieder andere meinen, dass dieser Vers allgemein bedeutet, dass eine gläubige Frau Erfüllung in der von Gott bestimmten Rolle als Ehefrau und Mutter findet. Ferner gibt es die Auslegung, dass eine gläubige Frau gerettet werden wird, wenn sie im Glauben standhaft bleibt, selbst durch die Schmerzen der Mutterschaft hindurch. In jedem Fall kann man dieser Passage nicht entnehmen, dass hier gemeint sei, dass die Frau trotz des Kindergebärens oder gar kraft der Geburtsleiden gerettet werde.

1. Timotheus 3,12 – *Was meint die Bibel, wenn sie sagt, dass ein Gemeindeältester „Mann einer Frau“ sein soll?*

Über die angemessene Auslegung dieses Verses haben Christen schon seit dem ersten Jahrhundert diskutiert. Zu beachten ist, dass hier das Zahlwort „einer“ gemeint ist. Dabei haben sich vier Grundansichten herauskristallisiert:

- Der Älteste darf nur einmal verheiratet sein. Eine Wiederheirat ist nicht gestattet, selbst wenn die Ehefrau stirbt.
- Der Älteste darf nur mit einer Frau verheiratet sein und nicht mit mehreren (es handelt sich also um ein Verbot der Polygamie).
- Ein Alleinstehender kann nicht Gemeindeältester werden.
- Der Älteste muss seiner Frau treu sein und darf keine Seitensprünge begehen.

Von den genannten Auslegungsmöglichkeiten ist heutzutage die letztere am weitesten verbreitet (wobei Monogamie natürlich von jedem Menschen erwartet wird).

1. Timotheus 5,23 – *Ist es Christen erlaubt, Alkohol zu trinken?*

Gott verbietet Trunkenheit; für Christen ist das keine Option. In Epheser 5,18 sagt Paulus ausdrücklich: „Und berauscht euch nicht mit Wein, worin Ausschweifung ist, sondern werdet voller Geist" (vgl. die Anmerkungen hierzu). Paulus sagt uns, dass wir vom Heiligen Geist beherrscht werden sollten, nicht vom Wein. Nun ist sicher nichts dagegen zu sagen, in Maßen Alkohol zu trinken (vgl. Johannes 2,9; 1. Timotheus 3,3.8). Aber es sei erwähnt, dass der Wein im Neuen Testament mehr oder weniger stark verdünnt wurde (vgl. die Anmerkungen zu Johannes 2,9). Den unverdünnten Wein, wie er heute zumeist getrunken wird, bezeichnet die Bibel als „starkes Getränk".

2. Timotheus

2. Timotheus 1,10 - *Wenn Jesus den Tod zunichtegemacht hat, warum sterben dann noch Menschen?*

Dieser Vers zeigt an, dass der Kreuzestod und die Auferstehung Jesu die letztendliche Abschaffung des Todes bewirken werden, ihn aber nicht sofort beseitigen. Auf andere Weise lässt sich die Tatsache so erklären: Jesus hat den Tod de jure beseitigt, de facto jedoch wird das erst bei der zukünftigen Entrückung der Gemeinde stattfinden, bei welcher der Tod in den Sieg verschlungen werden wird (vgl. 1. Korinther 15,54).

2. Timotheus 3,8 - *Wo im Alten Testament ist von Jannes und Jambres als Zauberern die Rede, die Mose widerstanden haben sollen?*

Kein einziger Vers des Alten Testaments enthält diese Information. Dieses Wissen ist jedoch Teil verbreiteter jüdischer Überlieferung; dort werden die Wahrsagepriester namentlich erwähnt, die in 2. Mose 7,11 und 9,11 namenlos und in unbestimmter Personenzahl agieren. Die Legende erscheint in Pseudo-Philo, den Qumran-Schriftrollen, dem Talmud, in aramäischen Targumim und diversen rabbinischen Schriften. Sogar heidnische Berichte – Plinius der Ältere (23-79 n.Chr.) und Apuleius (ca. 130 n.Chr.) – halten die Namen dieser Personen als Zauberer aus der Zeit des Mose fest. Der platonische Philosoph Numenios (2. Jahrhundert n.Chr.) erwähnt diese ebenfalls.

2. Timotheus 3,15 – *Was bedeutet hier in diesem Zusammenhang „weise zur Rettung"?*

Die Mutter des Timotheus hatte dem Timotheus schon, als er noch sehr jung war, die Schriften des Alten Testaments nahegebracht und dies während seiner Kindheit so fortgeführt. Der Nebensatz „[…] weil du von Kind auf die heiligen Schriften kennst" steht auch im Griechischen im Präsens, was auf eine beständige, andauernde Handlung hinweist. Die Mutter des Timotheus hat dies also nicht nur sporadisch getan, sondern regelmäßig. Somit wurde Timotheus im Hinblick auf Angelegenheiten des Heils buchstäblich weise und kam zum Glauben an Jesus Christus.

Titus

Titus 2,9 – *Billigt die Bibel Sklaverei?*

Versklavung von Menschen war in der Antike eine gängige Praxis in nahezu allen Völkern. Sie wurde von Ägyptern, Sumerern, Babyloniern, Assyrern, Phöniziern, Syrern, Moabitern, Ammonitern, Edomitern, Griechen und Römern praktiziert.

Menschen konnten auf unterschiedliche Weise zu Sklaven werden. Zum Beispiel wurden sie als Kriegsgefangene versklavt (vgl. 1. Mose 14,21). Eine Person mit massiven Schulden konnte sich selbst zum Sklaven machen, um die Schulden zu bezahlen (vgl. 2. Mose 21,2-6). Ein Dieb, der nicht zurückerstatten konnte, was er gestohlen hatte, konnte ebenso versklavt werden. Ein Kind, das in eine Sklavenfamilie hineingeboren wurde, wurde auch selbst zum Sklaven.

Unter den meisten Völkern der Antike wurden Sklaven als Eigentum der Sklavenhalter ohne eigene persönliche Rechte angesehen. Unter den Israeliten war dies allerdings nicht der Fall. Zwar wurden auch hier die Sklaven als Eigentum gesehen, aber sie hatten doch bestimmte Rechte, die im alttestamentlichen Gesetz klar definiert waren. In vielen Fällen wurde der Sklave wie ein Familienmitglied behandelt. Tatsächlich war manchmal der Sklave als Sklave besser dran als als freier Mensch, da er zu essen hatte und andere Versorgungsleistungen bekam. Das Gesetz sah vor, dass keinem Israeliten (einschließlich der Sklaven) Gewalt angetan werden durfte (vgl. 3. Mose 25,43). Mehr noch: Wenn ein Sklave bis zur Verstümmelung geschlagen wurde, musste er freigelassen werden (vgl. 2. Mose 21,26-27).

Es gab also tatsächlich Sklaverei unter den Israeliten, aber in einer sehr sozialen Form. Ganz am Anfang erklärte Gott, dass alle

Menschen in seinem Bild erschaffen sind (vgl. 1. Mose 1,27). Wir alle sind vor Gott gleich. Und trotz der Tatsache, dass in den semitischen Kulturen der damaligen Zeit die Sklaverei gefördert wurde, legte das Gesetz des Mose fest, dass Sklaven schlussendlich freizulassen sind, und zwar im siebten Dienstjahr (vgl. 2. Mose 21,2; 3. Mose 25,40). Auch sollte man Sklaven mit Respekt begegnen (vgl. 2. Mose 21,20.26). Das Volk Israel, das selbst lange Jahre in der Sklaverei in Ägypten verbracht hatte, wurde von Gott ständig daran erinnert (vgl. 5. Mose 5,15), und die Befreiung des Volkes wurde zum Modell für die Befreiung aller Sklaven (vgl. 3. Mose 25,40).

Ferner stellt Paulus im Neuen Testament fest, dass im Christentum gilt: „Da ist nicht Jude noch Grieche, da ist nicht Sklave noch Freier, da ist nicht Mann und Frau; denn ihr alle seid einer in Christus Jesus" (Galater 3,28). Alle sozialen Schranken sind in Christus überwunden; wir sind vor Gott alle gleich.

Wenn also Paulus dazu drängt: „Ihr Sklaven, gehorcht euren irdischen Herren" (Epheser 6,5; Kolosser 3,22), hat er damit nicht die Institution der Sklaverei anerkannt. Er hat damit lediglich auf die Situation jener Tage angespielt, wie sie *de facto* war. Paulus wies die Sklaven damit an, gute Arbeiter zu sein (was sinngemäß ja auch für Christen heute noch gilt), aber nirgendwo hat er die Sklaverei angeordnet. Paulus und auch Petrus haben alle Gläubigen angewiesen, um des Herrn willen den Regierungen gehorsam zu sein, selbst wenn diese ungerecht sind (vgl. Römer 13,1; Titus 3,1; 1. Petrus 2,13). Aber das legitimiert in keiner Weise Unterdrückung und Tyrannei, welche die Bibel wiederholt verurteilt (vgl. 2. Mose 2, 23-25; Jesaja 10,1).

Paulus war es daran gelegen, dass ein Sklave sich als Zeugnis für den Herrn verhielt, das heißt also auch, dass er seinem Sklavenhalter gegenüber liebevoll und ordentlich sein sollte. Die Abschaffung der Sklaverei stand nicht auf der Agenda des Paulus. Aber es waren dennoch Christen, die dafür sorgten, dass am Ende des 18. Jahrhunderts die Sklaverei in den USA abgeschafft wurde, was zur Folge hatte, dass sie heute weltweit weitgehend geächtet wird. Dies ist eine konsequente Weiterführung dessen, was in

Christi Gebot der Nächstenliebe und den von Paulus vertretenen Grundhaltungen keimhaft angelegt ist.

Titus 2,13 – *Bezieht sich dieser Vers nur auf Jesus oder auch auf Gott den Vater?*

Hier ist von der „Erscheinung der Herrlichkeit unseres großen Gottes und Retters Jesus Christus" die Rede, die wir erwarten. Wie anhand des griechischen Grundtextes belegt werden kann, bezieht sich Titus 2,13 nicht auf zwei Personen. Wenn man sich Titus 2, 10-13 und 3,4-6 näher ansieht, zeigt sich, dass Gott und Jesus in Bezug auf ihre Funktion als Retter austauschbar erscheinen. Die parallelen und in gleicher Weise gültigen Wahrheiten, dass sowohl Gott (vgl. Jesaja 43,11) der Retter ist als auch Jesus, bezeugen auf machtvolle Weise die Gottheit Jesu Christi.

Titus 3,5 – *Ist die Taufe für das Heil notwendig?*

Dieser Vers sagt, dass Christen durch die „Waschung der Wiedergeburt" gerettet sind. Das griechische Wort für „Taufe" (*baptisma*) findet sich hier nicht. Paulus benutzte diese Vokabel an dieser Stelle deswegen nicht, weil er sich gar nicht auf die Taufe bezieht. Paulus spricht vielmehr von der „Waschung (griechisch: *loutron*) der Wiedergeburt", um zu beschreiben, wie Christen im Augenblick der Rettung von der Schuld reingewaschen werden. Hier ist eine geistliche Waschung im Fokus, keine buchstäbliche Wassertaufe oder Ähnliches. Darüber hinaus zeigen schon die hier benutzten Wörter, dass unser Heil nicht das Ergebnis davon ist, irgendwelche Dinge zu tun (wie zum Beispiel, sich taufen zu lassen), sondern einzig und allein auf Gottes Barmherzigkeit beruht.

Philemon

Philemon 16 – *Erkennt Paulus in diesem Brief die Institution der Sklaverei an?*

Wenn man sich den Philemonbrief genauer ansieht, zeigt sich, dass Paulus mit seinem Schreiben nicht die Sklaverei legitimiert, sondern in Wirklichkeit diese untergräbt, da er hier Philemon, den Sklavenhalter des Onesimus, dringend bittet, ihn „als einen geliebten Bruder" zu behandeln (vgl. Vers 16).

Vgl. im Übrigen die Anmerkungen zu Titus 2,9.

Hebräer

Hebräer 4,15 – *Hätte Jesus, als er versucht wurde, auch sündigen können?*

Durch seine Menschwerdung nahm Jesus als ewiger Gott die Natur eines Menschen an. In dieser seiner Menschlichkeit war er Versuchungen, Qualen, Schwachheiten, Schmerzen, Sorgen und Begrenzungen unterworfen. Aber kraft der Tatsache, dass er auch voll und ganz Gott war, hatte die Versuchung keine Chance auf Erfolg.

Vgl. im Übrigen die Anmerkungen zu Matthäus 4,7.

Hebräer 5,8 – *Wenn Jesus wirklich Gott war, warum musste er dann erst Gehorsam lernen?*

Vor seiner Menschwerdung hatte Jesus, die zweite Person der Dreieinigkeit, nur eine göttliche Natur. Doch als er auf die Erde kam, nahm er auch eine menschliche Natur an und musste daher Gehorsam lernen. Manche sind der Meinung, dass Jesus als allwissender Gott eigentlich alles über Gehorsam wusste – mehr als jeder andere. Aber erst als er Mensch wurde, machte er aus menschlicher Perspektive auch die Erfahrung, gehorsam zu sein.

Hebräer 6,4-6 – *Können Christen ihr Heil verlieren?*

In Hebräer 6,4-6 heißt es: „Denn es ist unmöglich, diejenigen, die einmal erleuchtet worden sind und die himmlische Gabe geschmeckt haben und des Heiligen Geistes teilhaftig geworden sind und das gute Wort Gottes und die Kräfte des zukünftigen Zeitalters geschmeckt haben und doch abgefallen sind, wieder zur Buße zu erneuern, da sie für sich den Sohn Gottes wieder kreuzigen und dem Spott aussetzen."

Hierzu gibt es unterschiedliche Auffassungen. Manche sind in der Tat der Meinung, dass diese Passage besagt, dass ein Christ sein Heil wieder verlieren kann. Wäre diese Auffassung richtig, hieße das (gemäß dieser Bibelstelle), dass es ebenso unmöglich ist, ein zweites Mal gerettet zu werden.

Andere interpretieren diesen Abschnitt so, dass er sich auf Menschen bezieht, die einen heuchlerischen Glauben an Jesus Christus haben. Sie sind nur vorgeblich Christen, nicht aber in Wirklichkeit.

Wieder andere sehen diesen Text als Ermahnung an Christen an, geistliche Reife anzustreben. Dafür spricht einiges. Man beachte zunächst, dass in den diesem Text vorausgehenden Versen 1-3 Folgendes steht: „Deshalb wollen wir das Wort vom Anfang des Christus lassen und uns der vollen Reife zuwenden und nicht wieder einen Grund legen mit der Buße von toten Werken und dem Glauben an Gott, der Lehre von Waschungen und der Handauflegung, der Totenauferstehung und dem ewigen Gericht. Und dies werden wir tun, wenn Gott es erlaubt."

Es geht also vom Textzusammenhang her um geistliche Reife. Das war für die Juden des ersten Jahrhunderts, die sich Jesus zugewandt hatten und somit Christen geworden waren, ein wichtiger Gesichtspunkt. Die Juden innerhalb des Gebietes des heutigen Israel, aber auch die Juden, die in anderen Ländern wohnten, standen unter der religiösen Oberhoheit des Hohen Priesters. Dieser hatte genügend Einfluss, um dafür zu sorgen, dass ein Christ seine Arbeitsstelle verlor, seine Kinder aus der Synagogenschule geworfen wurden und vieles mehr. Tatsächlich gab es vonseiten des Hohen Priesters schweren Druck für Juden, die Christen geworden waren, was bis hin zur Verfolgung ging. Das bewirkte, dass nun einige der jüdischen Christen in ihrer Lebensführung die Auseinandersetzung scheuten und über ihren Glauben nicht mehr offen sprachen. Vielleicht dachten sie, dass der Druck des Hohen Priesters schwächer werden würde, wenn sie im Hinblick auf ihren Glauben ruhig blieben und sich nicht sichtbar in christlichen Angelegenheiten engagierten (also etwa den Besuch gottesdienstlicher Veranstaltungen vermieden).

Der Schreiber des Hebräerbriefs sah dies als Rückzug aus einem Prozess der geistlichen Reifung an und ermutigte diese Christen weiter vorwärtszugehen. Obwohl es für einen Christen unmöglich ist, das Heil zu verlieren, gebraucht der Schreiber hier in Zusammenhang mit der Mahnung zur geistlichen Reife sehr scharfe Ausdrücke, die dies nahezulegen scheinen.

Indes sagt Hebräer 6,4-6 nicht: „Entwickle dich, sonst verlierst du dein Heil." Vielmehr sagt dieser Text: „In Anbetracht der Tatsache, dass du dich schon in der Schule Christi befindest und zur Nachfolge verpflichtet hast: Mach nun weiter damit! Rückzieher sind nicht erlaubt." In Anbetracht der o.g. Umstände war das die Botschaft, die viele Judenchristen des ersten Jahrhunderts offensichtlich brauchten.

Hebräer 7,3 – *War Melchisedek eine Verkörperung Jesu?*

Darüber sind schon allerhand Spekulationen angestellt worden. Manche sagen, er sei ein Engel gewesen, der zur Zeit Abrahams menschliche Gestalt angenommen habe. Allerdings widerspricht dem, dass das Priestertum den Menschen und nicht den Engeln aufgegeben war (vgl. Hebräer 5,1). Andere meinen aber in der Tat, dass Melchisedek eine Verkörperung Jesu war. Hier muss man jedoch beachten, dass Melchisedek beschrieben wird mit: „Er gleicht dem Sohn Gottes", und nicht behauptet wird, er sei der Sohn Gottes selbst (vgl. Hebräer 7,3). Es scheint darauf hinauszulaufen, dass Melchisedek eine tatsächliche historische Person war, also lediglich ein Mensch, der ein Typus, ein Vorbild, für Jesus Christus wurde.

Diejenigen, die davon ausgehen, dass Melchisedek eine Verkörperung Jesu war, führen Hebräer 7,3 zur Stützung ihrer Meinung an: „Ohne Vater, ohne Mutter, ohne Geschlechtsregister, hat er weder Anfang der Tage noch Ende des Lebens." Kein Mensch, so wird argumentiert, kann ohne Vater und Mutter, ohne Geschlechtsregister und ohne „Anfang der Tage" und „Ende des Lebens" sein. Dagegen kann man halten, dass sich diese Aussage nur darauf bezieht, dass das Alte Testament nichts darüber berichtet und Melchisedek demzufolge eine geheimnisvolle Gestalt bleibt. Für den Schreiber des Hebräerbriefs war das Schweigen des Alten Testaments genauso göttlich inspiriert wie die Tatsachen, von denen dort berichtet wird. In 1. Mose 14,18-20 wird nichts über Melchisedeks Eltern, seine Geburt oder seinen Tod gesagt. Er erscheint als lebender Mensch, als König von Salem und Priester Gottes des Allerhöchsten – und dann verschwindet er. Als solcher ist er ein geeigneter Typus für Jesus.

Man kann nicht davon ausgehen, dass die Nichterwähnung seiner Eltern heißt, dass er keinen Vater oder keine Mutter hatte. Diese Fakten wurden womöglich mit Absicht ausgelassen, um auf den Gegentypus, den Messias Jesus, seine göttliche Natur und seine Unvergänglichkeit hinzuweisen.

Man beachte, dass Melchisedek auch noch in anderer Weise ein Typus für Christus ist. Sein Name besteht aus zwei Wörtern, die „König" und „gerecht" bedeuten, zudem war er Priester. Melchisedek weist also auf Christus als den gerechten König und Priester hin. Auch wird gesagt, dass Melchisedek der König von Salem war, ein Wort, das „Friede" bedeutet, auch das weist auf Jesus hin, der unser Friede ist (vgl. Epheser 2,14).

Hebräer 7,25 – *Deutet die Tatsache, dass Jesus zum Vater betete, darauf hin, dass er nicht Gott war?*

Nein; in der Menschwerdung nahm Jesus als ewiger Gott eine menschliche Natur an. In dieser Menschlichkeit sprach Jesus mit dem Vater. Er kam als Mensch, und eine angemessene Pflicht des Menschen ist es, zu Gott zu beten und ihn zu verehren. Für Jesus war dies also mehr als angemessen. Er sprach dabei als Mensch, als Jude und als unser Hoher Priester („in allem den Brüdern gleich" – Hebräer 2,17) zum Vater. Aber darum war er nicht weniger Gott.

Hebräer 10,25 – *Können Christen auf Gemeinde verzichten?*

Der Besuch örtlicher Gemeinden wird im Neuen Testament dringend nahegelegt. Hebräer 10,25 weist uns insbesondere an, „unser Zusammenkommen nicht zu versäumen". Das christliche Leben sollte im Zusammenhang mit der Familie Gottes gelebt werden und nicht in Einsamkeit (vgl. Apostelgeschichte 2; Epheser 3,14-15). Mehr noch: Durch den Besuch der Gemeinde werden wir für den Dienst für Gott ausgerüstet (Epheser 4,12-16). Ein Einsiedler-Christsein kennt die Bibel nicht. Ein altes Bildwort sagt: Viele Holzscheite zusammen brennen sehr hell und wärmen; bei einem Holzscheit, der neben das Feuer fällt, wird die Glut schnell verlöschen (vgl. Epheser 2,19; 1. Thessalonicher 5, 10-11; 1. Petrus 3,8).

Hebräer 13,2 – *Können Engel in menschlicher Gestalt erscheinen?*

Dieser Vers mahnt dazu: „Die Gastfreundschaft vergesst nicht! Denn dadurch haben einige, ohne es zu wissen, Engel beherbergt." Ihrem Wesen nach sind die Engel nichtmateriell, körperlos und unsichtbar (vgl. Hebräer 1,14); dennoch können sie als Menschen erscheinen (vgl. Matthäus 1,20; Lukas 1,26; Johannes 20,12). Ihre Ähnlichkeit mit Menschen kann so realistisch sein, dass der Engel wirklich als menschliches Wesen wahrgenommen wird. Es gibt Berichte davon, dass Menschen – etwa in Notsituationen – durch

Personen geholfen wurde, die auf unerklärliche Weise auftauchten und auch wieder verschwanden. Hierbei kann es sich in der Tat um Engel handeln. Es gibt keinen Grund anzunehmen, dass dies nur auf die Zeit der Bibel beschränkt gewesen sein muss.

Jakobus

Jakobus 2,16-17 – *Sagt Jakobus hier, dass ein Mensch durch Werke gerechtfertigt wird, und widerspricht er damit dem Apostel Paulus?*

Nein. Jakobus fragt: „Was nützt es, meine Brüder, wenn jemand sagt, er habe Glauben, hat aber keine Werke? Kann etwa der Glaube ihn retten?" (Jakobus 2,14). Man beachte hier besonders das oft übersehene Wort „sagt". Manche Menschen haben einen echten Glauben; bei anderen ist der Glaube nur eine leere Behauptung. Die Gruppe der Menschen, die einen echten Glauben hat, kann auch Taten, Werke, aufweisen, um zu untermauern, dass ihr Glaube echt ist. Wer aber nur von sich behauptet, dass er glaubt, demonstriert durch seinen Mangel an guten Werken seinen Mangel an Glauben. Jakobus meint also, dass man anhand der Werke, die Menschen tun, feststellen kann, ob eine Person wirklich an Jesus Christus glaubt oder nicht.

Jakobus 2 sagt nicht, dass ein Mensch durch Werke oder durch persönliche Verdienste gerettet wird. Vielmehr wird eine Person *allein* durch den Glauben gerechtfertigt (vor Gott als gerecht erklärt), aber nicht durch einen Glauben, der allein *bleibt*. Mit anderen Worten: Aufrichtiger Glaube wird im Leben eines von Gott geretteten Menschen immer von guten Werken begleitet bzw. wird zu solchen Werken führen.

Jakobus 2,21 – *Wurde Abraham durch Werke gerechtfertigt und nicht aus Glauben?*

In diesem Vers spricht Jakobus nicht über die Rechtfertigung vor Gott, sondern über die Rechtfertigung vor Menschen. Wir wissen das deshalb, weil Jakobus betont, dass wir unseren Glauben zeigen sollen (vgl. Jakobus 2,18), also dass andere unseren Glauben an unseren Taten ablesen können sollen (vgl. Verse 18-20).

Jakobus bestätigt zwei Verse später, dass Abraham durch Glauben gerechtfertigt wurde und nicht durch Werke, denn er sagt in Jakobus 2,23: „Abraham aber glaubte Gott, und es wurde ihm zur Gerechtigkeit gerechnet." Wenn Jakobus in Vers 21 Abraham als „aus Werken gerechtfertigt" bezeichnet, spielt er auf ein besonderes Ereignis an, das auch von Menschen beobachtet werden konnte: Abraham opferte seinen Sohn Isaak auf dem Altar. Ca. 30 Jahre nachdem zum ersten Mal erwähnt wird, dass Abraham Gott vertraute (und dadurch gerechtfertigt wurde), fand dieses Ereignis statt. Es war also Ausdruck seines Glaubens.

1. Petrus

1. Petrus 1,1 – *In welcher Hinsicht sind wir von Gott auserwählt?*

Erwählung ist ein souveräner Akt, in welchem Gott Einzelpersonen vor Grundlegung der Welt zum Heil berufen hat. Im Hinblick darauf gibt es unter Christen, grob gesagt, zwei Grundauffassungen:

Zum einen wird die Sichtweise vertreten, dass Gottes Erwählung auf seinem Vorauswissen beruht. Gott blickt in einen weiten Zeitkorridor hinein und sieht dort, wer mit Wohlwollen auf die Botschaft des Evangeliums reagieren wird – und auf dieser Basis wählt er bestimmte Menschen zum Heil aus.

Zur Unterstützung dieser These werden folgende Argumente genannt:

- Die Bibel sagt, dass die Rettung Gottes allen Menschen erschienen ist, nicht nur den auserwählten (vgl. Titus 2,11).
- Gemäß der Bibel starb Jesus für alle (vgl. 1. Timotheus 2,6; 4,10; Hebräer 2,9; 2. Petrus 2,1; 1. Johannes 2,2).
- In der Bibel finden sich zahllose Ermahnungen, zu Gott umzukehren (z.B. Jesaja 31,6; Joel 2,13-14; Matthäus 18,3; Apostelgeschichte 3,19), Buße zu tun (vgl. Matthäus 3,2; Lukas 13,3.5; Apostelgeschichte 2,38; 17,30) und zu glauben (vgl. Johannes 6, 29; Apostelgeschichte 16,31; 1. Johannes 3,23).
- Darüber hinaus scheint die Bibel zu sagen, dass die Erwählung auf dem Vorauswissen Gottes basiert – im Hinblick auf die, die einmal auf das Evangelium positiv reagieren werden (vgl. Römer 8,28-30; 1. Petrus 1,1-2).

Allerdings meinen viele, dass Gottes Plan unsicher und sogar anfällig für ein Scheitern ist, wenn die Erwählung nicht bedingungslos und absolut ist. Die zweite Sichtweise, die traditionell vertreten wird, ist daher, dass Gottes Erwählung auf seiner souveränen Wahl basiert. Zugunsten dieser These können folgende Argumente vorgebracht werden:

- Biblische Aussagen stützen die souveräne Auserwählung Gottes (vgl. Apostelgeschichte 13,48).
- Der ganze Prozess der Rettung ist ein Geschenk Gottes (vgl. Römer 12,3; Epheser 1,5-8; 2,8-10).
- Einige Bibelverse sprechen davon, dass Jesus vom Vater Menschen gegeben wurden (vgl. Johannes 6,37; 17,2.6.9) und dass der Vater Menschen zu Jesus Christus zieht (vgl. Johannes 6,44).
- Es gibt in der Bibel Beispiele für die souveräne Erwählung Einzelner von Gott wie Paulus (vgl. Galater 1,15) oder Jeremia (vgl. Jeremia 1,5), sogar bevor diese geboren wurden (vgl. Römer 9,10-16).
- Im Lichte der absoluten Verworfenheit der Menschen ist die Erwählung von Gott unbedingt erforderlich (vgl. Hiob 14,1; Jeremia 13,11; Römer 13,10-20; Epheser 2,1).
- Auserwählung entspricht dem Wesen Gottes (vgl. Sprüche 19, 21; Jeremia 10,23).
- Gott hat uns von Anfang an erwählt, so sagt es etwa 2. Timotheus 1,9.
- Der Aufruf zu einem gottgemäßen Leben geschieht auf der Basis von Gottes souveräner Wahl (vgl. Kolosser 3,12; 2. Thessalonicher 2,13; 1. Petrus 2,9).

Gegen diese Sicht sind zwei Hauptargumente vorgebracht worden. Das erste: Wenn die Erwählung von Gott begrenzt ist, dann wäre das Versöhnungshandeln auch begrenzt (da das Heil dann nur für die Erwählten da ist). Doch wird diese Schlussfolgerung widerlegt durch Johannes 1,29; 3,16; 1. Timotheus 2,6; Hebräer 2,9 und 1. Johannes 2,2. Hier wird gesagt, dass das Versöhnungshandeln Jesu Christi für alle gilt.

Zum Zweiten wird argumentiert, dass Gott sozusagen „schuld" an der Verurteilung vieler wäre. Jedoch ist es so, dass diejenigen, die nicht erwählt worden sind, nur das erleiden werden, was sie verdienen. Gott erwählt keine Person für die Hölle. Die, die nicht zum Heil erwählt worden sind, werden lediglich ihren eigenen selbstzerstörerischen Wegen überlassen.

Diese Sichtweise mag manche bedrücken, doch sie sollte nicht zu einem Fatalismus führen, nach dem Motto: „Wenn ohnehin vorherbestimmt ist, wer gerettet wird, was müssen wir uns dann noch um Menschen bemühen, damit sie das Heil finden?" Manche fragen vielleicht auch: „Und hat der Mensch denn gar keinen freien Willen?" Hierzu ist zu sagen: Die begrenzte Perspektive des Menschen und die unbegrenzte Perspektive Gottes sind logisch nicht zusammenzubringen. Wir wissen nicht, wer zum Heil und wer für das Verlorensein bestimmt ist. Aus der Sicht des Menschen hat der Mensch einen freien Willen; er kann sich nicht damit herausreden, dass er von Gott nicht für den Glauben bestimmt sei. Wir müssen uns für den Glauben an Christus entscheiden, das ist hundertprozentig richtig. Aber ebenso hundertprozentig richtig ist die Tatsache, dass Gott uns erwählt. Das befriedigt nicht jedes menschliche Bedürfnis nach Logik. Unsere Aufgabe ist es aber auch nicht, darüber nachzugrübeln, und wir sollten darüber auch nicht in lähmende Erstarrung verfallen. Vielmehr ist uns aufgetragen, das Evangelium zu verbreiten und Menschen zur Entscheidung aufzurufen.

Für Gottes Erwählung aber gilt: Sie geschieht aus liebenden Motiven heraus (vgl. Epheser 1,4-11), sie verherrlicht ihn (vgl. Epheser 1,12-14) und das Ergebnis seiner Erwählung sind Menschen, die Gutes tun (vgl. Römer 11,33-36; Epheser 2,10; Kolosser 3,12).

1. Petrus 3,18 – *Ist Jesus als Geistwesen vom Tod auferstanden?*

Hier heißt es: „Denn es hat auch Christus einmal für Sünden gelitten, der Gerechte für die Ungerechten, damit er uns zu Gott führe, zwar getötet nach dem Fleisch, aber lebendig gemacht nach dem Geist." Dieser Vers bezieht sich nicht auf eine geistliche Auferstehung Jesu, sondern auf die leibliche Auferstehung durch den Heiligen Geist. Gott erweckte Jesus nicht als Geist, sondern durch den Geist. Dies stimmt mit Römer 1,4 überein, wo gesagt wird, dass Jesus „dem Geist der Heiligkeit nach" „als Sohn Gottes in Kraft eingesetzt" wurde, „aufgrund der Totenauferstehung".

Das einhellige Zeugnis der Bibel besagt, dass Jesus nicht nur geistlich, sondern auch körperlich aus dem Tod auferstanden ist:

- Der Auferstehungsleib Jesu wies die körperlichen Wunden seiner Kreuzigung auf (vgl. Lukas 24,39; Johannes 20,27). Jesus selbst sagte: „Seht meine Hände und meine Füße, dass ich es selbst bin; betastet mich und seht! Denn ein Geist hat nicht Fleisch und Bein, wie ihr seht, dass ich habe" (Lukas 24,39).
- Jesus sagte in Johannes 2,19-21 voraus, dass er körperlich auferstehen würde: „Jesus antwortete und sprach zu ihnen: Brecht diesen Tempel ab, und in drei Tagen werde ich ihn aufrichten [...] Er aber sprach von dem Tempel seines Leibes."
- Der auferstandene Jesus nahm bei mindestens vier verschiedenen Gelegenheiten Nahrung zu sich (vgl. Lukas 24,30; Lukas 24,42-43; Johannes 21,12-13; Apostelgeschichte 1,4).
- Der Körper des auferstandenen Jesus wurde von verschiedenen Menschen angefasst oder berührt (vgl. Matthäus 28,9; Johannes 20,17).
- Das griechische Wort für „Körper" (*soma*) bezieht sich, wenn es eine Person bezeichnet, im Neuen Testament immer auf einen physischen Leib.
- Der Leib, der mit dem Tod „gesät" worden ist, wird auch der Auferstehungsleib sein (vgl. 1. Korinther 15,35-44).

1. Petrus 3,18-19 – *Wer sind die Geister, denen Jesus im Gefängnis predigte?*

Manche Ausleger sind der Ansicht, dass mit den Geistern im Gefängnis gefallene Engel gemeint sind, die schmerzlich gegen Gott gesündigt haben. Es handelt sich bei ihnen um die „Söhne Gottes" in 1. Mose 6,1-6, die während der Zeit des Noah Gott ungehorsam wurden. Dieselbe Gruppe böser Engel wird in 2. Petrus 2,4-5 und Judas 6 erwähnt. Gemäß dieser Auslegung waren diese Engel Gott ungehorsam, verließen ihren Herkunftsort und verwickelten sich in sexuelle Beziehungen mit menschlichen Frauen.

Das griechische Wort für „predigen" (*kerysso*) ist nicht das Wort, das normalerweise benutzt wird, wenn vom Predigen des Evangeliums die Rede ist, sondern weist auf eine Proklamation hin – etwa auf die Proklamation eines Sieges. Vielleicht meinten die bösen Geister, sie hätten Jesus besiegt, aber durch die Auferstehung wendete Gott das Blatt gegen sie – und Jesus selbst verkündete ihnen nun ihren Untergang.

Eine andere Auslegungsalternative bezieht sich auf den Kontext, in welchem von den Geschehnissen zur Zeit Noahs die Rede ist. Sie besagt, dass Jesus zwischen Tod und Auferstehung den Ort der Toten aufsuchte und den gottlosen Zeitgenossen Noahs predigte. Sie hatten während des Baus der Arche 120 Jahre Zeit gehabt, um auf Noahs Botschaft zu antworten. Aber sie weigerten sich. Darum warteten sie nun im Gefängnis auf das Letzte Gericht. Diese Predigt war aber keine Verkündigung des Evangeliums, sondern vielmehr eine Siegesproklamation.

Andere vertreten die Auffassung, dass Jesus durch die Person des Noah zu denen gesprochen hat, die nun, weil sie die Botschaft abgelehnt hatten, Geister im Gefängnis waren.

Was die Predigt Jesu durch Noah angeht, muss man bedenken, dass 1. Petrus 1,11 sagt, dass der Geist Christi durch die alttestamentlichen Propheten gesprochen hat. In 2. Petrus 2,5 wird Noah als „Prediger der Gerechtigkeit" bezeichnet. Der Geist Christi könnte also tatsächlich zu jenen ungöttlichen Menschen gepredigt haben, die nun Geister im Gefängnis waren und das Letzte Gericht erwarteten.

1. Petrus 3,21 – *Bezieht sich der Satz „Das Abbild davon errettet jetzt auch euch, das ist die Taufe" darauf, dass die Wassertaufe für das Heil notwendig ist?*

In diesem Kontext spricht Petrus vom guten Gewissen des Gläubigen, nicht vom Heil. Die Christen, an die Petrus schrieb, waren versucht, ihr Christsein zu kompromittieren, um religiöse Verfolgung zu vermeiden oder gering zu halten. Solche Kompromisse würden aber verheerenden Schaden in ihren Gewissen anrichten, da sie mit einer solchen Handlungsweise Gottes Willen zuwiderhandelten. Darum ermahnte Petrus seine Leser, dass der Akt der öffentlichen Taufe sie von der Versuchung retten würde, ihr gutes inneres Gewissen zu opfern, bloß um der Verfolgung zu entgehen. Schließlich ist eine solche (äußerliche) Taufe ein Akt, mit dem man sich öffentlich und ein für alle Mal mit Jesus Christus identifiziert. Obwohl die Verfolgung wahrscheinlich andauern würde, würden sie zumindest vor Gott ein reines Gewissen bewahren, was weit wichtiger war.

1. Petrus 4,6 – *Meint Petrus hier, dass Menschen das Evangelium hören können, auch nachdem sie gestorben sind?*

Nein, denn wir dürfen die klare Aussage in Hebräer 9,27 nicht vergessen, dass es „den Menschen bestimmt ist, einmal zu sterben, danach aber das Gericht". Was immer hier gemeint ist, wenn gesagt wird, dass auch den Toten gute Botschaft verkündigt wurde – es bezieht sich nicht auf die Möglichkeit, das Evangelium noch nach seinem Tod zu hören und ggf. darauf zu reagieren.

Für diesen Vers sind verschiedene Auslegungsmöglichkeiten genannt worden, von denen hier nur eine erwähnt sei: Wahrscheinlich handelt es sich bei diesen Menschen um die, die zwar jetzt (zum Zeitpunkt der Abfassung des Briefes) tot sind, die aber das Evangelium gehört haben, als sie noch lebten. Die Zeitformen in diesem Text unterstützen diese Auffassung: Es *wurde* (Vergangenheit) denen gepredigt, die tot *sind* (Gegenwart).

2. Petrus

2. Petrus 1,20 – *Sollen wir nicht für uns selbst die Bibel auslegen?*

Dieser Vers sagt, dass „keine Weissagung der Schrift aus eigener Deutung" geschieht. Der Vers könnte vom Griechischen her auch so umschrieben werden: „Keine Weissagung der Schrift ist eine Sache des eigenen Von-sich-Gebens." Mit anderen Worten: Die Weissagungen sind nicht bloß auf die Propheten selbst oder auf menschliche Vorstellungen zurückzuführen, sondern kommen in letzter Konsequenz von Gott, wie Vers 21 mit Nachdruck betont. Es geht hier also nicht darum, wie die Bibel auszulegen ist, sondern vielmehr darum, wie sie zum geschriebenen Wort wurde. Keine Weissagung der Schrift ist aus einer privaten Deutung der Dinge hervorgegangen, sondern vielmehr äußert sich in ihnen der Heilige Geist.

2. Petrus 2,9 – *Bewahrt Gott Ungerechte auf, um sie zu bestrafen?*

Der Vers sagt: „Der Herr weiß […] die Ungerechten aber aufzubewahren für den Tag des Gerichts, wenn sie bestraft werden." Das Wort „aufzubewahren" steht hier im Präsens, was anzeigt, dass die Ungerechten (die Ungläubigen) andauernd gefangen gehalten werden. Petrus zeichnet sie als verurteilte Gefangene, die in einem Gefängnis streng bewacht werden, während sie der zukünftigen Bestrafung und dem Letzten Gericht entgegensehen. Auch deutet der Gebrauch des Präsens bei „bestraft werden" darauf hin, dass es sich um eine kontinuierliche, anhaltende Bestrafung handelt.

Eines Tages werden sie auferweckt und vor dem großen weißen Thron gerichtet werden. Danach wird ihre ewige Strafe im Feuersee beginnen (Offenbarung 20,11-15).

2. Petrus 3,8 – *In welcher Hinsicht sind für Gott ein Tag wie tausend Jahre und tausend Jahre wie ein Tag?*

Gott, der Ewige, ist jenseits aller zeitlichen Begrenzungen. Dieser Vers steht im Kontext einer Diskussion über die Wiederkunft Jesu. Vieles deutet darauf hin, dass gemeint ist, dass wir als endliche Geschöpfe die Rätsel des Anfangs endzeitlicher Ereignisse nicht entwirren können, da Gott die Zeit anders misst. Er ist jenseits aller Zeit und wird die endzeitlichen Ereignisse in Übereinstimmung mit seinem souveränen Plan zur Erfüllung bringen.

1. Johannes

1. Johannes 3,9 – *Lehrt dieser Vers sündlose Perfektion?*

Dieser Vers sagt: „Jeder, der aus Gott geboren ist, tut nicht Sünde, denn sein (Gottes) Same bleibt in ihm; und er kann nicht sündigen, weil er aus Gott geboren ist." Indes hat Johannes in demselben Brief zuvor festgestellt, dass es Unsinn ist, zu leugnen, dass wir als Christen sündig sein können (vgl. 1. Johannes 1,8). Daher ruft uns Johannes dazu auf, Gott unsere Sünden zu bekennen (vgl. 1. Johannes 1,9). Wie auch immer man 1. Johannes 3,9 versteht, es kann nicht darauf hinauslaufen, dass Christen sündlose Perfektion erreichen könnten. Der Apostel Paulus, als erlöster Christ, war sich darüber im Klaren, dass die Sünde auch auf sein Leben eine verheerende Wirkung haben konnte. Und wenn Paulus nicht perfekt war, wer würde dann behaupten können, das zu erreichen, was Paulus nicht geschafft hat?

Christen haben für 1. Johannes 3,9 normalerweise zwei Auslegungsmöglichkeiten gefunden. Die einen glauben, dass aufgrund der Benutzung der Präsensform Johannes in diesem Vers sagen will, dass Christen nicht mehr *gewohnheitsmäßig* sündigen. So verstanden, werden Christen nicht mehr von immer wiederkehrender Sünde beherrscht; Sünde wird bei ihnen kein kontinuierliches Lebensmuster sein.

Andere beziehen diese Verse auf die neue Natur der Christen. In Vers 5 wird gesagt, dass in Christus keine Sünde ist. Dann heißt es in Vers 6, dass die, die in ihm bleiben, nicht sündigen. Wenn wir schließlich zu Vers 9 weitergehen, finden wir eine wichtige Aussage in Bezug auf unsere neue Natur als Christen. Die neue Schöpfung in uns (die wie Christus rein und heilig ist) sündigt nicht. Insofern der Gläubige in seiner täglichen Erfahrung die neue Natur zum

Ausdruck bringt, wird er also nicht sündigen. Wenn er es doch tut, handelt er gegen seine neue Natur. Diese Auffassung geht davon aus, dass 1. Johannes 3,9 ein Ruf zur Heiligung ist – ein Appell, unserer neuen Natur zu gestatten, unser tägliches Leben zu beherrschen, sodass es geheiligt wird.

1. Johannes 4,4 – *Kann ein Christ von einem Dämon besessen sein?*

Darüber sind Christen unterschiedlicher Meinung. 1. Johannes 4,4 ist allerdings ein Vers, der die Sicht unterstützt, dass das nicht der Fall sein kann. Da der Heilige Geist in einem Glaubenden dauerhaft wohnt (vgl. 1. Korinther 6,19), kann er nicht gleichzeitig von einem Dämon besessen sein.

Christen sind aus der Herrschaft des Satans befreit worden, wie Kolosser 1,13 es zum Ausdruck bringt: „Er hat uns gerettet aus der Macht der Finsternis und versetzt in das Reich des Sohnes seiner Liebe."

In der Bibel findet sich kein Christ, der von einem Dämon besessen ist. Sicherlich gibt es in der Bibel und darüber hinaus Beispiele von Christen, die vom Teufel *angefochten* werden, aber das heißt nicht, dass sie vom Teufel oder einem Dämon *besessen* sind.

1. Johannes 5,6-8 – *Was hat es mit den drei hier genannten Zeugen auf sich?*

Hier heißt es: „Denn es sind drei, die es bezeugen: der Geist und das Wasser und das Blut" (Verse 7-8). Um diese Verse zu verstehen, hilft es, den historischen Hintergrund etwas in Augenschein zu nehmen. Ein Irrlehrer mit dem Namen Kerinthos verbreitete den häretischen Gedanken, dass der Christus (den er als kosmisches Geistwesen verstand) über den menschlichen Jesus bei dessen Taufe gekommen war, ihn aber vor seiner Kreuzigung wieder verlassen hatte. Solche Vorstellungen weist 1. Johannes 5,6-8 zurück. Wasser bezieht sich hier auf die Taufe Jesu und Blut auf seine Kreuzigung. Mit beiden Begriffen wird bildhaft zum Ausdruck gebracht, dass Jesus, der Christus, sowohl die Taufe als auch den Kreuzestod erfahren hat. Der Heilige Geist (der an anderer Stelle „der Geist der Wahrheit" genannt wird – vgl. Johannes 14,17; 15,26) ist der dritte Zeuge, der diese Tatsache beglaubigt. Die Erwähnung von drei Zeugen entspricht den Auflagen des jüdischen Gesetzes (vgl. 5. Mose 9,15; Johannes 8,17-18).

1. Johannes 5,7-8 – *In vielen modernen Bibelübersetzungen fehlt ein Teil dieser Verse. Warum ist das so? Und ist das für die Lehre von der Dreieinigkeit von Bedeutung?*

In den meisten modernen Bibelübersetzungen fehlen einige Versteile, die die Schlachter-Bibel wie folgt wiedergibt (die kursiv gedruckte Passage ist der Text, der in anderen Bibelausgaben ausgelassen wird): „Denn drei sind es, die Zeugnis ablegen *im Himmel: der Vater, das Wort und der Heilige Geist, und diese drei sind eins; und drei sind es, die Zeugnis ablegen auf der Erde.*" Dieser Versteil fehlt in allen wichtigen Handschriften des griechischen Grundtextes; erst im Jahr 380 n. Chr. tauchte er erstmals auf. Die Vulgata, die wichtigste lateinische Bibelübersetzung, hat diesen Vers allerdings in ihren Textbestand aufgenommen. Erasmus von Rotterdam stellte im Jahr 1522 Manuskripte des griechischen Grundtextes zu einer Textsammlung zusammen, die später Textus receptus („der [allgemein] akzeptierte Text") genannt wurde. In den ersten Fassungen seiner Zusammenstellung fehlten diese Versteile noch, da er keine griechischen Handschriften finden konnte, die diese beinhalteten. Erasmus stand allerdings stark unter kirchlichem Druck, sie mitaufzunehmen, und wurde von Kirchenvertretern dazu gedrängt, die das Fehlen dieser Versteile in den ersten Ausgaben bemängelt hatten.

Wahrscheinlich wurden sie in der Vulgata verwendet, weil ein

Schreiber einen Randkommentar (ein sog. Glosse) in den Text fälschlich eingefügt hatte, als er den Text von einer bestehenden Handschrift abschrieb. Diese Versteile aber für ursprünglich zu halten und in die Bibelübersetzung einzufügen, missachtet nahezu jeden Grundsatz der textkritischen Sichtungsarbeit an den Handschriften.

Das bedeutet aber nun nicht, dass deswegen die Lehre von der Dreieinigkeit nicht korrekt sei. Zahlreiche andere Abschnitte der Bibel unterstützen die Lehre von der Dreieinigkeit:

- Es gibt nur einen wahren Gott (vgl. 5. Mose 6,4).
- Obwohl es nur einen Gott gibt, lassen sich innerhalb seiner Gottheit drei Personen unterscheiden. Jede dieser Personen wird in der Bibel „Gott" genannt: der Vater (vgl. 1. Petrus 1,2), der Sohn (vgl. Johannes 20,28) und der Heilige Geist (vgl. Apostelgeschichte 5,3-4).
- Die drei Personen der Gottheit sind dennoch eine Einheit (vgl. Matthäus 28,19).

1. Johannes 5,16 – *Was ist die Sünde zum Tod?*

Johannes präzisiert hier nicht, worum es sich bei dieser Sünde handelt. Offenbar kann es sich um jede Sünde handeln, die wiederholt begangen wird, sodass jemand immer tiefer und tiefer in das System der „Welt" hineingezogen wird, das Johannes in seinem Brief als todbringend charakterisiert. Wir können es vielleicht so zusammenfassen: Je mehr jemand sündigt, desto tiefer wird er in das System der Welt hineingezogen. Je näher man zur Welt steht, desto wahrscheinlicher ist der Tod.

2. Johannes

2. Johannes 1 – *Wer ist die „auserwählte Herrin“?*

Wahrscheinlich bezieht sich diese Anrede nicht auf einen Menschen, sondern auf eine Gemeinde. Die Gemeinde wird „auserwählte Herrin“ genannt, da sie aus den von Gott auserwählten Gläubigen zusammengestellt ist. Die Kinder der „Herrin“ sind die einzelnen Gemeindeglieder. Der Verweis auf die „auserwählte Schwester“ in Vers 13 könnte sich gut auf die eigene Gemeinde des Johannes beziehen.

Johannes nannte die Gemeinde vermutlich eine „Herrin“, weil die Möglichkeit bestand, dass der Brief von römischen Behörden auf dem Weg zum Adressaten abgefangen wurde. Wenn dies geschehen wäre, hätte der Brief diesen Behörden möglicherweise genug Informationen geliefert, um Christen zu verhaften und ins Gefängnis werfen zu können (oder noch Schlimmeres zu tun). Es handelte sich also bei dieser Umschreibung um eine Sicherheitsmaßnahme.

2. Johannes 10 – *Sagt dieser Vers, dass Christen keine Sektierer in ihrem Haus dulden sollten?*

2. Johannes 10 hindert Christen nicht daran, Sektierer in ihrem Haus aufzunehmen, um ihnen ein Zeugnis zu sein. Vielmehr ist es ein Verbot und bezieht sich darauf, Sektierern keine Plattform zu bieten, von der aus sie falsche Lehren verbreiten könnten.

In den frühen Tagen des Christentums hatten die Gläubigen kein zentrales Kirchengebäude, wo sie sich hätten versammeln können. Es gab vielmehr viele kleine Hausgemeinden, die überall in den

Städten verstreut waren (vgl. Römer 6,15; 1. Korinther 16,19; Philipper 2, Kolosser 4,15). Im Neuen Testament findet man Christen, die „zu Hause“ das Brot brachen (also Abendmahl feierten; vgl. Apostelgeschichte 2,46; 5,42).

Offenbar warnt Johannes davor, Irrlehrern innerhalb dieser Hausgemeinden ein Forum zu bieten, um ihre irrigen Ansichten zu verbreiten. So gesehen bewahrt dieses Verbot die Reinheit der Gemeinde.

Judas

Judas 9 – *Worauf bezieht sich die Aussage, der Erzengel Michael habe mit dem Teufel um den Leichnam des Mose gestritten?*

In der Tat lesen wir davon in der Bibel nichts, und uns ist auch keine außerbiblische Quelle bekannt, in der wir einen solchen Bericht finden könnten. Entweder liegt hier eine mündlich überlieferte Tradition vor oder die entsprechende Quelle ist verloren gegangen. Manche vermuten, dass es sich um eine Anspielung auf einen Text aus der *Assumptio Mosis* handelt, einer jüdischen Schrift, die sich mit der Himmelfahrt des Mose befasst und etwa parallel zum Neuen Testament entstand. Sie ist uns nur durch eine lateinische Übersetzung zugänglich, andere Quellen gingen verloren. Von dieser Schrift liegen uns nur Fragmente vor, darunter aber kein Hinweise auf den hier genannten Vorgang. Jedoch gibt es indirekte Verweise aus der Zeit der frühen Kirche.

Auf alle Fälle wird diese Stelle als Kontrast zitiert: Nicht einmal der Erzengel Michael hat den Satan für seine bösen Absichten gescholten, sondern dies Gott überlassen. Demgegenüber lästern die hier angesprochenen Irrlehrer über alles, selbst über das, was sie nicht kennen.

Judas 14 – *Würde das Buch Henoch nicht eigentlich in die Bibel gehören, wo doch Judas es zitiert?*

Beim äthiopischen Henochbuch, aus dem zitiert wird, handelt es sich um die älteste bekannte apokalyptische Schrift. In ihr wird sowohl über Henoch (nach seiner Entrückung) als auch über den

Fall der Engel berichtet; dazu enthält es viele Bildreden. Das Buch hat im Christentum stark die Vorstellungen von Himmel und Hölle geprägt; doch nach Meinung bereits der Alten Kirche gehört es nicht in den biblischen Kanon.

Aber müsste es nicht dort hineingehören, da Paulus ja daraus zitiert? Nein, denn Paulus zitierte zum Beispiel auch heidnische Schriftsteller (vgl. Apostelgeschichte 17,28; Titus 1,12), aber das heißt noch nicht, dass diese Schriften deswegen zur Bibel gehören sollten. Und ebenso wenig heißt es, dass alles, was in diesen Büchern steht, auch richtig ist. Es bedeutet lediglich, dass Paulus einige Wahrheiten bei diesen Schriftstellern entdeckte, die er für bedenkenswert genug hielt, um sie in seinen Briefen zu erwähnen. Dementsprechend lässt sich daraus auch nicht ableiten, dass, wenn Judas das Buch Henoch zitiert, es deswegen in die Bibel aufgenommen werden müsste oder alles darin wahr und zutreffend sei. Es besagt nur, dass Judas es für diesen Brief als nützlich und zitierfähig erachtete.

Offenbarung

Offenbarung 1,4 – *Wer sind die sieben Geister vor dem Thron Gottes?*

Viele Bibelausleger glauben, dass damit auf den Heiligen Geist Bezug genommen wird, die dritte Person der Dreieinigkeit. Dies wird vor allem durch Bibelstellen begründet, die sieben Aspekte des Geistes des Herrn auflisten (vgl. Jesaja 11,2; Sacharja 3,9). Die Zahl steht auch für das vollkommene Werk Gottes (vgl. 1. Mose 2,2-3); in diesem Fall würde es das vollkommene Werk des Heiligen Geistes darstellen.

Offenbarung 1,8; 22,13 – *Ist Jesus das Alpha und das Omega?*

Der Kontext in Offenbarung 1 zeigt, dass sich diese Verse auf Jesus Christus beziehen müssen. Im Grunde genommen wird uns hier gesagt, dass jemand kommt, der durchstochen worden ist. Ist der Vater durchstochen worden? Nein. Ist Jesus durchstochen worden? Ja, am Kreuz für das Heil der Menschheit. Dann wird uns in Offenbarung 22,12-13 gesagt, dass dasselbe Wesen bald kommen wird. In Vers 20 lesen wir, dass sich diese Aussage auf Jesus bezieht. Also kommt Jesus bald, das Alpha und das Omega. Das ist ein starker Hinweis auf die absolute Göttlichkeit Jesu Christi, da im Alten Testament „Alpha und Omega" (bzw. „der Erste und der Letzte") sonst nur exklusiv für Gott verwendet werden (vgl. Jesaja 44,6; 48,12-13).

Offenbarung 2-3 – *Sind die sieben Sendschreiben der Offenbarung Schreiben an konkrete Gemeinden in Kleinasien oder charakterisieren sie verschiedene Epochen der Kirchengeschichte?*

Zunächst einmal sind sie in jedem Fall an kleinasiatische und real existierende Gemeinden gerichtet, aber was bedeuten sie darüber hinaus? Schon viele Ausleger haben gemeint, darin Epochen der Kirchengeschichte zu entdecken, und zwar in chronologischer Reihenfolge. Demzufolge repräsentiere etwa die Gemeinde in Ephesus die Zeit der Apostel, die Gemeinde in Sardes die Gemeinde der Reformationszeit, die Gemeinde in Laodizea die der Endzeit usw.; allerdings gibt es hier durchaus unterschiedliche Erklärungsmodelle.

Sicherlich kann man Merkmale der verschiedenen Epochen in den sieben Sendschreiben entdecken, jedoch wäre es falsch, wenn man als Bibelleser a) sich allzu sehr in Spekulationen hinsichtlich der Epocheneinteilung vertieft und b) evtl. infolgedessen nicht mehr darauf achtet, dass jedes Sendschreiben (wie ja auch jeder andere neutestamentliche Brief) Aspekte des persönlichen und gemeindlichen Lebens aller Zeiten anspricht. Es geht in der Offenbarung eher um Trost und Lebensausrichtung in schwierigen Zeiten als um einen Fahrplan für die Endzeit.

Offenbarung 2,1 – *Wer ist hier und in den folgenden Sendschreiben mit den „Engeln der Gemeinde" gemeint?*

Die sieben Sendschreiben an die hier genannten Gemeinden sind Briefe, in welchen konkrete irdische Gemeinden in Kleinasien von Jesus gelobt oder getadelt werden. Das griechische Wort für Engel *(angelos)* kann sowohl „Engel" als auch „Bote" heißen, von daher bieten sich zwei grundsätzliche Auslegungsmöglichkeiten an:

1. Es könnte sich um einen Menschen handeln, der als „Bote" bezeichnet wird und eine Art Überbringer der Nachricht ist. Außerdem wurden damals auch Vorbeter in der Synagoge „Boten" genannt. Analog könnten also hier etwa Gemeindeleiter angesprochen sein. Der überwiegende Teil der Ausleger schließt sich dieser Meinung an.
2. Es könnte sich aber auch in der Tat um himmlische Engel handeln. Dafür spricht, dass in der gesamten Offenbarung des Johannes und an den meisten Stellen des Neuen Testaments *angelos* tatsächlich mit „Engel" übersetzt wird. Es wäre allerdings die einzige Stelle, in der davon berichtet wird, dass Engel speziell abgegrenzte Funktionen für einzelne Gemeinden haben.

Offenbarung 2,4 – *Was ist hier im Sendschreiben an die Gemeinde in Ephesus mit der „ersten Liebe" gemeint?*

Dieses in christlichen Kreisen oft zitierte Wort ist an eine Gemeinde gerichtet, die von Jesus Christus zunächst sogar gelobt wird. Offensichtlich handelt es sich um eine Gemeinde, die Jesu Willen tat: Sie arbeitete für Jesus, harrte aus, duldete das Böse nicht, wies Irrlehrer in ihre Schranken. So weit, so gut. All das geschah aber nicht mehr aus einer Haltung der „ersten Liebe", der ersten Hingabe an Jesus, heraus, sondern aus Gewöhnung und einer gewissen Rechtgläubigkeit. „Zurück zu den Wurzeln", mahnt Jesus hier, zu den Anfängen, zu einer erneuerten Liebe zum Herrn.

Das Sendschreiben an Ephesus lässt keinen Raum für Selbstmitleid: Man muss nicht dabei stehen bleiben, darüber zu jammern, dass man die erste Liebe verlassen hat. Hier wird dazu ermuntert, seine Beziehung zu Jesus aufzufrischen, allerdings auch vor den ernsten Konsequenzen gewarnt, wenn man dies nicht tut (vgl. 2,5).

Offenbarung 2,13 – *Hat Satan irgendwo auf der Erde einen Thron?*

Pergamon war in der Antike das offizielle Zentrum des Kaiserkults in Kleinasien. Die Stadt gehörte zu den ersten, die einem römischen Kaiser einen Tempel baute. Auch stand dort der Tempel des Asklepios (ein heidnischer Gott). Das Symbol für diesen römischen Götzen war eine Schlange (und mit diesem Begriff wird ja auch Satan in der Bibel bezeichnet – vgl. 1. Mose 3,1). Auch wurde Pergamon von einem riesigen Zeus-Altar überragt. Angesichts all der falschen Religion in dieser Stadt sollten wir nicht überrascht sein, wenn Jesus sagt, dass Satan dort einen Thron hat.

Offenbarung 3,5 – *Kann der Name eines Christen aus dem Buch des Lebens getilgt werden?*

Obwohl es in diesem Vers scheinbar heißt, dass der Name eines Gläubigen aus dem Buch des Lebens gelöscht werden kann, bestätigt der Text aber gerade, dass die Namen der Christen nicht ausgelöscht werden. Die Aussage Jesu sollte also nicht als Bedrohung angesehen werden, sondern als Versicherung, dass die Namen der Menschen, die gerettet sind, immer im Buch des Lebens stehen werden.

Das scheint auch der Kern dessen zu sein, was andere Bibelstellen über das Buch des Lebens aussagen. In Lukas 10,20 sagt Jesus etwa zu seinen Jüngern: „Doch darüber freut euch nicht, dass euch die Geister untertan sind; freut euch aber, dass eure Namen in den Himmeln angeschrieben sind!“, und in Hebräer 12, 23 ist die Rede von „der Gemeinde der Erstgeborenen, die in den Himmeln angeschrieben sind“.

Offenbarung 7,4 – *Wer sind die 144 000?*

Der Textzusammenhang gibt an, dass sich der Vers auf 144 000 jüdische Männer bezieht – 12 000 aus jedem Stamm –, die während der zukünftigen Bedrängniszeit leben werden (vgl. Offenbarung 14,4). Die bloße Tatsache, dass einzelne Stämme erwähnt werden, und zudem noch mit einer Personenanzahl, lässt die Vermutung, dass es sich hier um bloße Bildrede handelt, unwahrscheinlich erscheinen. An keiner anderen Stelle in der Bibel beziehen sich die zwölf Stämme Israels auf etwas anderes als eben die zwölf Stämme Israels selbst. Auch das Wort „Stamm“ wird in der Bibel für nichts anderes verwendet als für eine tatsächliche ethnische Gruppe. Offenbar werden diese 144 000 während der zukünftigen Bedrängniszeit zum Glauben an Christus kommen und in der ganzen Welt evangelisieren.

Andere verstehen diese Angabe bildhaft und sehen die Zahl 144 000 als Zahl der Fülle der Gemeinde, die dann hier für das Gottesvolk aus Juden und aus den Nationen steht.

Offenbarung 7,5-8 – *Warum sind in der Liste der alttestamentlichen Stämme die Stämme Dan und Ephraim ausgelassen worden?*

Das Alte Testament verfügt über ca. 20 verschiedene Aufzählungen der Stämme. Die meisten Ausleger gehen heute davon aus, dass der Stamm Dan ausgelassen wurde, weil er bei vielen Gelegenheiten Götzendienst betrieben hat und als Resultat davon entweder weithin ausgelöscht oder aber aus Stammeslisten getilgt war (vgl. 3. Mose 24,11; Richter 18,1.30; 1. Könige 12,28-29).

Man ist vom Segen Gottes abgeschnitten, wenn man unbußfertig Götzendienst betreibt. Auch der Stamm Ephraim war in Götzendienst und heidnischen Gottesdiensten verwickelt gewesen (vgl. Richter 17; Hosea 4,17).

Offenbarung 7,4 – *Warum ist der Stamm Levi in der Liste der jüdischen Stämme enthalten?*

Er ist womöglich deswegen in der Liste enthalten, da die priesterlichen Aufgaben des Stammes Levi mit dem Kommen Jesu Christi – dem endgültigen Hohen Priester – aufgehört haben bzw. in der Person Jesu zur Erfüllung gekommen sind (vgl. Hebräer 7-10). Da es keine weitere Notwendigkeit für die priesterlichen Dienste des Stammes Levi gab, gab es auch nicht länger einen Grund, diesen Stamm von den anderen getrennt zu halten.

Offenbarung 13,18 – *Warum werden im Hinblick auf den Antichrist die Ziffern 666 benutzt?*

Bibelausleger haben im Lauf der Jahrhunderte zahlreiche Vorschläge unterbreitet, was es mit der Zahl 666 auf sich haben könnte. Recht bekannt ist die Theorie, dass, weil die Zahl 7 die Zahl göttlicher Vollkommenheit ist und demzufolge die Ziffern 777 die vollkommene Trinität widerspiegeln, die Zahl 666 möglicherweise auf ein Wesen hindeutet, das vollkommene Göttlichkeit anstrebt (wie die Dreieinigkeit), aber diese nie erreicht. Der Antichrist ist aber letztendlich nur ein Mensch, auch wenn er von Satan beeinflusst wird (und dieser vielleicht auch in ihm wohnt).

Andere haben vorgeschlagen, dass die Zahl sich auf eine spezielle Person in der Vergangenheit bezieht – etwa den römischen Kaiser Nero. In diesem Zusammenhang wird angeführt, dass im Hebräischen der Name Nero dem Zahlenwert 666 entspricht.

Darüber hinaus hat es schon zahlreiche Auslegungen gegeben, die den Antichristen mit nahezu allen Diktatoren in Verbindung gebracht haben oder zum Beispiel auch dem Papst. Natürlich ist das alles hochspekulativ. Die Bibel erklärt nicht deutlich, was mit der Zahl 666 gemeint ist, sodass mit der Auslegung dieses Verses viel Rätselraten verbunden ist.

Offenbarung 16,14 – *Können Dämonen Wunder tun?*

Obwohl Satan über starke spirituelle Kräfte verfügt, gibt es einen gewaltigen Unterschied zwischen der Macht Gottes und der Macht des Teufels: Zunächst einmal ist Gott in seiner Macht unbegrenzt (allmächtig); der Teufel (und die Dämonen) hingegen sind in ihrer Macht endlich und begrenzt. Zum Zweiten kann nur Gott Leben erschaffen (vgl. 1. Mose 1,1.21; 5. Mose 32,39), der Teufel kann dies nicht (vgl. 2. Mose 8,15). Nur Gott kann von den Toten auferwecken (vgl. Johannes 10,18; Offenbarung 1,18); der Teufel kann dies nicht tun, obwohl er eines Tages dem götzendienerischen Bild des Antichristen „Odem“ einhauchen wird (vgl. Offenbarung 13,15).

Vgl. auch die Anmerkungen zu 2. Mose 7,11 und 2. Thessalonicher 2,9.

Offenbarung 16,16 – *Was ist Harmagedon?*

Harmagedon heißt übersetzt „Berg von Megiddo“. Megiddo lag ungefähr 100 Kilometer nördlich von Jerusalem; die große Jesreel-Ebene befindet sich hier. Es wird der Schauplatz der letzten entsetzlichen Schlacht der Menschheit kurz vor der Wiederkunft Jesu sein (vgl. Offenbarung 16,16). Von Napoleon wird berichtet, dass er gesagt habe, dass dieser Ort vielleicht das größte Schlachtfeld sei, das er je gesehen habe.

Offenbarung 20,11.15 – *Was ist das Gericht vor dem großen weißen Thron?*

Das Gericht vor dem großen weißen Thron ist das Gericht, dem die Ungläubigen entgegensehen müssen (vgl. Offenbarung 20, 11-15). Christen werden daran nicht teilhaben. Jesus Christus ist der göttliche Richter, und die, die verurteilt werden, sind die Toten aller Zeiten, die nicht gerettet sind. Das Gericht findet am Ende des Tausendjährigen Reiches statt. Diejenigen, die an diesem Gerichtstag Jesus Christus begegnen, werden aufgrund ihrer Taten gerichtet werden (vgl. Offenbarung 20,12-13).

Man muss verstehen, dass diese Menschen in dieses Gericht kommen, weil sie bereits unerlöst sind. Das Gericht wird nicht Gläubige von Ungläubigen trennen, da alle, die dieses Gericht erfahren werden, sich schon zu Lebzeiten dafür entschieden haben, Gott abzulehnen. Sie werden, wenn sie hier vor Jesus stehen, nach ihren Werken gerichtet, nicht nur, um ihre Verdammung zu rechtfertigen, sondern auch, um die Abstufungen festzulegen, mit der jede Person für ewig in der Hölle bestraft werden wird.

Offenbarung 21 – *Was ist das neue Jerusalem?*

Die genaueste Schilderung der himmlischen Stadt, des neuen Jerusalem, findet sich in der Bibel in Offenbarung 21. Sie ist ungefähr 2 400 Kilometer lang, breit und hoch. Die ewige Stadt ist so riesig, dass sie von der Nordgrenze Deutschlands bis nach Griechenland reichen würde, und dies in räumlicher Ausdehnung, also in Länge, Breite und Höhe. Ihre Höhe macht etwa ein Zwanzigstel des Weges zum Mond aus. Die ewige Stadt ist entweder würfel- oder pyramidenförmig. Vielleicht ist eine Pyramide wahrscheinlicher, da dies erklären würde, wie der Fluss mit dem Wasser des Lebens an ihren Seiten herunterfließen kann, wie es in Offenbarung 22,1-2 dargestellt wird. Dieser Fluss steht symbolisch für das überfließende Leben, das die kennzeichnen wird, die in der ewigen Stadt leben. Der Strom scheint den ständigen Fluss der geistlichen Segnungen auf die Erlösten aller Zeitalter zu versinnbildlichen, die sich nun im Glanz des ewigen Lebens sonnen.

Offenbarung 22,12 – *Warum sagt Jesus: „Ich komme bald"? Seitdem er dies gesagt hat, sind ja immerhin beinahe zweitausend Jahre verstrichen.*

Manche Bibelausleger sind der Auffassung, dass dies eine Aussage aus der Sicht Gottes ist und daher aus menschlicher Perspektive nicht als ein baldiges Geschehen bezeichnet werden kann. Nach dem Neuen Testament leben wir seit der Menschwerdung Christi in der Endzeit (vgl. Hebräer 1,2; Jakobus 5,3). Überdies lesen wir in Jakobus 5,9, dass der Richter vor der Tür steht. In Römer 13,12 werden die Leser ermahnt: „Die Nacht ist weit vorgerückt, und der Tag ist nahe"; Hebräer 10,25 mahnt uns, einander zu ermutigen, „umso mehr, je mehr ihr den Tag herannahen seht!" Und in 1. Petrus 4,17 stellt der Apostel fest: „Es ist aber nahe gekommen das Ende aller Dinge."

Andere schlagen vor, dass Jesus diese Aussage aus der Perspektive der an dieser Stelle beschriebenen Ereignisse gemacht hat. Mit anderen Worten: Jesus wird bald kommen aus dem Blickwinkel derjenigen, die während der Bedrängniszeit leben werden (welche sieben Jahre andauern und in der Wiederkunft Jesu Christi gipfeln wird; vgl. Offenbarung 4,19).

Offenbarung 22,16; Jesaja 14,12 – *Wie kann sich die Bezeichnung „Morgenstern" einmal auf Jesus und in einem anderen Bibelvers auf Satan beziehen?*

Wörter werden immer durch ihren Kontext näher bestimmt. In der Offenbarung und im Buch Jesaja liegen zwei unterschiedliche Textzusammenhänge vor und daher auch zwei verschiedene Bedeutungen. In Offenbarung 22,16 wird der Begriff „Morgenstern" im messianischen Sinn benutzt und ist auf 4. Mose 24,17 bezogen, wo verheißen ist: „Es tritt hervor ein Stern aus Jakob." Der Stern wurde so zum Symbol für den kommenden Messiaskönig – Jesus. Das Wort „Morgen" beinhaltet den Gedanken, dass eine geistliche Morgendämmerung kurz bevorsteht. Die kalte, dunkle Nacht geistlicher Trägheit ist mit dem Kommen des Morgensterns (Jesus) so gut wie vorbei.

In Jesaja 14,12 wird der Begriff „Morgenstern" (Luther, Elberfelder: „Glanzstern") bildhaft auf einen Fall aus großer Herrlichkeit bezogen. Satan (auch in diesem Zusammenhang oft „Luzifer" genannt; vgl. die Anmerkungen zu Jesaja 14,12-17) war der mächtigste, herausragendste und prächtigste Engel, und doch sündigte er und fiel aus seiner großen Herrlichkeit. Also lesen wir hier: „Wie bist du vom Himmel gefallen, du Glanzstern [Morgenstern], Sohn der Morgenröte!"

Manche glauben, dass „Morgenstern" als spöttische Bemerkung gegenüber Satans Fall aus der Herrlichkeit zu verstehen sei, etwa in dem Sinn: „Ach, wie bist du aus dem Himmel gefallen, du vermeintlicher Messias!"

Sachregister

Abkürzungsverzeichnis

Altes Testament
1Mo = 1. Mose
2Mo = 2. Mose
3Mo = 3. Mose
4Mo = 4. Mose
5Mo = 5. Mose
Jos = Josua
Ri = Richter
Rt = Rut
1Sam = 1. Samuel
2Sam = 2. Samuel
1Kön = 1. Könige
2Kön = 2. Könige
1Chr = 1. Chronik
2Chr = 2. Chronik
Esr = Esra
Neh = Nehemia
Est = Ester
Hi = Hiob
Ps = Psalmen
Spr = Sprüche
Pred = Prediger
Hl = Hohelied/Lied der Lieder
Jes = Jesaja
Jer = Jeremia
Kla = Klagelieder
Hes = Hesekiel/Ezechiel
Dan = Daniel
Hos = Hosea
Joe = Joel
Am = Amos
Ob = Obadja
Jon = Jona
Mi = Micha
Nah = Nahum
Hab = Habakuk
Zef = Zefanja
Hag = Haggai
Sach = Sacharja
Mal = Maleachi

Neues Testament
Mt = Matthäus
Mk = Markus
Lk = Lukas
Joh = Johannes
Apg = Apostelgeschichte
Röm = Römer
1Kor = 1. Korinther
2Kor = 2. Korinther
Gal = Galater
Eph = Epheser
Phil = Philipper
Kol = Kolosser
1Thes = 1. Thessalonicher
2Thes = 2. Thessalonicher
1Tim = 1. Timotheus
2Tim = 2. Timotheus
Tit = Titus
Phlm = Philemon
Hebr = Hebräer
Jak = Jakobus
1Petr = 1. Petrus
2Petr = 2. Petrus
1Jo = 1. Johannes
2Jo = 2. Johannes
3Jo = 3. Johannes
Jud = Judas
Offb = Offenbarung

666 – Offb 13,18
144 000 – Mt 25,35-40; Offb 7,4
Abba – Mt 6,9; Mt 23,9; Röm 8,14
Abel – 1Mo 4,3-5
Abendmahl – 1Kor 1,27
Abihu – 2Mo 24,9-11; 3Mo 10,1-2
Abraham – (A. und Hagar) 1Mo 16,4; (durch Werke gerechtfertigt?) Jak 2,21; (Opferung Isaaks) 1Mo 22,2; Jak 2,21; (Wohlstand durch Lüge?) 1Mo 12, 10-20
Abtreibung – Ps 139,13
Achans Familie – Jos 7,15.24
Adam und Eva – (Lebenszeit) 1Mo 5; (Erschaffung) 1Mo 1; (Historizität) 1Mo 1; (geistlicher/leiblicher Tod) 1Mo 2,17
Adoption – Röm 8,14
Ägypter – 1Mo 12,10-20; 2Mo 1,20-21; 2Mo 3,22; 2Mo 9,3.6; 2Mo 12, 2Mo 14; 2Mo 15,11
Ältester (Gemeinde) – 1Tim 3,12
Ärzte – 2Chr 16,12
Alkohol – Spr 29,18; Joe 2,18-32; Joh 2,9; Eph 5,18; 1Tim 5,23
Allerheiligstes – 3Mo 23,27
Allgegenwart Gottes – Hab 3,3
Allversöhnung – Röm 5,18-19; 2Kor 5,19; Eph 1,10
Allwissenheit Gottes/Jesu – 1Mo 1,1; 5Mo 29,28; Mt 4,7; Mk 13,32
Alpha und Omega – Offb1,8
Alter der Welt – 1Mo 1
Amoriter – Jos 10,12-14
Anbetung – 2Mo 20,8-11; 4Mo 25,9; Joh 4,23; Eph 5,19
Antichrist – Dan 9,25-27; Dan 11,31; Offb 13,18; Offb 16,14
Apostel heute – 1Kor 12,28; Eph 4,11
Arche Noah – 1Mo 16,14-17
Asa – 2Chr 16,12
Asaf – Ps 82,6
Auferstehung – 2Kön 14,29; Hi 7,9; Pred 3,19; Jes 53,4-5; Jer 31,31; Dan 12,2; Mt 22,30; Mt 27,52-53; Mk 16,12; Lk 11,29-30; Lk 24,31 (2 x); Joh 20,19; 1Kor 15,29; 1Kor 15,44-50; 1Kor 15,50; 2Kor 5,5; 2Tim 1,10; 1Petr 3,18
Auferstehungsleib – Lk 24,31; Joh 20,19; 1Kor 15,44-50; 1Kor 15,50; 1Petr 3,18
Auge um Auge – 2Mo 21,23-25
Auslöschung ganzer Völker – Jos 6,21
Aussatz – Mk 6,44
Baal – 4Mo 25,9; 5Mo 7,2; 2Kön 2,24
Baal-Peor – 4Mo 25,9
Babylonier – 2Chr 18,20-21; Ps 137,8-9; Dan 9,25-27
Baumaterialien – 1Mo 29,7

Bedrängniszeit – Hi 2,1-2; Dan 9,25-27; Dan 11,31; Joe 1,15; Mt 24,34; Mt 25,35-40; Lk 17,34-37; Joh 11,11-14; Offb 7,4; Offb 22,12
Beelzebub – Mk 1,34
Behemot – Hi 40,15
Berufene (viele B., wenige Auserwählte) – Mt 22,14
Beschneidung – 2Mo 4,24; 2Mo 4,25; Mt 5,17-18; Gal 1,8; Phil 2,12
Besessenheit – 1Jo 4,4
Beten in Jesu Namen – Joh 16,24
Bibel (Vollständigkeit) – Joh 20,30; 21,15
Bild Gottes (im B. erschaffen) – 1Mo 1,1; 1Mo 1,26-27; 1Mo 9,6; Ri 16,26-27; Hi 25,4-5; Mt 26,9; 1Kor 11,3; Eph 5,22; Tit 2,9
Binden (des Teufels) – Mt 18,18
Blindgeborener – Joh 9,1-17
Blinde (Heilung) – Mt 20,29-34
Blut – (Besprengung) 3Mo 23,27; (blutflüssige Frau) Lk 8,46; (Blut schwitzen) Lk 22,44; (Jesu Blut „trinken“) Joh 6,53; (Passahlamm) 2Mo 12; (Plage) 2Mo 7,11; (Transfusionen/Blutgenuss) 3Mo 7,26-27
Boas – Rt 3,7
Buch des Lebens – Phil 2,10; Offb 3,5
Briefaorist – 1Kor 5,9
Brot, ungesäuertes – 2Mo 12
Brüder, geringste – Mt 25,35-40
Bund, neuer – Jer 31,31
Bundeslade – 3Mo 23,27; 1Sam 4,3; 1Sam 6,19
Dämonen – 1Sam 28; Ps 97,7; Mt 9,33; Mk 1,34; Mk 1,44
Dan und Ephraim – Offb 7,5-8
David und Jonatan (Homosexualität?) – 1Sam 18,1-4
Davids Baby – 2Sam 12,14
Demut – Joh 3,14
Dorn für das Fleisch – Jes 53,4-5; 2Kor 12,7
Dreieinigkeit – 5Mo 6,4; Ps 110,1; Joh 5,19; Joh 14,7-11; Joh 14,18; Joh 20,17; 1Kor 8,6; 1Kor 11,3; Hebr 5,8; 1Jo 5,7-8; Offb 1,4; Offb 13,18
Ehebruch – 1Mo 12,10-20; 1Kön 15,3; Hos 1,2; Mt 19,12; Joh 8,3-8
Ehefrauen – 1Kön 11,1-13; Esr 10,3-4.10-12; 1Tim 2,13-15; 1Tim 3,12
Ehepartner, ungläubiger – 1Kor 7,14
Ehescheidung – Mt 19,12; Esr 10,3-4.10-12
Eifersucht Gottes – Nah 1,2-3
Einsamkeit – Ps 37,25
Elhanan – 1Sam 17,50
Elis Söhne – 1Sam 2,25
Elisa – 2Kön 2,24
Elohim – 1Mo 1,26-27; 2Mo 6,2; Ps 82,6; Ps 97,7
En-Dor – 1Sam 28

Engel – 1Mo 6,2; 2Mo 3,1-2; 2Chr 8,18; Hi 38,7; Ps 82,6; Ps 97,7; Hes 1,5-28; Hes 28,11-19; Dan 4,13; Dan 7,10; Joh 18,1-6; Apg 8,26; Kol 1,16; Heb 7,3; Heb 13,2; 1Petr 3,18-19; Jud 9; Offb 2,1; Offb 22,16
Engel des HERRN – 2Mo 3,1-2; Joh 18,1-6
Engel Satans – 2Kor 12,7
Entrückung – Mt 11,14; Lk 17,34-37; 2Tim 1,10
Erbe der Gläubigen – Röm 8,16-17
Erde – 1Mo 1; 1Mo 5, 1Mo 6-9; Ps 115,16; Jes 51,6; Jes 65,17; Mt 19,28
Erstattung, hundertfache – Mk 10,30
Erstgeborener aller Schöpfung – Kol 1,15
Erstgeburtsrecht – 1Mo 28,13-15
Erwählung – Mt 22,14; 1Petr 1,1
Erzengel – Jud 9
Erziehung – Spr 22,6
Esau – 1Mo 28,13-15; Röm 9,13
Eunuchen – Mt 19,12
Evangelium, falsches bzw. anderes – Gal 6,1
Evangelium für die Toten – 1Petr 4,6
Evolution – 1Mo 1 (2 x)
Ewiges Leben – Lk 18,18-27
Feigenbaum (Verfluchung) – Mt 21,19
Feindesliebe – Mt 5,44
Feuer auf die Erde – Lk 12,49
Feuertaufe – Mt 3,11
Feuersee – Hi 2,1-2; Dan 12,2; 2Petr 2,9
Fischernetz (Gleichnis) – Mt 13,47-50
Fleisch und Blut des Menschensohns – Joh 6,53
Frau/Mann-Beziehung – s. Geschlechterbeziehung
Freundschaft – 1Sam 18,1-4
Frucht bringen – Joh 15,2
Frucht des Heiligen Geistes – Gal 5,22-23
Fußwaschung – Joh 13,14
Garizim – Joh 4,23
Gebet(serhörungen) – Mt 6,7; Mt 7,7-8; Mt 15,22-28; Mk 11,23-24; Lk 11,5-10; Joh 16,24
Gehorsam – Lk 11,29-30; 1Kor 3,11-15
Gehorsam Jesu – Hebr 5,8
Geister im Gefängnis – 1Petr 3,18-19
Geister, sieben – (unreine G.) Mt 12,43-45; (vor Gottes Thron) Offb 1,4
Geistesfülle – Eph 5,18
Geistestaufe – 1Kor 12,13
Geistesgaben – Mk 16,17-18; 1Kor 12,11; 1Kor 12,28; 1Kor 14,5
Gelähmter – Mk 2,12
Gemeinde (Nichtbesuch) – Hebr 7,25

Gericht Gottes – 1Mo 6,6; 4Mo 31; Jos 6,21; Ps 82,6; Joe 1,15; Mt 3,11; Mt 13,47-50; Mt 21,19; Mt 25,46; Lk 12,49; Lk 17,34-37; Röm 14,10; 1Kor 3,11-15; 2Petr 2,9; Offb 20,11-15
Gericht, menschliches – 1Kor 6,1-11
Gerichtstag – Mt 25,46; 2Petr 2,9; Offb 20,11.15
Geringster im Reich Gottes – Lk 7,28
Gesalbte des Herrn – Ps 105,15
Gesang – Eph 5,19
Geschlecht, das nicht vergehen wird – Mt 24,34
Geschlechterbeziehung – 1Kor 11,3; 1Kor 11,1-16; Eph 5,22
Gesetz, alttestamentliches – 1Mo 9,6; 2Mo 20,8-22; 2Mo 21,23-25; 2Mo 23,19; 3Mo 7,26-27; 3Mo 12,2-5; 3Mo 18,22; 5Mo 5,6-21; 5Mo 21,18-21; 1Kön 11,1; Esr 10,3-4.10-12; Mt 5,17-18; Mt 5,17-19; Mt 5,22; Mk 2,21-22; Mk 2,27-28; Lk 18,18-27; Joh 8,3-8; Röm 1,19-20; Röm 5,18-19; Röm 7,14-25; Gal 1,8; Tit 2,9
Gift – Mk 16,17-18
Glanzstern – s. Morgenstern
Glaube und Werke – Lk 18,18-27; Joh 5,28-29; Röm 2,6-7; Jak 2,16-17
Gleichnis(se) – Mt 13,10-11; Mt 13,31-32; Mt 13,33; Mt 13,44-46; Mt 14,47-50; Mt 18,32-35; Mt 21,19; Mt 22,14; Mt 25,1-13; Mt 25,35-40; Mk 4,26-29; Lk 11,5-10; Lk 16,22-28; Joh 13,14
Götter – 2Mo 15,11; 5Mo 7,2; Ps 82,6; Ps 92,7; Ps 110,1; Joh 10,34; 1Kor 8,5
Göttinnen – 5Mo 7,2
Götzendienst – 2Mo 23,19; 3Mo 7,26-27; 4Mo 21,9; 4Mo 31; Joh 9,1-17; Offb 7,5-8
Goliat – 1Sam 17,50; 1Sam 17,49-51
Gomer – Hos 1,2
Gott – (Geschlechtlichkeit) Mt 6,9; (Haupt Christi) 1Kor 11,3; (von hinten sehen) 2Mo 33,21-23; (körperliches Wesen?) 1Mo 1,26-27; (wirkt alle Dinge zum Guten) Röm 8,28
Gott der Toten – Lk 20,38; Joh 11,11-14
Gott fürchten – 5Mo 10,12
Gottlose (Erschaffung) – Spr 16,4
Grab Jesu – Mt 12,40; Eph 4,9
Gräuel, verwüstender – Dan 11,31; Mt 24,34
Günstlingswirtschaft – Mt 25,28
Haman – Est
Hananias und Saphira – Apg 5,1-11
Hand an den Pflug legen – Lk 9,62
Harmagedon – Offb 16,16
Hassen der eigenen Familie – Lk 14,26
Haus-zu-Haus-Evangelisation – Apg 20,20
Hebammen, ägyptische – 2Mo 1,20-21

Heiden – s. Nationen
Heil (Rettung) – Mk 16,16; Joh 5,28-29; Phil 2,10; Tit 3,5
Heil und Heilung – Jes 53,4-5
Heiliger – Röm 1,7
Heiliger Geist – (Ankündigung durch Jesus) Joh 16,7; (als Anzahlung) 2Kor 5,5; (Ausgießung) Joe 2,18-32; (Dreieinigkeit) 5Mo 6,4; 2Kor 3,17; (Empfang des H.G.) Joh 20,22; (H.G. und Feuer) Lk 12,49; (Frucht des H.G.) Gal 5,22-23; (Fülle des H.G.) Eph 5,18; (Gaben des H.G.) Mk 16,17-18; 1Kor 12,11; 1Kor 14,5; (Leben im H.G.) Gal 5,16; (Rückzug von einem Menschen) 1Sam 16,14; (sieben Geister) Offb 1,4; (Taufe mit dem H.G.) 1Kor 12,13; (Versiegelung) Eph 4,30; (Wiedergeburt) Joh 3,5; (als Zeuge) 1Jo 5,8
Heiliger Geist, Sünde gegen den – Mt 12,32
Henoch – Mt 11,14; Eph 4,9
Henochbuch – Jud 14
Herrin, auserwählte – 2Jo 1
Herrlichkeit Gottes – 1Mo 32,30; 2Mo 24,9-11; 2Mo 33,11; 2Mo 33,21-23; 2Chr 7,1; Hes 1,25-28; Mt 16,28; Joh 18,1-6; Phil 2,6-9; Tit 2,13
Heuchelei – Mt 7,21-23; Mt 23,13-33; Mk 8,15; Apg 5,1-11
Himmel (Vergänglichkeit des H.s) – Jes 51,6
Hochzeitsmahl (Gleichnis) – Mt 22,14
Hölle – Mt 8,12; Mt 25,46; Eph 4,9; Kol 1,20; 2Thes 1,9
Hoher Priester – 3Mo 23,27; Hebr 6,4-6; (für Christus) Jer 31,31; Mt 5,17-18; Joh 20,17; Hebr 7,25
Homosexualität – 3Mo 18,22; 1Sam 18,1-4
Hyperbel (übertreibende Redefigur) – Hi 24,5; Mt 5,29; Mt 6,3-4; Lk 14,26; Lk 18,24-25; Apg 2,5
Ich-bin-Worte – Joh 6,53; Joh 8,58
„Ich komme bald“ – Offb 22,12
Inspiration der Bibel – 1Sam 17,50; Joh 20,30; 21,25; 1Kor 5,9
Inzest – 1Mo 4,17; 3Mo 18,22
Isai (Anzahl der Söhne) – 1Sam 16,10
Jakob – 1Mo 28,13-15; 1Mo 32,30
Jannes und Jambres – 2Tim 3,8
Jeftah – Ri 11,20-29
Jericho – Jos 2,4-5; Mt 20,29-34
Jerusalem – Hes 37; Dan 9,25-27; Lk 23,28-31; Apg 2,5
Jerusalem, neues – Jes 65,17; Offb 21
Johannes der Täufer – Mt 3,11; Mt 11,12; Mt 11,14; Lk 7,22; Lk 7,28; Lk 12,49
Jesus Christus – (Allwissenheit) Mk 13,32; (Anfang seiner Existenz?) Mi 5,2; (Auferstehungsleib) Jes 9,6; Mk 16,12; Joh 20,19; 1Kor 15,44-50; 1Petr 3,18; (Dreieinigkeit/Verhältnis zum Vater bzw. Heiligen Geist) Joh 3,16; Joh 5,19; Joh 10,30; Joh 14,18; Joh 14,28; Joh 20,17; 2Kor 3,17;

(als Engel des HERRN) 2Mo 3,1-2; (Entmaterialisierung?) Lk 24,31; (Gebet zum Vater) Hebr 7,25; (Geschöpf Gottes?) Spr 8,22-33; (Gott oder ein Gott?) Joh 1,1; (Höllenfahrt) Eph 4,9; (nicht ausreichendes Leiden?) Kol 1,24; (identisch mit Melchisedek?) Hebr 7,3; (Menschwerdung) Phil 2,6-9; Hebr 4,15; Hebr 5,8; Hebr 7,25; (Messias[geheimnis]) Ps 110,1; Jes 7,14; Jes 9,6; Dan 9,25-27; Mt 1,19; Mt 5,17-19; Mt 16,20; Mt 21,19; Mk 1,34; Mk 1,44; Mk 6,4-5; Mk 8,33; Lk 7,23; Joh 20,30; 21,25; Apg 2,38; Offb 22,16; (freiwilliger Nichtgebrauch göttlicher Eigenschaften) Mk 13,32; Phil 2,6-9; (Präexistenz) Joh 8,58; (als Schöpfer) 1Mo 1; Mt 25,28; Kol 1,15; (Schreiben auf den Boden) Joh 8,3-8; (zur Sünde gemacht) 2Kor 5,21; (Sündlosigkeit) Mt 5,17-19; Hebr 4,15; (Versuchung) Mt 4,7; (das Wort) Joh 1,1

Joch, fremdartiges – 2Kor 6,14

Jona – 1Mo 6,6; Jon 1,17; Jon 3,4-10; 4,1-2; Lk 11,29-30

Judas Iskariot – Mt 27,5

Jünger Jesu – Mt 10,5-6; Mt 10,21-22; Mt 13,10-11; Mt 16,18; Mt 16,20; Mt 16,25-26; Mt 21,19; Mk 4,26-29; Lk 6,24; Lk 10,18; Lk 19,11; Lk 24,31; Joh 13,14; Joh 20,22; Joh 20,23

Jungfrauen, zehn (Gleichnis) – Mt 25,1-13

Jungfrauengeburt – Jes 7,14

Kahlheit – 2Kön 2,24

Kain – (Abstammungslinie) 1Mo 6,2; (Ehefrau) 1Mo 4,17; (nicht angenommenes Opfer) 1Mo 4,3-5

Kainszeichen – 1Mo 4,13-16

Kamel durchs Nadelöhr – Lk 18,24-25

Kanaaniter (Vernichtung) – 5Mo 7,2; Jos 6,21

Kinder am Felsen zerschmettern – Ps 137,8-9

Kindergebären – 1Tim 2,13-15

Klug wie die Schlangen – Mt 10,5-6

Knochen (Vision) – Hes 37

Kochen eines Böckchens in Muttermilch – 2Mo 23,19

Kommunismus, urchristlicher – Apg 2,44-45

Kopfbedeckung – 1Kor 11,1-16

Korintherbrief, verlorener – 1Kor 5,9

Kornelius – Mk 4,25; Apg 8,26; Röm 1,19-20

Krankheit – Jes 53,4-5; Mt 9,33; 2Kor 12,7

Kreuz auf sich nehmen – Mk 8,34

Krieg (Rechtfertigung) – 2Mo 20,13

Kuss – 1Sam 18,1-4

„Lass die Toten ihre Toten begraben“ – Lk 9,60

Laodizenerbrief – Kol 4,16

Leben nach dem Tod – Pred 2,24; Pred 9,5; Mt 22,30; Lk 16,22-28; Lk 20,38; Joh 11,11-14; (bewusstes Erleben) Mt 25,46; Lk 16,22-28; Lk 20,38; Joh 11,11-14; 1Thes 4,13

Leben verlieren, um gerettet zu werden – Mt 16,25-26
Lebensodem – 1Mo 1; 1Mo 6-9; Offb 16,14
Lebensspanne (von Gott festgelegt) – 1Mo 6,3
Lebenszeit, lange – 1Mo 5
Leiden – Hi 2,3-6
Leviatan – Hi 41,1
Leviten – 4Mo 4,3; Offb 7,4
Licht vor der Erschaffung der Sonne – 1Mo 1,14
Liebe, erste – Offb 2,4
Linke Hand weiß nicht, was die rechte tut – Mt 6,3-4
Lösen (und Binden) – Mt 18,18
Lügen – 1Mo 12,10-20; 2Mo 1,20-21; 2Mo 3,16-19; Jos 2,4-5; 2Chr 18,20-21
Lügengeist – 2Chr 18,20-21
Luzifer – Jes 14,12-17; Hes 28,11-19; Offb 22,16
Made (in Bezug auf den Menschen) – Hi 25,4-5
Mammon (Freunde machen mit dem ungerechten M.) – Lk 16,9
Mann/Frau-Verhältnis – s. Geschlechterbeziehung
Maria (am Grab Jesu) – Joh 20,17
Medizin – 2Chr 16,12
Melchisedek – Hebr 27,3
Menschen als Götter – Ps 82,6; Joh 10,34
Menschensohn – Mt 1,19; Lk 3,23-38; Mt 8,20; Mt 16,28; Mt 24,34; Mt 25,1-13; Lk 11,29-30
Messiaserwartungen/-geheimnis – Mt 16,19; Mk 1,44; Lk 7,22
Michael – Jud 9
Midian – 4Mo 31
Monogamie – 1Kön 11,1; 1Kön 11,1-13
Mord – 1Mo 9,6; 2Mo 20,13; Mt 5,22
Mordechai – Est
Morgenstern (Glanzstern) – Jes 14,12-17; Offb 20,16
Mose – 2Mo 3,1-2; 2Mo 3,1; 2Mo 3,16-19; 2Mo 4,24; 2Mo 7,11; 2Mo 15,11; 2Mo 24,9-11; 2Mo 33,11; 2Mo 33,21-23; 5Mo 34; 2Tim 3,8; Jud 9
Musikinstrumente – Eph 5,19
Nacktheit – 1Mo 9,20-27
Nadab und Abihu – Mt 13,33
Nationen (Heiden) – 3Mo 7,26-27; 3Mo 18,22; 5Mo 7,2; Jos 6,21; Esr 10,3-4.10-12; Mt 6,7; Mt 10,5-6; Mt 22,14; Mt 25,28; Joh 10,16; Röm 1,19-20; Röm 5,18-29
Nebukadnezar – 4Mo 4,36-37
Neuer Himmel/neue Erde – Jes 51,6; Jes 65,17; Mt 19,28
Nikodemus – Joh 3,1-5
Noah – 1Mo 6-9; 1Mo 6,14-17; 1Mo 9,20-27; 1Petr 3,18-19
Offenbarung Gottes – 1Mo 1,1; 5Mo 29,16; Pred 1,2; Mt 13,10-11; Joh 14,7-11; Joh 14,9; 1Kor 12,28

Opfer, lebendige – Ri 11,20-29; Mal 3,8-10
Opfer, rituelle – 1Mo 4,3-5; 2Mo 12; 3Mo 23,27; 5Mo 7,2; Ri 11,20-29
Paradies – Mt 22,30; Joh 11,11-14
Passah – 2Mo 10,12
Paulus– Apg 22,9 (Berufung) sowie alle Texte zu den Briefen des Paulus
Perle (Gleichnis) – Mt 13,44-46
Perlen vor die Schweine – Mt 7,6
Persien – Est
Personifizierung – Spr 8,22-23; Joh 1,1
Petrus – Mt 16,18; Mt 16,19; Mk 8,33
Pfahl im Fleisch – s. Dorn für das Fleisch
Pfingsten – Joe 2,18-32; Mt 3,11; Mt 16,20; Lk 12,49; Joh 20,22; Apg 2,5
Pharisäer – Mt 5,22; Mt 5,44; Mt 6,3-4; Mt 6,7; Mt 7,21-23; Mt 10,32-33; Mt 12,32; Mt 12,43-45; Mt 18,21-22; Mt 19,12; Mt 23,9; Mt 23,13-33; Mk 2,21-22; Mk 2,27-28; Mk 8,15; Lk 6,37; Lk 11,29-30; Joh 8,3-8
Philister – Ri 14,4; Ri 16,26-27; 1Sam 4,3; 1Sam 13,5; 1Sam 17,50
Philosophie – Kol 2,8
Plagen, ägyptische – 2Mo 7,11; 2Mo 9,3.6; 14,9
Plappern wie die Heiden – Mt 6,7
Plünderung der Ägypter – 2Mo 3,22
Polygamie – 1Kön 11,1; 1Tim 3,12
Prophet, größerer – 5Mo 18,15-18
Propheten, falsche – 5Mo 18,20-22
Prophetien, falsche – Jon 3,4-10; 4,1-2
Prüfungen – Hi 2,3.6
Rahab – Jos 2,4-5
Rechtfertigung aus Glauben – Röm 5,18-19
Rechtfertigung durch Werke – Jak 2,17
Reich Gottes/Reich der Himmel – Mt 7,21-23; Mt 8,11-12; Mt 11,12; Mt 13,10-11; Mt 13,31-32; Mt 13,33; Mt 13,44-46; Mt 13,47-50; Mt 15,24; Mt 16,28; Mt 19,12; Mt 22,14; Mt 25,1-13; Mk 1,15; Mk 4,26-29; Lk 7,28; Lk 9,60; Lk 9,62; Lk 19,11; Joh 3,1-5; 1Kor 15,50; Phil 2,25-30
Reichtum – Lk 6,24; Lk 18,24-25
Reinigungsrituale – 3Mo 12,2-5
Reinkarnation – Jer 1,5; Mt 11,14
Reiter – 2Sam 8,4
Rettung – s. Heil
Rettung aller Menschen – 2Kor 5,19; Phil 2,10; Kol 1,20; 1Tim 2,3-4
Reue Gottes – 1Mo 6,6
Reueklausel – Jon 3,4-10; 4,1-2
Richten anderer – Lk 6,37
Richterstuhl Christi – Röm 14,10
Ruhetag Gottes – 2Mo 20,8-11
Rut – Rt 3,7

Sabbat – 2Mo 20,8-11; Mt 5,17-18; Mk 2,27-28
Salomo – 1Kön 1,11; 1Kön 11,1-13; Spr 1,1; Pred 2,24; Hl; Hl 6,8
Salz der Erde – Mt 5,13
Samaritanerin – Joh 4,1-28
Satan (Teufel) – 2Mo 7,11; 1Sam 28; 2Sam 24,1; 2Chr 18,20-21; Hi 2,1-2; Hi 2,3.6; Jes 14,12-17; Hes 28,11-19; Mt 4,7; Mt 9,33; Mt 12,32; Mt 18,18; Mk 1,34; Mk 8,33; Lk 10,18; 1Kor 5,5; Kol 1,20; 2Thes 2,9; 1Jo 4,4; Jud 9; Offb 2,13; Offb 13,28; Offb 16,14; (dem S. übergeben) 1Kor 5,5; (Fall) Jes 14,12-17; Hes 28,11-19; Offb 22,16
Sauerteig – Mt 13,33; Mk 8,15
Saul – 1Sam 16,14; 1Sam 28; 1Sam 31
Schafe (verlorene Sch. des Hauses Israel) – Mt 10,5-6; Mt 15,24
Schatz, verborgener – Mt 13,44-46
Schilfmeer (Durchzug) – 2Mo 14
Schlaf der Toten – 2Kön 14,29; Lk 8,51-52; Joh 11,11-14; 1Thes 4,13
Schlange – (aus Bronze) 4Mo 21,9; (Giftschlangen) Mk 16,17-18; (Mose und die ägypt. Zauberer) 2Mo 7,11; (Satan) Hes 28,11-19; Offb 12,13; (als Vorbild für Christen) Mt 10,5-6
Schöpfung (der Nichtigkeit unterworfen) – Röm 8,20-22
Schöpfungstage – 1Mo 1
Schwert – 2Mo 20,13; 1Sam 17,49-51; 1Sam 31; Lk 22,36-38
Schwiegervater des Mose – 2Mo 3,1
Schwören – Mt 5,47
Seele – 1Mo 1; 1Mo 2,17; 2Kön 14,29; Pred 3,19; Jer 1,5; Hes 18,4; Lk 8,51-52; Lk 20,38; Joh 11,11-14; 1Thes 4,13; 2Thes 1,9
Segen (den Gott zurückhält) – Mi 3-4
Sektierer – 2Jo 10
Selbstmord – Ri 16,26-27; 1Sam 31; Mt 27,5
Selbstverleugnung – Mk 8,34
Selbstverstümmelung – Mt 5,29
Selbstverteidigung – 2Mo 20,13; Lk 22,36-38
Sendschreiben, sieben – Offb 2-3; Offb 2,1; Offb 2,4
Senfkorn – Mt 13,31-32
Set – 1Mo 4,17; 1Mo 6,2
Sex – Hl
Siebzig Wochen – Dan 9,25-27
Simson – Ri 14,4; Ri 15,4; Ri 16,26-27
Sintflut – 1Mo 1; 1Mo 5; 1Mo 6-8; 1Mo 6-9; 1Mo 7,24
Sklaverei – Tit 2,9; Phlm 16
Sodomie – 3Mo 18,22
Söhne Gottes – 1Mo 6,2; Hi 38,7; Röm 8,14; 1Petr 3,18-19
Sohn Gottes – Mt 8,20; Mt 20,18; Joh 3,16
Sohnschaft Jesu – Joh 3,16
Soldaten, römische – Joh 18,1-6

Sonne – 1Mo 1
Sonnenstillstand – Jos 10,12-14
Spenden – Lk 6,38
Sprachenreden – Mk 16,17-18; 1Kor 12,11; 1Kor 14,5
Stämme Israels, zehn – Hes 37,15-28
Stammbäume Jesu – Mt 1,19; Lk 3,23-38
Strafen, ewige – Mt 25,46; 2Petr 2,9
Sünde zum Tod – 1Jo 5,16
Sündlosigkeit, menschliche – Mt 5,48; Phil 2,12; 1Jo 3,9
Tag vor Gott wie tausend Jahre – 1Mo 1; 2Petr 3,8
Tag des Herrn – (Sonntag) 2Mo 20,8-11; (Tag des Gerichts) Joe 1,15
Talmud – Mt 12,40; 2Sam 3,8
Targumim – Jes 9,6; 2Tim 3,8
Taufe – (für die Toten) 1Kor 15,29; (Frage der Heilsnotwendigkeit) Mk 16,16; Tit 3,5; (im Namen Jesu) Apg 2,28; (durch Untertauchen oder Besprengung) Apg 2,41
Teman – Hab 3,3
Tempel – 4Mo 4,3; 1Sam 6,19; 1Chr 22,14; 1Chr 29,7; 2Chr 7,1; Dan 9,25-27; Dan 11,31; Lk 23,28-31; Joh 4,21-28; Joh 8,3-8; Eph 5,19
Teufel – vgl. Satan
Textkritik – 1Sam 17,50; 1Jo 7,5-8
Theophanie – 1Mo 32,30; Hab 3,3
Thron, großer weißer – 2Petr 2,9; Offb 20,11-15
Tiere – (in der Arche) 1Mo 6,14-17; (Erschaffung) 1Mo 1-2; (nach dem Tod) Pred 3,19
Tochter Vergewaltigern ausgeliefert – Ri 19,18-24
Tochter eines ausländischen Gottes – Mal 2,11
Tod – 1Mo 2,17; 1Sam 28; 2Kön 14,29; Ps 37,20; Pred 9,5; Mt 22,30; Lk 16,22-28; Lk 20,38; Joh 11,11-14; 1Kor 15,29; 2 Tim 1,10
Todesstrafe – 1Mo 9,6; 5Mo 21,18-21
Töten im Krieg – 2Mo 20,13
Totenbeschwörerin – 1Sam 28
Trinität – s. Dreieinigkeit
Trübsal – s. Bedrängniszeit
Tyrus, Fürst von – Hes 28,11-19
UFO – Hes 1,5-28
Unantastbarkeit geistlicher Führer – Ps 105,15
Unehrlichkeit – Lk 16,8
Unreinheit – 3Mo 12,2-5; Mk 1,44; Lk 8,46; Joh 4,1-28
Väter, irdische – Mt 23,9
Versuchung – Mt 4,7; Mt 6,13
Vater der Ewigkeit – Jes 9,6

Vater, himmlischer (Gott) – 2Mo 3,1-2; 2Mo 33,11; Ps 2,7; Ps 110,1; Jes 9,6; Mt 5,48; Mt 6,9; Mt 10,32-33; Mt 23,9; Mk 15,34; Lk 11,5-10; Joh 1,1; Joh 3,16; Joh 4,23; Joh 5,19; Joh 6,44; Joh 8,28; Joh 10,30; Joh 14,7-11; Joh 14,9; Joh 14,18; Joh 14,28; Joh 20,17; Röm 8,14; 1Kor 8,6; 1Kor 11,3; Kol 1,15; Tit 2,13; Hebr 7,25; 1Jo 5,7-8
Verderben, ewiges – 2Thes 1,9
Vergebung der Sünden – 3Mo 23,27; Jer 31,31; Mt 6,14-15; Mt 8,20; Mt 12,32; Mt 18,21-22; Mt 18,32-35; Mk 2,12; Lk 6,37; Joh 20,23; 2Kor 2,10
Vergewaltigung – 3Mo 18,22; Ri 19,18-24
Verhärtung des Herzens – 2Mo 4,21; Mt 13,10-11; Joh 6,44
Verheißenes Land – 5Mo 5,6-21; Jos 1,8; Jos 18,6-8; Ps 37,29
Verheißung oder Grundsatz? – Spr 22,6
Verkläger der Brüder – Hi 2,1-2
Verklärung Jesu – Mt 16,28; Eph 4,9
Verlorengehen eines Christen – Mt 10,32-33; Hebr 6,4-6
Verschnittene – Mt 19,12
Versiegelung (mit dem Heiligen Geist) – Eph 4,30
Versöhnungstag – 3Mo 23,27
Versuchung – Hi 2,3.6; Mt 4,7; Mt 6,13
Volkszählung (Davids) – 2Sam 24,1
Vollkommensein – Mt 5,48
Vorauswissen Gottes – 1Petr 1,1
Vorschreibende/beschreibende Texte – Ri 19,18-24; 1Sam 28; Apg 19,12 (vgl. auch Vorwort)
Wachteln – 4Mo 11,31-34
Wächter – Dan 4,13
Wange (andere W. hinhalten) – Mt 5,38-42
Wasser in Wein verwandeln – Joh 2,9
Wasser und Geist (aus W. und G. geboren) – Joh 3,1-5
Wasserkuppel – 1Mo 6-8
Weherufe – Mt 23,13-33
Wein (neuer W. in alten Schläuchen) – Mk 2,21-22
Weinstock, wahrer – Joh 15,2
„Wer nicht gegen uns ist, ist für uns“ – Mk 9,39-40
Werke, gute – Lk 18,18-27; Joh 5,28-29; Röm 2,6-7; Jak 2,16-17
Wiedergeburt – (geistliche Neugeburt) Mk 8,34; Joh 3,1-5; 1Kor 12,13; Tit 3,5; (Wiederherstellung aller Dinge) Jes 65,17; Mt 19,28
Wiederkäuer – 3Mo 11,5-6
Wochen (Daniel) – Dan 9,25-27
Wohlstand – 1Mo 12,10-20; Mk 10,30; Lk 6,24; Lk 16,9; Lk 18,24-25; 2Kor 8,9
Wunder – 2Mo 7,11; 2Mo 14; Jos 10,12-14; 1Sam 28; Mt 12,32; Mt 21,19; Mk 2,12; Mk 6,4-5; Mk 9,39-40; Mk 16,17-18; Lk 7,22; Lk 8,46; Joh 14,12; Joh 20,19; Apg 19,12; Phil 2,25-30

Wunder, dämonische – Offb 16,16
Wunder, nachgemachte – (Satan) 2Thes 2,9; (Zauberer des Pharao) 2Mo 7,11
Wut – Mt 5,22
Zehn Gebote – 5Mo 5,6-21; Mt 5,17-18
Zehnter – Mal 3,8-10
Zerstörung Jerusalems – Lk 23,28-31
Zeugen, drei – 1Jo 5,6-8
Zitat eines heidnischen Dichters – Apg 17,16-34
Zorn Gottes – 5Mo 7,2; Kla 3,22; Joe 1,15; Nah 1,2-3; Röm 5,18-19
Zungenreden – s. Sprachenreden

das buch.
exakt in der Übersetzung
überraschend in der Wortwahl
elegant in der Sprache
Neues Testament
das buch.
Neues Testament
das buch.
Neues Testament